地基处理新技术

——孔内深层强夯

徐至钧　司炳文　主　编
司　安　徐　昊　等编著
陈祥福　主　审

中国建筑工业出版社

图书在版编目（CIP）数据

地基处理新技术——孔内深层强夯/徐至钧，司炳文主编．—北京：中国建筑工业出版社，2011.2

ISBN 978-7-112-12826-6

Ⅰ．①地…　Ⅱ．①徐…②司…　Ⅲ．①夯实加固

Ⅳ．①TU472.3

中国版本图书馆 CIP 数据核字（2010）第 264839 号

地基处理新技术——孔内深层强夯

徐至钧　司炳文　主　编

司　安　徐　昊　等编著

陈祥福　主　审

*

中国建筑工业出版社出版、发行（北京西郊百万庄）

各地新华书店、建筑书店经销

北京永峥排版公司制版

北京建筑工业印刷厂印刷

*

开本：850×1168 毫米　1/32　印张：10⅛　字数：292 千字

2011 年 3 月第一版　2011 年 3 月第一次印刷

定价：**25.00** 元

ISBN 978-7-112-12826-6

（20094）

本书是根据中国工程建设标准化协会地基基础专业委员会颁布的国家行业标准“孔内深层强夯法技术规程”（CECS197:2006）的主要内容编写而成。书中主要介绍孔内深层强夯处理地基的概述、作用机理、散体桩的加固机理、散体桩复合地基及复合地基计算、工程设计、施工要点与质量检测、工程应用实例等。

本书可作为建筑工程、地基基础处理的工程设计和科研人员参考，也可供高等院校土木工程、地基基础相关专业师生阅读。

* * *

责任编辑：杨　允　王　梅
责任设计：张　虹
责任校对：陈晶晶　刘　钰

编写人员名单

徐至钧　司炳文　陈祥福　司　安
王亚陵　徐　昊　曾庆良　张　勇
付细泉　杨　林　张亦农　林　婷

前　言

地基处理新技术——孔内深层强夯是在综合了重锤夯实、强力夯实、钻孔灌注桩、钢筋混凝土预制桩、灰土桩、碎石桩、双灰桩等地基处理技术的基础上，吸收其长处，抛弃其缺陷，集高动能、高压强、强挤密各效应于一体，进行对软弱土层的处理。并且在工程实践中进一步改进和发展，创造了独特的施工方法——孔内深层强夯处理地基技术。

孔内深层强夯处理地基技术是通过机具成孔，然后通过孔道在地基处理的深层部位进行填料；用具有高动能的特制重力锤进行冲、砸、挤压的高压强、强挤密的夯击作业，从而达到加固地基、消纳建筑垃圾、渣土的目的，使地基承载性状显著改善。这是一般地基处理技术都不具备的，具有显著特色的建筑地基处理方法。通过与其他地基处理方法的比较，可以清楚看出孔内深层强夯处理地基技术作用机理的合理性和优越性。

对于复杂地层或有饱和软土、淤泥层地基，为保证桩体的完整性，防止因侧向土约束力太差，导致桩体变形，也可采用具有复合填料的桩体。可在软土层段填夯素混凝土料；其他土层再改填为一般填料。

在建筑地基处理的技术中，由司炳文高级工程师发明创造的孔内深层强夯处理地基专利技术，能大量消耗建筑及工业垃圾，利用各种无机固体废料进行地基加固处理，减少环境污染，变废为宝。他先后获得了孔内深层强夯处理地基技术、孔内灌注强夯混凝土桩等 8 项国家发明专利，并获得北京市优秀发明奖和发明家等荣誉称号。均受到行业主管部门和建设单位的好评。2003 年获得建设部颁发的《科技成果评估鉴定书》，2003 年又在比利时第52届尤里卡世界发明博览会上获得国际最高奖项——尤里卡金奖，这也是中国地基处理技术到目前为止在世界上获得的唯一金奖。建设部科技发展促进中心将“孔内深层强夯法”项目列为2008年全国建设行业科技成果推广项目。

这项建筑地基处理技术受到北京市建设委员会、环境保护局、科技委员会等领导部门的高度重视。北京市建设委员会于2004年2月专门组织了专家鉴定会，对这项地基处理技术进行了认真的审查鉴定。会议对这项技术给予很高评价，认为孔内深层强夯处理地基技术具有承载力高，抗液化能力强，地基沉降变形小的优点，处理后地基的不均匀性得到改善，能充分保证建筑物的安全使用。构思新颖，工艺独特，适合国情，技术水平属国内外首创。该技术有明显的社会和经济效益，有广阔的应用前景，是应重点全面推广的新技术。

此后，这项新技术在大量的工程实践中被广泛应用，同时也是在各种复杂场地技术下对这项技术的适用性、安全可靠性进行检查验证。由于孔内深层强夯处理地基技术的有效性，在许多工程中都取得了成功，受到了广泛赞扬，并且进一步积累了经验和不断改进提高，使其更加成熟。2008年8月16日在西安，由中国标准化协会湿陷性黄土委员会和中国老教授协会土木建筑专业委员会联合组织了同行专家的技术评审会，对孔内深层强夯处理地基技术的新成果、新进展再度进行专家评审鉴定。这项技术成果受到与会专家的一致好评，并给予了充分肯定。会议认为：在2004年北京市建委组织的鉴定会之后，这项技术又先后在上百项地基处理工程中广泛使用，特别是在陕西、河南等黄土地区，在大型电厂工程的冷却塔、主厂房、烟囱、高层住宅以及大型储罐等重要工程中的应用，消除了深层黄土地基的湿陷性，大幅度提高了地基承载力，降低了地基压缩性，地基处理效果显著，取得了很大的成功。目前，这项技术更趋成熟、完善，其社会、经济和环境效益更为显著。同时由于它能大量消纳建筑及工业垃圾，变废为宝，也是一项具有绿色工程性质的地基处理技术。鉴定会与会专家一致认为，这是一项成熟技术，可以在全国推广使用。

工程实践证明，孔内深层强夯处理地基技术已在我国建筑工程中发挥了强大的威力，为民造福，为国争光。我们相信，随着这项技术今后在全国更广泛地推广应用，这项具有绿色工程特征的技术瑰宝一定会更加灿烂夺目。

本书是根据中国工程建设标准化协会地基基础专业委员会颁布的国家行业标准“孔内深层强夯法技术规程”（CECS197：2006）的主要内容编写而成。书中介绍孔内深层强夯处理地基的概述、作用机理、散体桩的加固机理、散体桩复合地基及复合地基计算、工程设计、施工要点与质量检测、工程应用实例等。

本书由徐至钧、司炳文主编，陈祥福主审，司安、徐昊等编著，参加编写人员还有王亚陵、曾庆良、张勇、付细泉、杨林、张亦农、林婷等同志。

本书可作为建筑工程、地基基础处理的工程设计和科研人员参考书，也可供高等院校土木工程、地基基础相关专业师生阅读。

编者于深圳

2010 年 8 月

目　录

第一章　概　　述 ………………………………………… 1

第一节　地基处理的目的 ………………………………… 1

第二节　地基处理技术的发展 …………………………… 3

第三节　地基处理新技术——孔内深层强夯 …………… 8

第四节　孔内深层强夯法处理地基的特点 …………… 10

第五节　孔内深层强夯处理技术在工程上的应用 ……… 12

第二章　孔内深层强夯法的作用机理 ………………… 26

第一节　与强力夯实法的比较 ………………………… 26

第二节　与柔性加固桩的比较 ………………………… 30

第三节　与刚性加固桩的比较 ………………………… 34

第四节　孔内深层强夯法处理地基与其他地基处理技术效果对比 ……………………………………… 35

第三章　散体桩的加固机理 …………………………… 40

第一节　简述 …………………………………………… 40

第二节　散体桩的加固机理 …………………………… 45

第三节　散体桩加固机理小结 ………………………… 86

第四章　散体桩复合地基 ……………………………… 94

第一节　复合地基理论的研究现状 …………………… 94

第二节　散体桩复合地基的分类 ……………………… 96

第三节　散体桩、低强度桩复合地基承载能力

计算的基本方法 …………………………………… 98
第四节　复合地基理论的工程应用 ………………… 100
第五节　多元复合地基的计算 ……………………… 116

第五章　复合地基计算 ……………………………… 128

第一节　承载力计算 ………………………………… 128
第二节　桩体极限承载力计算 ……………………… 132
第三节　桩间土极限承载力计算 …………………… 149
第四节　复合地基加固区下卧层承载力验算 ……… 151
第五节　桩土荷载分担比和桩土应力比的影响因素 …… 151
第六节　刚性基础下桩体复合地基垫层的效用 ………… 155
第七节　复合地基沉降计算 ………………………… 157
第八节　孔内深层强夯复合地基的计算 …………… 166
第九节　复合地基的计算公式 ……………………… 184
第十节　孔内深层强夯（DDC 法）的承载性状与
其他地基加固方法的比较 …………………… 187

第六章　工程设计 …………………………………… 190

第一节　基本规定 …………………………………… 190
第二节　一般设计原则 ……………………………… 192
第三节　确定单桩竖向承载力特征值 ……………… 197
第四节　复合地基沉降变形计算 …………………… 218

第七章　施工要点与质量检测 ……………………… 222

第一节　施工要点 …………………………………… 222
第二节　施工质量控制和质量检测 ………………… 230
第三节　复合地基荷载试验与分析 ………………… 234

第八章　工程应用实例 ……………………………… 242

【工程实例一】宝鸡第二发电厂冷却塔

疑难地基上的应用 ………………………… 242
【工程实例二】孔内深层强夯法处理大型油罐地基 …… 260
【工程实例三】第四军医大学离休干部住宅楼采用灰土桩加固地基 ………………………… 275
【工程实例四】新兴大厦软弱地基孔内深层强夯处理 ………………………………… 297
【工程实例五】西安田家湾国家粮库地基处理 ………… 299
【工程实例六】孔内深层强夯在高层建筑地基处理中的应用 ………………………… 300
【工程实例七】储油库地基的孔内深层强夯处理 ……… 304
【工程实例八】中国航天科技集团第四研究院工程 …… 310

参考文献 …………………………………………… 312

第一章 概 述

第一节 地基处理的目的

地基处理（ground treatment）是为了提高地基承载力，改善其变形性质或渗透性质而采取的人工处理地基的方法。

我国土地辽阔、幅员广大、自然地理环境不同、土质差异很大、地基条件区域性很强，因而地基处理这门科学特别复杂。地基处理的对象是对天然的软弱地基和人工堆填地基进行加固，以满足各类土木建筑和水利、交通、石化、冶金、电力等工程的技术要求。地基处理的目的是为了提高软弱地基和人工堆填地基的承载力，保证地基的稳定；降低地基的压缩性，减少基础的沉降和不均匀沉降；防止地震时液化；消除特殊性土的湿陷性、胀缩性和冻胀性等。

随着我国国民经济的持续发展，不仅事先要选择在地质条件良好的场地上从事工程建设，而且有时也不得不在地质条件不良的地基上进行建设，另外，随着科学技术的日新月异。结构物的荷载日趋增大，高层建筑层数越来越高，对变形要求也越来越严，因而原来一般可被评价为良好的地基，也可能在某些特定条件下非进行地基处理不可。所以，我们不仅要善于针对不同的地质条件、不同的结构物选定最合适的基础形式、尺寸和布置方案外；而且要善于选取最恰当的地基处理方法。

在软弱不良地基上建造工程可能发生的问题，如表1-1所示。

地基处理的目的，系针对表1-1所列举的问题，采取适当的措施以改善地基条件，这些措施应包括以下五方面内容：

软弱不良地基上建造工程可能发生的问题　　表1-1

工程性质	地基承载力及稳定	地基沉降	其他
加载工程	1. 地基剪切破坏； 2. 建筑物基础承载力不够； 3. 由于偏心荷载及压力作用，使结构物产生变形或破坏； 4. 由于填土或建筑物荷载，使邻近地基产生隆起	1. 沉降或差异沉降特大； 2. 作用于建筑物基础的负摩擦； 3. 由于有填土或建筑物荷载，邻近地基产生固结沉降； 4. 大范围地基沉降	1. 由于交通荷载等原因，对邻近地基产生振动下沉； 2. 地震时地基产生液化； 3. 堤坝等基础产生地基渗漏
开挖工程	1. 开挖时边坡破坏； 2. 开挖时基坑底部隆起； 3. 开挖时的应力降低或松弛，引起基坑侧面破坏	1. 开挖引起邻近地基沉降； 2. 由于降水产生地基固结沉降	1. 渗水； 2. 管涌

1. 改善剪切特性

地基的剪切破坏以及在土压力作用下的稳定性，取决于地基土的抗剪强度。因此，为了防止剪切破坏以及减轻土压力，需要采取一定措施以增加地基土的抗剪强度。

2. 改善压缩特性

需要研究采用何种措施以提高地基土的压缩模量，借以减少地基土的沉降。另外，防止侧向流动（塑性流动）产生的剪切变形，也是改善剪切特性的目的之一。

3. 改善透水特性

由于在地下水的运动中所出现的问题，为此，需要研究采用何种措施使地基土变成不透水或减轻其水压力。

4. 改善动力特性

地震时饱和松散粉细砂（包括一部分轻亚黏土）将会发生液化。为此，需要研究采取何种措施防止地基土液化，并改善其振动特性以提高地基的抗震性能。

5. 改善特殊土的不良地基的特性

主要是指消除或减少黄土的湿陷性和膨胀土的胀缩性等特殊土的不良地基的特性。

地基处理是工程界经常碰到的一门学科。随着我国国民经济的持续发展，事先不仅要选择地质条件良好的场地从事建设，而且有时也不得不在地质条件不良的地基上进行工程建设，如软弱土层、杂填土、人工填土、特殊土等。地基处理就是对各类不良地基进行加固处理。由于各种错综复杂的土质，地基处理的许多实际问题靠理论上分析是根本无法解决的，这是因为各类土层千差万别，很难列出各种理论计算分析程序，即使列出了，也会因为土的参数测定困难等，而无法从理论上加以求解。当前应该说各类地基处理的理论研究是滞后于实践的，进行完全的理论求解较为困难，于是不得不靠现场检测方法，如载荷试验或工程监测的结果来探求其规律性。但这种直接试验方法也有很大的局限性，即只能推广到试验条件完全相同或相似的工程上去。另外，也只能得出个别现象，地基与土质之间的表面经验性关系，难以抓住它们的内在本质。因此说地基处理是一门实践性很强的应用学科。

第二节 地基处理技术的发展

近些年来，基本建设规模不断扩大，在建筑、水利、石化、电力、冶金、交通和铁道等土木工程建设中，人们愈来愈多地遇到不良地基问题，各种不良地基需要进行地基处理才能满足建造上部建（构）筑物的要求，地基处理是否恰当关系到整个工程质量、进度和投资。合理地选择地基处理方法和基础形式是降低工程造价的重要途径之一。因此地基处理日益得到工程建设部门的重视。

全国土力学及基础工程学术讨论会举办过第 1 届（上海宝钢，1986）、第 2 届（山东烟台，1989）、第 3 届（河北秦皇岛，

1992)、第 4 届（广东肇庆，1995）、第 5 届（福建武夷山，1997）、第 6 届（浙江温州，2000）。第 7 届（甘肃兰州，2002）地基处理学术讨论会，会议共收到论文 114 篇，经审查后录用 100 篇，内容包括基础理论，排水固结，振密，挤密（强夯，强夯置换，碎石桩，灰土桩），灌入固化物（深层搅拌法，高压喷射注浆法，灌浆法），加筋（土木合成材料），刚性桩复合地基和长短桩复合地基，桩基工程，基坑工程，托换与纠倾及其他共 9 个专题。论文集的内容反映了当前我国地基处理领域的主要成就和发展水平；第 8 届全国地基处理学术讨论会（湖南长沙，2004），会议收到论文分基础理论、排水固结、振密、挤密、灌入固化物、桩基、基坑、托换与纠倾等方面的论文共 114 篇；第 9 届全国地基处理学术讨论会 2006 年在山西太原召开，共收录 92 篇论文，内容包括：基础理论；排水固结；振密、挤密（强夯、强夯置换、碎石桩、灰土桩）；灌入固化物（深层搅拌法、高压喷射注浆法、灌浆法）；加筋（土工合成材料），刚性桩复合地基和长短桩复合地基；桩基工程；托换与纠倾及其他共 9 个专题；第 10 届全国地基处理学术讨论会于 2008 年 11 月在南京召开，会议共收到论文 130 篇，经审查后录用 126 篇，内容包括现有地基处理技术进展，地基处理新技术的开发和应用，复合地基理论与实践新发展，地基处理工程勘察技术、设计计算、施工设备、质量检验等方面的新发展，地基处理等其他方面的发展共 5 个主题。第 11 届全国地基处理学术讨论会于 2010 年 11 月在海南召开，目前正在进行学术论文的编印工作。

另外，1990 年在承德市召开了复合地基会议，收入论文集论文 77 篇，还有其他兄弟学会也召开了各种形式的地基处理学术讨论会。1988 年中国建筑工业出版社出版了由地基处理学术委员会组织编写的《地基处理手册》，受到广大同行的欢迎。中国土木工程学会学术部以及有关单位还在全国各地举办了各种类型的地基处理技术研讨班。这些活动对地基处理技术的推广和普及起了很好的作用。中国建筑科学研究院会同有关高校和科研单位，组织编写了两版《建筑地基处理技术规范》（JGJ 79—91）（JGJ 79—2002），目前该规范正在修订出版新的版本。上海、天津、广东、深圳、浙江、福建等地已经编制了地区性地基和地基处理规范，根据各自的情况，因地制宜，把一些地基处理方法编入规范。应广大同行的要求，中国土木工程学会土力学及基础工程学会地基处理学术委员会和浙江大学土木工程学系共同主办《地基处理》刊物为同行们提供了推广、交流地基处理新技术的园地，至今已发行20年出版总数达80期。

近几年来，地基处理的发展主要表现在以下几个方面：

（1）对各种地基处理方法的适用性和优缺点有了进一步的认识，在根据工程实际选用合理的地基处理方法上减少了盲目性。能够注意从实际出发，因地制宜，选用技术先进、确保质量、经济合理的地基处理方案。对有争议的问题，能够采取科学的态度，注意调查研究，开展试验研究，在确定地基处理方案时持慎重态度。能够注意综合应用多种地基处理方法，使选用的地基处理方案更加合理。

（2）地基处理能力的提高。一方面，已有的地基处理技术本身的发展，如施工机具、工艺的改进，使地基处理能力提高。另一方面，近年来，各地在实践中因地制宜发展了一些新的地基处理方法，取得了很好的社会、经济效益，各类地基处理技术的发展情况将在本书中作些介绍。

（3）复合地基理论的发展。随着地基处理技术的发展和各种地基处理方法的推广使用，复合地基概念在土木工程中得到愈来愈多的应用，工程实践要求加强对复合地基基础理论的研究。然而对复合地基承载力和变形计算理论研究还很不够，复合地基理论正处于发展之中，还不够成熟，甚至对什么是复合地基无论是学术界还是工程界尚未统一认识。

复合地基是指天然地基在地基处理过程中部分土体得到增强，或被置换，或在天然地基中设置加筋材料，加固区是由基体（天然地基土体）和增强体两部分组成的人工地基。加固区整体是非均质和各向异性的。根据地基中增强体的方向又可分为纵向增强体和横向增强体复合地基。

纵向增强体复合地基根据纵向增强体的性质，可分为散体材料桩复合地基和柔性桩复合地基。

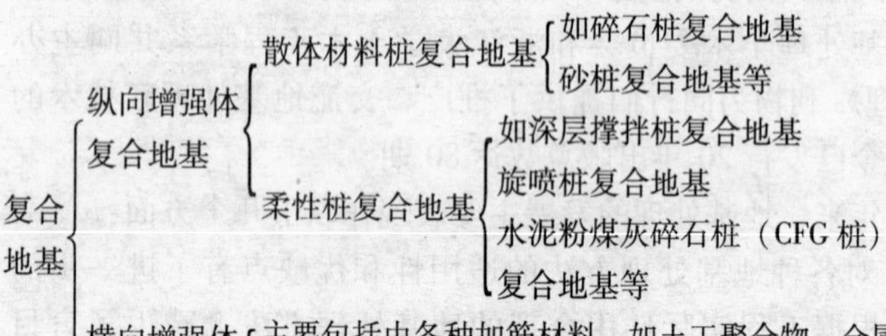

横向增强体复合地基。散体材料桩复合地基和柔性桩复合地基的载荷传递机理是不同的，应该分别加以研究。国内也有人狭义地只把通过以桩柱形式置换形成的由填料与地基土相互作用并共同承担荷载的地基定义为复合地基。

复合地基有两个基本特点：（1）它是由基体和增强体组成的，是非均质和各向异性的；（2）在荷载作用下，基体和增强体共同承担荷载的作用。后一特征使复合地基区别于桩基础。一般说来，对桩基础，荷载是先传给桩，然后通过桩侧摩阻力和桩底端承力把荷载传递给地基土体的。若钢筋混凝土摩擦桩桩径较小，桩距较大，形成所谓疏桩基础，桩土共同承担荷载，也可视为复合地基，应用复合地基理论来计算。

人工地基中有均质地基、双层地基和复合地基等。事实上，对人工地基进行精确分类是很困难的。大家知道，天然地基也不是均质的、各向同性的半无限体。天然地基往往是分层的，而且对每一层土，土体的强度和刚度也是随着深度变化的。天然地基需要进行地基处理时，被处理的区域在满足设计要求的前提下尽可能小，以求较好的经济效果。各种地基处理方法在加固地基的原理上又有很大差异。因此，将形成的人工地基进行精确分类是很困难的。然而，上述的分类有利于我们对各种人工地基的承载力和变形计算理论的研究。按照上述的思路，常见的各种地基，包括天然地基和人工地基，粗略地大致上可分为均质地基、双层地基（或多层地基），复合地基和桩基四大类。以往对均质地基和桩基础的承载力和变形计算理论研究较多，而对双层地基和复合地基的计算理论研究较少。特别是对复合地基，其承载力和变形计算的一般理论尚未形成，需加强研究。

国内学者对碎石桩复合地基研究较多，通过载荷试验积累了不少资料，并提出了多个碎石桩复合地基承载力计算公式。随着深层搅拌法和高压喷射注浆法形成的水泥土桩的应用，人们开始注意柔性桩复合地基的研究。小桩技术的应用还促使人们注意小桩复合地基设计计算方法的研究。复合地基承载力计算应以增强体和天然地基土体共同作用为基础。对桩体复合地基，人们不仅注意散体材料桩和柔性桩的承载力研究，还注意桩间土承载力的研究。起初用天然地基承载力作为桩间土承载力，现在则已开始考虑由固结引起强度增长，周围桩体的围护，成桩过程中的挤压以及扰动等因素对桩间土承载力的影响。近年来对桩土应力比的确定及影响因素开展了大量研究。试验资料分析表明，桩土应力比与桩体性质、桩距、天然地基承载力、复合地基强度发挥度等因素密切相关，还与施工方法，质量控制等因素有关。桩土应力的确定通常采用现场载荷试验，其测定值也受载荷板尺寸的影响。近几年来，各类复合地基承载力与变形计算的研究工作愈来愈得到人们的重视。然而复合地基计算理论的发展，但还远不能满足工程实践的要求。

2008 年出版的《建筑桩基技术规范》（JGJ 94—2008）第一次提出了桩基变刚度调平设计方法，即考虑上部结构形式、荷载和地层分布以及相互作用效应，通过调整桩径、桩长、桩距等改变基桩与支承刚度分布使建筑物沉降趋于均匀，承台内力降低的设计方法。

第三节　地基处理新技术——孔内深层强夯

人们在生产、生活中的排泄物……各类无机和有机垃圾、气体，正与日俱增地堆放在我们这个地球上（包括太空垃圾）。它们占据农田、原野，阻塞道路、河流，污染空气、水源，仅北京市周围就有大小不等的垃圾“山”7000多座，形成包围首都的第二道“长城”。这些污染物每天排出各种废气，随着人力和风力而搬迁、飘移、污染着蓝天，毒害着人们。还有那些正在建设中的工程，随着施工现场不断的开挖、回填，垃圾和土方的运进、运出，车辆及施工机具的噪声与排放的废弃物（灰尘、废气、污水……），给本已污染严重的城市再度加浓抹黑，形成建筑工程对环境的再污染。

人们在盼望着能不能有一种新的技术，既能加固处理各类软弱地基，使其承载力高、变形小，造价低，以便安全、牢固地修建各类建筑物，又能就地消纳建筑工地的各类废渣、废土，甚至把长期堆积的各类无机废料也能利用来加固地基，变废为宝。这样不仅可以节省大量钢材、水泥等宝贵的建筑材料，降低工程造价，也会大大减少车辆运输排出的废气和噪声，减少建筑工程对城市的再度污染。同时在施工中又能低振动，低噪声，无污染，不扰民。

高级工程师司炳文先生，经多年潜心研究，发明创造了《孔内深层强夯法》渣土桩（又称DDC渣土桩），获8项国家技术专利，就具备了上述各项优点：能将软弱地基坚实加固；消纳、利用垃圾，变废为宝，减少车辆运输排放的废弃物，降低建筑工程对城市的再污染，并可使工程造价低，节约钢材水泥等。

在宝鸡第二发电厂的地基处理工程中，采用DDC渣土桩技术，消纳了33万多立方米废弃土、垃圾，节约1500多万元。北京天宁寺11栋住宅楼的地基处理工程，采用DDC渣土桩技术，共减少18万立方米土方垃圾的运输和堆放，节约400多万元。

人民邮电出版社的地基工程采用DDC渣土桩技术，先后消纳了1.6万多立方米渣土和建筑垃圾。近年来，司炳文高级工程师先后承担近几百项地基处理工程，采用他发明的DDC渣土桩技术，取得了突出的成果，共消纳了1400多万立方米各类固体垃圾。在这些被加固的地基上，安全、坚固地建造起各类建筑物，为国家节省了大笔投资。同时，大大降低了这些污染物对人类生存环境的再污染，卓有成效地保护了环境，保护了人民，创出了绿色工程的典范。

这项发明，是地基处理和环卫工程领域内一次创造性的变革。该发明不仅可处理各类疑难地基，而且可将渣土“变废为宝”，用于地基处理，同时节约钢材水泥，降低工程造价，更重要的是消除了无机固体垃圾对人类社会的污染。

该发明机理独特，用料广泛，工艺新颖，具有广泛的推广价值。这种新型的地基处理方法，是先成孔，再向孔内填料，以高压强高动能在孔内“自下而上”地使用各种无机固体材料进行地基处理，使填料向孔周及下部进行挤压。

孔内深层强夯（DDC法）与其他地基处理方法相比有十大优点：

（1）可处理各类疑难地基；

（2）处理后的复合地基承载力高，$f_k = 300 \sim 600\text{kPa}$；

（3）消除湿陷、液化，抗震效果好；

（4）具有“超动能”，“高压强”的技术特征；

（5）处理地基深度可达30m左右；

（6）施工效率高；

（7）用料广泛。凡是无机固体材料均可使用；

（8）施工公害小（噪声、振动、空气污染等）；

（9）“变废为宝”，消除固体垃圾（渣土等）；

（10）施工受季节影响小。

因而孔内深层强夯法处理地基具有施工速度快，工程造价低，地基承载力高，加固处理的地基深度深。

目前，这项技术更趋成熟、完善，其社会、经济和环境效益更为显著。同时由于它能大量消纳建筑及工业垃圾，变废为宝，也是一项具有绿色工程性质的地基处理技术。在几次召开的鉴定会上与会专家一致认为，这是一项成熟技术，可以在全国推广使用。工程实践证明，“孔内深层强夯处理技术”已在我国建筑工程中发挥了强大的威力，为民造福，为国增光。我们相信，随着这项技术今后在全国更广泛推广应用，这项具有绿色工程特征的技术瑰宝一定会更加灿烂夺目。

第四节　孔内深层强夯法处理地基的特点

通过大量工程实践，进一步总结了孔内深层强夯法处理地基在建筑地基处理工程中的成功经验，归纳有以下几个方面特点。

1. 适用范围广泛，可用于各类地基处理

在地基处理工程中，孔内深层强夯处理技术和其他技术相比，能适用于各种复杂地层的地基加固处理，具有广泛的适用性。如用于大厚度的黄土、杂填土、液化土地基和各类软弱土、湿陷性土以及具有酸、碱、盐腐蚀的地基，还可用于具有硬夹层的不均匀地基、石料及废料回填垃圾地基以及地下人防工事等各种复杂建筑场地的处理。通过钻孔、强力冲孔等手段成孔，只要能形成桩孔的地基，不论孔内有无地下水均可采用本法加固处理。总之，采用孔内深层强夯处理技术，即可消除地基土的湿陷性、液化性，它兼有承载桩的特性以及刚度均匀符合地基的特性，不仅承载力高，而且压缩变形小。

2. 用料标准低，就地取材

该技术最大特点之一就是能就地取材。凡是无机固体材料如土、砂、石、碎砖瓦、混凝土块、工业废料及其混合物等均可使用，而且用料不需严格加工，凡能填入孔内的无机固体材料均可使用。用料不需长途运输。

3. 具有高动能、高压强和强挤密效应

该技术的重要特征就是由于孔内夯击的桩锤一般为100～180kN，根据需要可更大。在不断冲、砸动力作用下，使孔内填料不断受到高动能、高压强和劈裂挤密。夯击能E可达2000～3000kN·m/m^{2}或更高，它是一般强夯击能的5～8倍，根据工程设计需要还可进行调高或降低。

4. 地基承载力提高显著

该技术由于采用孔内深层强夯，具有高动能、高压强、高冲击能量，处理地基承载力提高的效果显著。渣土桩f_k = 1000～1800kPa，大大满足f_k = 300～600kPa的要求，为天然地基的3～9倍。

孔内灌注混凝土强夯单桩承载力可比一般钻孔灌注桩的承载力提高2倍左右。

5. 地基加固处理深度大

该技术一般处理深度为20m左右，最深时可达30m左右，而且上下均匀。持力层范围内的地基土层都可以加固，深层的软弱下卧层也可加固，可显著改善土性。

6. 成桩直径大，挤密加固范围大，桩呈串珠状

在高动能冲击挤压下，该技术桩径一般可达500～2500mm，在松软土层中，具有更大的侧向挤密效应。在分层土中，桩体呈串珠状，桩间土呈“咬合”和“抱紧”的强挤密现象。采用粗粒料作加固料时，桩体也是地基排水通道，有利于饱和土地基的排水固结。同时可将加固区范围内的土中水排挤到加固区以外的土体中去。改善地基土性，加固的影响范围大。

7. 复合地基压缩模量高，沉降变形小，承载性状好

该技术桩与桩间土具有良好的共同工作特性。桩体材料在受到高压强的强力冲击、挤压下，桩间土受到明显的侧向挤压密实，从而使处理后的地基符合上下均匀，左右“抱紧”，密实“咬合”，压缩模量显著提高，承载性状明显改善，地基压缩变形量大为降低，E_0值可达30～40MPa。

8. 社会经济效益好

由于该技术具有高动能、高压强，是柱锤冲扩桩处理技术的特征，故振动小，噪声低，消除了渣土污染，可广泛应用于城市建设中的地基处理工程。净化人类生存环境，大量消耗废料，将建筑渣土“变废为宝”。在近几年承建的近几百项地基处理工程中，先后将100多万吨建筑垃圾用于地基处理，同时又减少了振动、噪声、无机固体材料对人类社会的污染。可大量节约钢材、水泥，降低工程造价，减少开挖地基和用于地基处理的加固料往返运输费及运输过程对环境的污染等。一般可降低基础工程造价25%～80%。

总之，孔内深层强夯技术地基处理技术作为一项专利技术，通过在各种复杂场地上大量工程的广泛应用，证明其具有广泛的适用性和技术的可靠性，取得了令人信服的、十分良好的效果。这项技术的应用，对于节约水泥、钢材，降低工程造价，净化人类生存环境等许多方面都有显著优点。

这项技术不仅受到建设部、北京市建委和环保部门的高度重视，同时也受到河南、甘肃、陕西等地方建筑主管部门的充分认定。1994年与1998年分别在北京、西安举行孔内深层强夯地基处理技术成果两次专家评审会，受到国内许多知名同行专家们的高度评价及充分肯定，认为这已是一项技术成熟，用途广泛，经济与社会效益显著，安全可靠并且有利于环境保护，带有绿色工程特征的建筑地基处理新技术，是我国用于解决复杂建筑场地的一项难得宝贵技术。

第五节　孔内深层强夯处理技术在工程上的应用

孔内深层强夯处理技术这些年得到广泛的应用，已在高层住宅楼、写字楼、大型储罐、电厂大型冷却塔以及工业厂房、烟囱等几百个项目的软弱地基处理工程中，发挥了重大作用，得到了用户的肯定和赞扬，取得了十分良好的效果，这足以证明这套技术具有广泛的适用性和可靠性。

1. 对30余栋住宅楼的复杂地基，进行了卓有成效的加固处理

这些年先后对北京、西安、廊坊、盐城和咸阳等大中城市的50多栋居民住宅楼的复杂软弱地基，采用孔内深层强夯技术进行加固处理。

这些复杂的场地有深厚杂填土地基、地震砂土液化地基、深厚湿陷性黄土地基、软黏土地基以及埋藏有人防工事的软硬夹层地基等。如北京的天宁寺，西安涝巷、大车家巷等地的住宅小区共有30多栋楼，都是以孔内深层强夯技术处理其地基，共完成孔内深层强夯建筑渣土桩、灰土桩20多万m^3。与原设计方案相比，既减少挖运建筑渣土20多万m^3，又免去10多万m^3的土方回填碾压，同时又消纳了建筑垃圾60万m^3，节约投资400多万元以及节省大批钢材、水泥。另外，也避免了往返运输车辆排放的废气、粉尘等对环境的污染，收到显著的社会经济效益。

2. 对大容量储罐软弱地基的加固处理

（1）大连开发区新港的10万m^3及5万m^3大型储罐地基的加固处理

该储罐总高度20余米，地基位于强风化辉绿岩的山坡上，基岩深浅不一，地基土软硬不均，并有局部裂隙水使土壤处于饱和状态，地基处理厚度约8～16m，如图1-1所示。原设计拟采用桩基或分层强夯处理，但因桩承载力不足，强夯会出现橡皮土，经专家论证，决定采用孔内深层强夯技术进行处理。

设计院按满堂布桩的复合地基设计，加固桩间距为1200mm，设计承载力f_k = 300kPa，变形模量E_0 = 25MPa，并要求处理后的地基刚度要均匀。

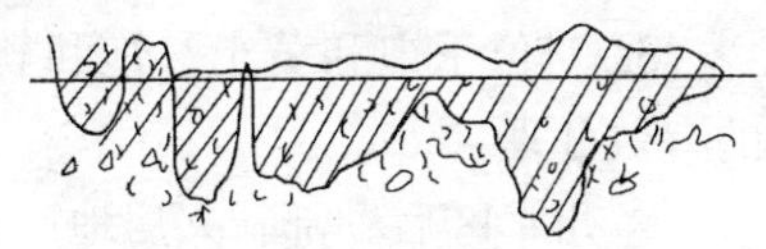

图1-1　黏土强风化辉绿岩地基起伏变化剖面图

孔内深层强夯法采用灰土碎石桩处理地基，通过现场检

验，桩的承载力 f_k = 1400kPa，复合地基承载力 f_k = 600 ~ 700kPa，桩间土承载力 f_k = 400 ~ 500kPa，复合地基变形模量 E_0 = 40 ~ 50MPa，处理后的地基达到刚度均匀、承载力显著提高的目的。

经过甲方检测和试水验证，用孔内深层强夯处理后的地基，完全满足了这类"甲类构造物所要求的地基沉降变形小的规定"，地基实际变形只有 1 ~ 2cm。这充分显示采用孔内深层强夯地基处理技术处理复杂场地具有大承载力的突出效果，这是其他处理技术无法取得的。

该成果受到大连西太平洋石化有限公司、大连市领导的好评，也受到学术界、工程界的称赞。

（2）洛阳石化总厂储罐地基的处理。该地基达 14m 厚，Ⅱ级非自重湿陷性黄土。而油罐高达 20 余米，直径 66m。采用孔内深层强夯地基处理技术进行地基加固处理，设计桩距 1150mm，满堂布桩，桩料为 2∶8 灰土，总桩数为 3100 根。处理后的地基要求达到以下三项技术指标：①消除湿陷处理深度为 14m；②地基承载力提高至 f_k = 240kPa；③地基刚度均匀。

施工时，将灰土桩料改为素土，动力夯击能为 1800kN · m/m^2。处理后地基经郑州工学院检测，地表下 80cm 复合地基 f_k = 300kPa，桩身部位 f_k = 600kPa，桩间土 f_k = 240kPa，桩间土干重度 16.1kN · /m^3，孔隙比 0.68，湿陷系数 δ_s = 0.0050 左右，小于规范规定 δ_s = 0.015，地基刚度均匀。同时用孔内深层强夯地基技术处理的月牙形古河道软弱土，其技术效果与其他部位相同。地面 3m 以下，不论是桩间土还是复合地基的承载性状均大大高于原设计要求。

3. 对位于饱和黄土、饱和软黏土场地上高层住宅建筑地基的有效处理

兰州军区后勤部新兴房地产开发公司开发的新兴大厦，是两栋 14 层的高层住宅建筑，分别建在饱和黏土和饱和黄土地基上，其下并无较好的持力层。地表下 5 ~ 6m 有地下水，并有多处明

暗渗井和古墓、洞穴等。对这种复杂场地，通过方案比选，决定采用孔内深层强夯技术进行地基处理。设计为建筑渣土桩复合地基，要求$f_k \geqslant 300$kPa，地基刚度均匀，处理深度为12m以上。

通过孔内深层强夯地基处理施工，夯击动能为1800kN·m/m^2，采用建筑垃圾渣土桩。施工后经第三方检测，复合地基承载力$f_k = 300$kPa（为原天然地基的4倍），桩体承载力$f_k = 1000$kPa，桩体强度之高可用混凝土回弹仪进行测试。其中素土桩的无侧限抗压、抗剪强度均在600～860MPa。对于地下水以下部位的饱和黄土、饱和黏土的处理效果更好，使在处理范围12m以内的地下水，均被挤到地基处理范围以外的土层中。

采用孔内深层强夯地基处理技术处理饱和黄土、饱和黏性土地基，与原静压桩方案相比，处理深度减少了二分之一左右，同时节约了大量钢材、水泥，节约投资300万元左右。这一成果的取得，将为无明显持力层的饱和黄土地基的处理提供一条有效的途径。

4. 对于深厚淤泥质地基的加固处理

廊坊管道局职工医院综合楼工程及三区住宅楼工程、北京北展德宝小区危旧房改造工程（8层）、江苏盐城居民住宅楼（6层）以及咸阳铁路住宅楼等工程的地基为较深厚的淤泥土地基、旧河道或海漫滩等复杂地基，软硬不均，承载力极低。采用孔内深层强夯地基处理技术后，经过有关部门现场检验证实，复合地基承载力均大于300kPa，为原地基的4倍。不仅承载力高，还消除液化和挤出地下水，地基刚度均匀，浸水后水稳定性能好，建成的建筑物使用效果良好。

5. 对大型高耸结构物电厂冷却塔地基的加固处理

宝鸡二电厂的1号、2号冷却塔工程，建于宝鸡市凤翔县境内。塔高123m，直径96m，其地基为Ⅲ～Ⅳ级自重湿陷性黄土，厚度25m。根据工程要求需将深度25m范围内黄土的湿陷性全部消除。要处理如此大厚度湿陷性黄土地基，在国内外现有的地基处理技术领域内，难以找到合适的方法。该工程经国内几次专家会议论证，最后确定采用孔内深层强夯地基处理技术进行地基处理。

该工程用钻机成孔、专用强夯机进行，孔内深层强夯动能力 2000kN·m/m^2，桩距 1.1m 和 1.2m，为素土桩或灰土深层孔内深层强夯桩，处理深度 25m。

通过孔内深层强夯地基处理素土桩和灰土桩处理此Ⅲ～Ⅳ级严重的自重湿陷黄土地基，经有关部门检验，其技术效果是：

（1）消除湿陷性：通过 25m 范围的测试，用孔内深层强夯地基处理技术处理的地基湿陷系数 δ_s 远低于规范规定的 0.015 标准。土重度由原 13～14kN/m^3 提高至 16～17 kN/m^3，最大达 18.8 kN/m^3。压缩变形明显降低，土的物理力学指标显著改善，湿陷性基本消除，见图 1-2 和图 1-3。

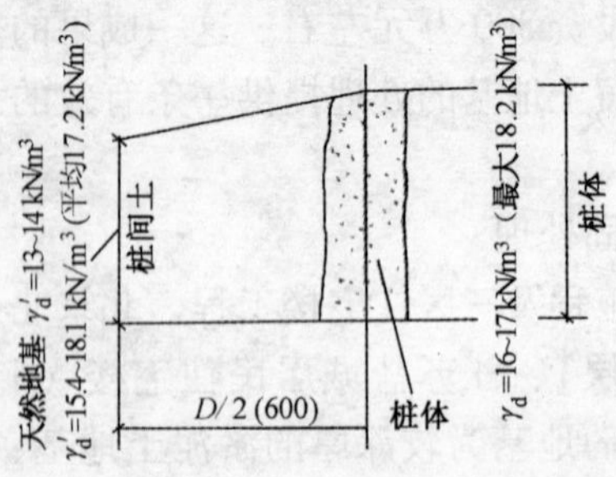

图 1-2　灰土、素土孔内深层强夯地基处理技术复合地基 γ_d 变化图

γ_d'—加固前土重度；γ_d—加固后土重度

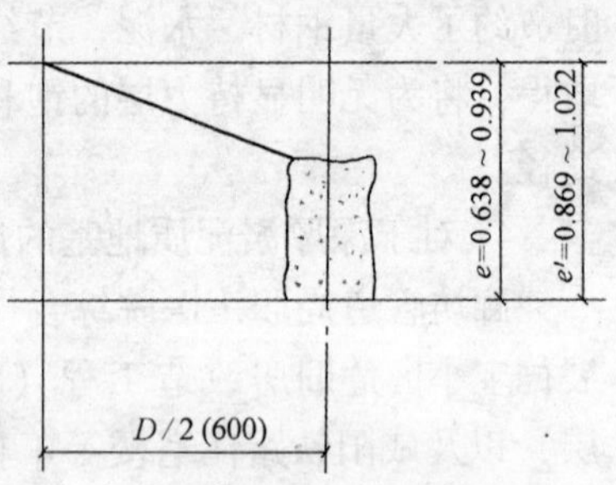

图 1-3　孔内深层强夯地基处理复合地基加固孔隙比的变化

e'—加固前，e—加固后

（2）地基承载力提高：灰土桩的承载力 f_k = 1067kPa，素土桩 f_k = 400kPa，桩间土 f_k = 300kPa。复合地基：灰土桩 f_k = 354～397kPa；素土桩 f_k = 301～338kPa。两者均比原天然地基提高 3 倍。

（3）消纳垃圾废土 33 万 m^3，降低工程造价 1500 多万元。

（4）地基刚度均匀，从标准贯入、土工试验以及现场动测结果看出，均与静载荷试验吻合，如图 1-4 所示。

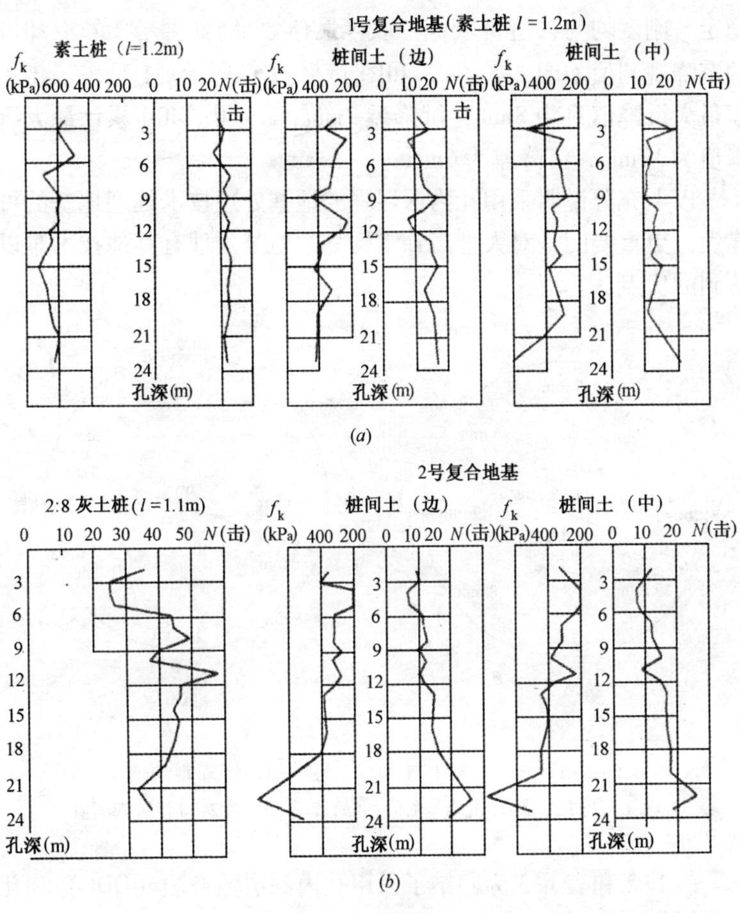

(*a*)

(*b*)

图 1-4　动测结果

（*a*）1 号复合地基孔深一标贯（*N*）和孔深一承载力（f_k）关系图；

（*b*）2 号复合地基孔深一标贯（*N*）和孔深一承载力（f_k）关系图

注：*N* 为修正后的标贯击数。

现场动测检验结果指出：用孔内深层强夯地基处理技术处理25m 大厚度湿陷性软弱地基，所有素土桩、灰土桩既无断桩质量事故，也无缩颈现象，且桩身质量稳定，强度高，并呈串珠状桩型。此充分证明采用孔内深层强夯地基处理技术处理的地基质量稳定，刚度均匀，造价较低，取得最佳效果。1 号、2 号冷却塔的沉降观测值如图 1-5（*a*）和图 1-5（*b*）所示。1 号塔一年累积最大沉降值只为 8mm，沉降差 2mm。2 号塔 240d 累计最大沉降值为 12mm，沉降差为 6mm。

以上充分说明采用孔内深层强夯地基处理技术处理地基的可靠性。更重要的是对大型高耸结构物的地基处理有其他技术难以达到的优点。

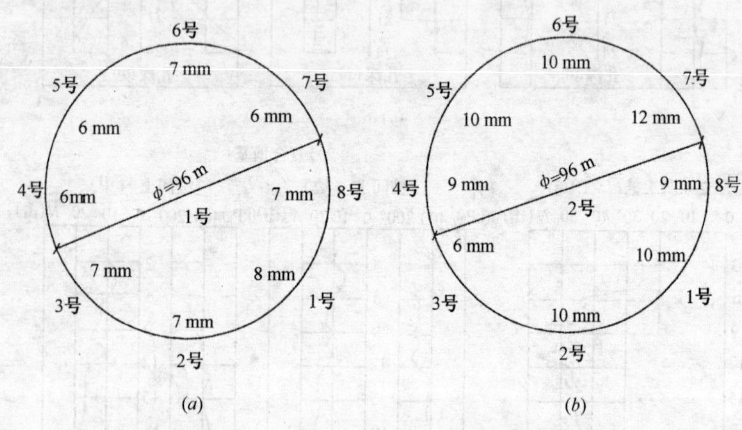

图 1-5　宝鸡二电厂 1 号、2 号冷却塔沉降观测值

（*a*）1 号冷却塔 360d 沉降观测值；（*b*）2 号冷却塔 240d 沉降观测值

表 1-2 和表 1-3 为归纳了采用孔内深层强夯法（DDC）和孔内深层超强夯法（SDDC）技术加固处理软弱地基部分工程应用技术效果的资料。并在本书第八章列出工程应用详细实例。

孔内深层强夯地基基处理技术作为一项专利技术，通过在各种复杂场地上的大量工程应用，证明其具有广泛的适用性和技术的可靠性，取得了令人信服的效果。

这项技术的应用，对于节约水泥、钢材，降低工程造价，净化人类生存环境等许多方面都有显著优点。

这项技术不仅受到北京市建委和环保部门的高度重视，同时也受到河南、甘肃、陕西等地方建筑主管部门的充分肯定。1994

年与 1998 年分别在北京、西安举行孔内深层强夯地基处理技术成果专家评审会，受到国内许多知名同行专家们的高度评价与充分肯定，认为这已是一项成熟技术，用途广泛，经济与社会效益显著，安全可靠并且有利于环境保护，带有绿色工程特征的建筑地基处理新技术，是我国用于解决复杂建筑场地的一项难得的宝贵技术。

为此，中国工程建设标准化协会，于 2006 年颁布了“孔内深层强夯法技术规程”（CECS197:2006），推荐工程建设设计、施工和使用单位采用。

随着这项成熟、稳定的地基处理技术在今后众多工程中的进一步应用，必然对我国建设事业做出新的、更大的贡献。

《孔内深层强夯法》（DDC）应用实例一览表　　表1-2

序号	建设单位（工程名称）	建筑物结构层数	栋数	地质概况	设计要求	原设计方案	采用DDC或SDDC技术			节约投资	工程地址	社会效益消纳垃圾渣土（m^3）
							方案	桩数	处理后效果			
1	北京长椿街居民住宅楼	砖混6层	1栋	杂填饱和土淤泥8m	f_k >250kPa	大挖、大填	DDC渣土灰土桩	980根	f_k >300kPa	15万	北京市长椿街	2400
2	北京菜市口居民住宅楼	砖混6层	1栋	杂填、淤泥、变质炉灰9m	f_k >300kPa	大挖、大填	DDC灰土桩	700根	f_k >300kPa	44万	北京市菜市口	1800
3	北京玻璃厂居民住宅楼	砖混3层	6栋	杂填、淤泥人防工事6m	f_k >270kPa	大挖、大填	DDC渣土桩	1600根	f_k >270kPa	22万	北京市玻璃厂	8000
4	北京邮电业务楼	砖混5层	1栋	杂填、淤泥灰土硬夹层6~12m	f_k >500kPa	大挖、大填	DDC灰土桩	1000根	f_k >540kPa	35.5万	北京市长安街	9500
5	北京农展馆交流馆	砖混5层	3栋	杂填、淤泥老墙基6~7层	f_k >400kPa	预制桩	DDC渣土桩	1250根	f_k >400kPa	30万	北京市朝阳区	8000
6	北京天宁寺小区	砖混6层	2栋	杂填、饱和新近杂填7m	f_k >300kPa	大挖、大填	DDC渣土桩	11000根	f_k >300kPa	270万	北京市天宁寺	80000
7	北京德宝居民住宅楼	砖混7层	3栋	杂填、淤泥9m左右	f_k >180kPa	钻孔桩	DDC灰土桩	1200根	f_k >180kPa	118.4万	北京市西城区	3400

续表

序号	建设单位（工程名称）	建筑物结构层数	栋数	地质概况	设计要求	原设计方案	采用 DDC 或 SDDC 技术			节约投资	工程地址	社会效益消纳垃圾渣土（m^3）
							方案	桩数	处理后效果			
8	廊坊市三区居民住宅楼	砖混 6 层	3 栋	杂填、淤泥液化 9m 左右	$f_k>300$kPa	碎石桩	DDC 灰土桩	800 根	$f_k>300$kPa	27 万	河北省廊坊市	8000
9	廊坊市综合医院楼	砖混结构	3 栋	淤泥杂填土 9m 左右	$f_k>200$kPa	碎石桩	DDC 渣土桩	2861 根	$f_k>300$kPa	70 万	河北省廊坊市	8000
10	大连太平洋 10 万 m^3 油罐	上部钢结构	3 台	强风化灰绿岩 8～17m 左右	$f_k>350$kPa	桩基或强夯	DDC 碎石桩	12800 根	$f_k>600$kPa	600 万	大连市开发区	330000
11	西安涝巷居民住宅楼	砖混 6 层	6 栋	杂填土渗井 10m 左右	$f_k>250$kPa	大挖、大填	DDC 渣土桩	2600 根	$f_k>450$kPa	200 万	西安市涝巷	—
12	西安市大小车家巷	砖混 7 层	4 栋	杂填土渗井 10m 左右	$f_k>250$kPa	大挖、大填	DDC 渣土桩	4000 根	$f_k>400$kPa	—	西安市车家巷	12000
13	西安汇鑫房产公司住宅	7 层	2 栋	杂填灰土硬夹层 7m	$f_k>200$kPa	静压桩	DDC 渣土桩	1300 根	$f_k>300$kPa	—	西安市早慈巷	2600
14	四医大干休所住宅	19 层	1 栋	湿陷、软弱软硬不均 16m 左右	$f_k>450$kPa	静压桩	DDC 灰土桩	3300 根	$f_k>900$kPa	100 万	西安市万寿路	19000

续表

序号	建设单位（工程名称）	建筑物结构层数	栋数	地质概况	设计要求	原设计方案	采用DDC或SDDC技术			节约投资	工程地址	社会效益消纳垃圾渣土（m^3）
							方案	桩数	处理后效果			
15	咸阳新世纪公司住宅	6层	3栋	液化、杂填8m左右	$f_k>200kPa$	振冲碎石桩	DDC渣土桩	1700根	$f_k>450kPa$	303万	咸阳市铁咀村	6000
16	西安市631所生产车间	12层	1栋	湿陷、软弱9～13m	$f_k>300kPa$	静压桩	DDC灰土桩	1600根	$f_k>540kPa$	50万	西安市太白路	4000
17	宝鸡第二发电厂冷却塔	123m	4座	自重湿陷Ⅲ级18～22m	$f_k>250kPa$	钻孔混凝土桩	DDC灰土桩	30036根	$f_k>700kPa$	1500万	宝鸡市风翔	329800
18	宝鸡第二发电厂炉后	45m	4套	湿陷7m左右	$f_k>180kPa$	灰土挤密桩	DDC灰土桩	13000根	$f_k>250kPa$	—	宝鸡市风翔	39000
19	宝鸡电力设备厂住宅楼	6层	1栋	液化	$f_k>200kPa$	混凝土桩	SDDC渣土桩	130根	$f_k>300kPa$	—	宝鸡市	—
20	铜川铝厂主厂房炉后烟囱	157m	3个	湿陷	$f_k>300kPa$	钻孔混凝土桩	DDC灰土桩	13000根	$f_k>600kPa$	1200万	铜川董家河	15000
21	西安四医大干休所住宅	15层	2栋	湿陷软硬不均	$f_k>400kPa$	静压桩	DDC灰土桩	2200根	$f_k>450kPa$	160万	西安市万寿路	12000

续表

序号	建设单位（工程名称）	建筑物结构层数	栋数	地质概况	设计要求	原设计方案	采用 DDC 或 SDDC 技术			节约投资	工程地址	社会效益消纳垃圾渣土（m^3）
							方案	桩数	处理后效果			
22	西安新兴公司住宅	16 层	2 栋	软弱饱和黄土	$f_k > 250kPa$	钻孔混凝土	DDC 灰土桩	3500 根	$f_k > 500kPa$	240 万	西安市建国路	6000
23	洛阳石化 5 万 m^3 油罐	29m	2 台	湿陷黄土	$f_k > 250kPa$	钢筋混凝土桩	DDC 素土桩 DDC 灰土桩	6100 根	$f_k > 500kPa$	400 万	洛阳吉利	15000
24	朝阳市粮库	30m	6 个	粉砂土	$f_k > 200kPa$	混凝土桩	SDDC 桩	700 根	$f_k > 400kPa$	150 万	朝阳市半拉山	15000
25	咸阳助剂厂罐基火炬	—	10 个	混凝土料回填	$f_k > 220kPa$	振冲碎石桩	SDDC 桩	900 根	$f_k > 550kPa$	100 万	咸阳	8000
26	西安新兴公司中柳巷	8 层	2 栋	杂填土	$f_k > 250kPa$	大挖大填	DDC 渣土桩	1800 根	$f_k > 400kPa$	100 万	西安市中柳巷	6500
27	西安纺织城邮电大厦	8 层	1 栋	Ⅲ级自重湿陷 $W < 10\%$	$f_k > 180kPa$	挤密灰土桩	DDC 渣土桩	1000 根	$f_k > 300kPa$	17 万	西安市纺织城	5000
28	洛阳医院	7 层	1 栋	饱和黄土地下水	$f_k > 250kPa$	挖孔桩	DDC 渣土桩	850 根	$f_k > 300kPa$	20 万	河南洛阳	3000
29	办公室西安新兴公司	7 层	9 栋	湿陷性黄土	$f_k > 200kPa$	挤密桩	SDDC 渣土桩	1000 根	$f_k > 300kPa$	110 万	西安市观音庙	5000

续表

序号	建设单位（工程名称）	建筑物结构层数	栋数	地质概况	设计要求	原设计方案	采用 DDC 或 SDDC 技术			节约投资	工程地址	社会效益消纳垃圾渣土（m^3）
							方案	桩数	处理后效果			
30	观音庙住宅楼省水利厅	7 层	2 栋	湿陷性黄土	$f_k > 180kPa$	钻孔桩	DDC 渣土桩	1300 根	$f_k > 400kPa$	20 万	西安西七路	4000
31	西安铁路电务技校	6 层	1 栋	湿陷性黄土	$f_k > 200kPa$	钻孔桩	DDC 渣土桩	800 根	$f_k > 300kPa$	10 万	西安电工路	2500
32	渭南水利大厦	7 层	1 栋	湿陷性黄土 $W < 10\%$	$f_k > 220kPa$	大挖大填	DDC 渣土桩	780 根	$f_k > 300kPa$	—	渭南市	1500
33	西安田家湾粮库	9 层	10 个	湿陷性黄土	$f_k > 200kPa$	灰土挤密桩	SDDC 渣土桩	650 根	$f_k > 500kPa$	170 万	西安市田家湾	18000
34	西安碑林区建委	7 层	5 栋	湿陷性黄土	$f_k > 200kPa$	大挖大填	DDC 渣土桩	6000 根	$f_k > 350kPa$	—	西安市德祸巷	24000
35	三灵高速公路	路基	17km 桥涵 3 个	湿陷	$f_k > 300kPa$	灰土挤密桩	DDC、SDDC 灰土、素土	—	$f_k > 300kPa$	—	灵宝市	—
36	渭南人民银行住宅	7 层	3 栋	自重湿陷	$f_k > 180kPa$	DDC 灰土桩	DDC 灰土桩	2000 根	$f_k > 300kPa$	—	渭南	20000
37	渭南铁路学校	7 层	1 栋	自重湿陷	$f_k > 200kPa$	SDDC	SDDC 渣土桩	—	$f_k > 400kPa$	—	渭南	60000

《孔内深层超强夯法》(SDDC)技术效果　表 1-3

建设单位		洛阳石化	西安田家湾粮库	咸阳助剂厂	西安新兴公司	朝阳市城郊粮库	北京燕山石化
工程名称		厂房	大型粮库 11 座	球罐区(4 个)	住宅小区(17 栋)	大型粮库(6 座)	10 万 m^3 原油罐(3 台)
结构特征		钢筋混凝土	钢筋混凝土	上部钢结构	8 层混合结构	钢筋混凝土	上部钢结构
工程地质		湿陷性黄土	湿陷性黄土	湿陷、液化	湿陷黄土	饱和软弱硬夹层	风化岩、软弱、杂填
处理厚度(m)		15	6 ~ 8	12	7 ~ 8	6 ~ 10	3 ~ 9
地基处理材料		渣土、混凝土块	渣土	土、渣土、混凝土块	土	渣土、碎石	碎石渣
承载力	桩间土(kPa)	300 ~ 450	300 ~ 500	320 ~ 450	300 ~ 400	300 ~ 400	300 ~ 600
	复合(kPa)	576	350 ~ 550	550	550	500	700
	桩(kPa)	1200	1200	1000	1200	1200	1200
土物性能		湿陷消除 刚度均匀	湿陷消除 刚度均匀	湿陷、液化消除 刚度均匀	湿陷消除 刚度均匀	承载力提高 刚度均匀	承载力均匀 刚度均匀
单桩吃土量(m^3)		25	25	20	30 ~ 40	30 ~ 40	20 ~ 30

第二章　孔内深层强夯法的作用机理

“孔内深层强夯处理技术”是在综合了重锤夯实、强力夯实、钻孔灌注桩、钢筋混凝土预制桩、灰土桩、碎石桩、双灰桩等地基处理技术的基础上，吸收其长处，抛弃其缺陷，集高动能、高压强、强挤密各效应于一体，完成对软弱土层的处理。

“孔内深层强夯处理技术”是通过机具成孔，然后通过孔道在地基处理的深层部位进行填料，用具有高动能的特制重力锤进行冲、砸、挤压的高压强、强挤密的夯击作业，从而达到加固地基、消纳建筑垃圾、渣土的目的，使地基承载性状显著改善。这是一般地基处理技术都不具备的，具有显著特色的建筑地基处理方法。通过与其他地基处理方法的比较，可以清楚地看出“孔内深层强夯处理技术”作用机理的合理性和优越性。

对于复杂地层或有饱和软土、淤泥层的地基，为保证桩体的完整性，防止因侧向土约束力太差，导致桩体变形，也可采用其他符合桩体的填料，可在软土层段填夯素混凝土料，其他土层再改填为一般填料。

第一节　与强力夯实法的比较

强力夯实法，简称“强夯法”，是将很重的夯锤（一般为50～400kN，目前国外最重的为2000kN）起吊到很高的高处（一般为6～30m）自由落下，对土进行强力夯实，以提高其强度、降低其压缩性的一种地基加固方法。这是在重锤夯实法的基础上发展起来而又与重锤夯实法迥然不同的一种新的地基加固方法。

强夯法起源于法国，1969 年首先用于法国戛纳附近芒德利厄海边 20 来幢 8 层楼居住建筑的地基加固工程。

强夯法在我国已广泛应用，但其缺点是施工噪声大，公害显著，单位面积夯击能量小，夯击时仅是动力压密，由于存在有效区和影响区的差别，深层难以达到压密的效果，加固深度受到限制。对于有深层软弱下卧层的地基，只有增大吊车起重能力和增大吊锤重，才可奏效。由于上述各种原因，因而强夯法的推广使用在工程上受到一定限制，如图 2-1 所示。

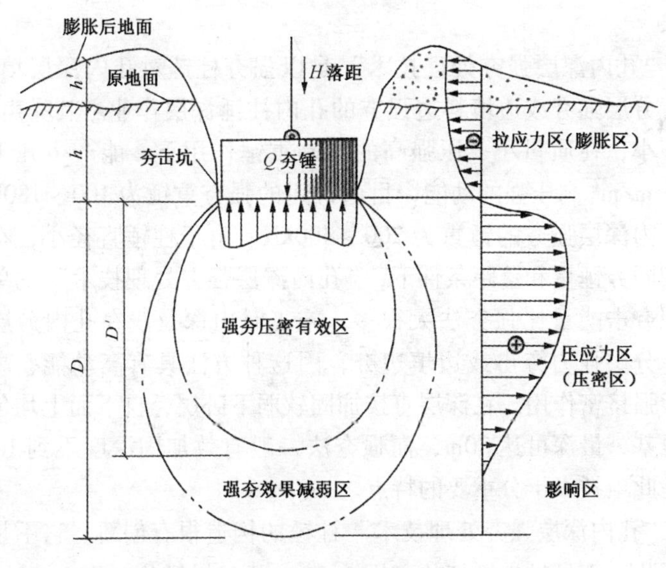

图 2-1　强夯机理图

例如湖南岳阳石化原料工程，建设催化常减压生产装置，位于云溪镇沟内，此区由一主沟（2 号沟）和四个支沟组成，工程地质表层为素填土，厚度 5 ~ 17.8m，为近期人工堆积而成，填土内碎石含量约60% ~70%，碎石粒径一般为20~40cm，大的超过100cm，采用分层强夯处理，下层填土厚9m，采用8000 kN·m夯击能，上层厚5m，采用3000kN·m，这种分层强夯施工又延长工期，而工程造价又增加一倍，强夯后地基承载力仅达到f_k =220kPa。

又如广东某大型储油罐，地基表层为人工填石，厚度9.4~17.9m，下层为淤泥质中粗砂两个亚层，土层厚度2~13.3m，经6000 kN·m强夯处理后，表层承载力达到300kPa，但储油罐在充水试压时发生倾斜，最大沉降达到42.1cm，最大不均匀沉降达到42.4cm，影响使用，最后进行顶升，储油罐注浆加固处理地基。类似上述实例不少，说明强夯处理后效果达不到工程要求。

"孔内深层强夯处理技术"是以强夯柱锤对孔内深层填料，进行分层强夯或边填料边强夯的孔内柱锤深层作业。其噪声小、公害小，在质量小、压强高的特制重锤作用下，能产生几千个kN·m/m^2 高压强的动能，目前常用的强夯重锤为100~180kN，而孔内深层强夯的锤重为200~400kN。由于柱锤直径小，在具有相同夯锤重和落距条件下，"孔内深层强夯处理技术"的单位面积夯击能量比强夯法大很多。施工时由深及浅在孔内分层填料，分层强力夯击或边填边夯，因这种方法具有高动能、高压强、强挤密作用。在深层直接加固软弱下卧层，自下而上均匀加固地基，最深可达30m，而强夯法一般有效加固深度不到10m，这是此项技术十分重要的特点之一。

"孔内深层强夯处理技术"柱锤的构造很有创新。它不是平面形状，而是呈尖锥杆状（图2-2*a*）或呈橄榄状（图2-2*b*）比平面锤优越得多。夯击时，对下层填料是深层动力夯、砸、压密，对上层新填料是动力夯、砸、劈裂和强制侧向挤压。通过锤的动力夯击，在锤侧面上产生极大的动态被动土压力，锤锥土迫使填料向周边强制挤出，桩间土也被强力挤密加固。这是这项技术独具特色之二。

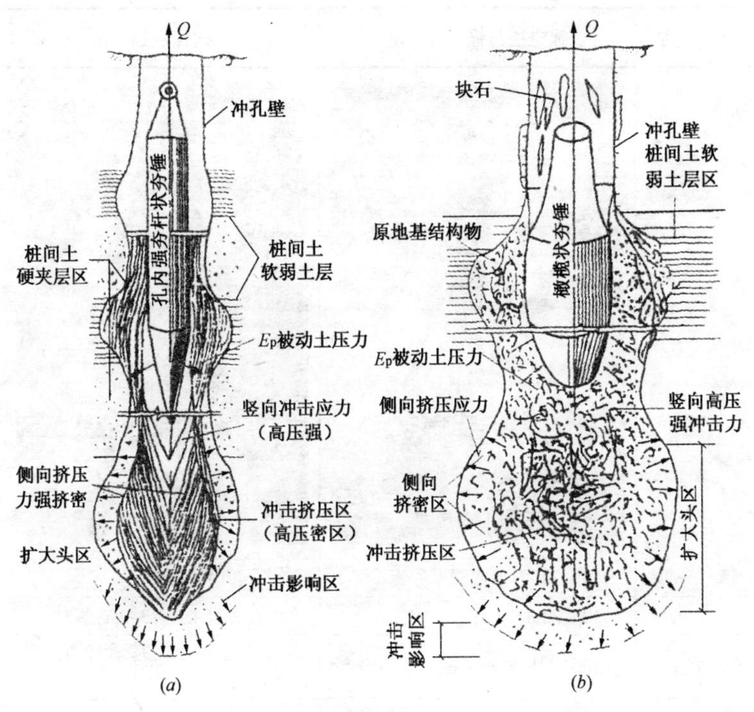

图 2-2　孔内深层强夯的夯锤强夯机理

（a）尖锥杆状夯锤强夯机理图；（b）橄榄状夯锤强夯机理图

“孔内深层强夯处理技术”处理的地基自上而下都得到加固，呈均匀密实状态，而强夯加固的地基是上强下弱，有软弱下卧层时，则达不到地基加固的目的，这是孔内深层强夯处理技术特点之三。

总之，用“孔内深层强夯处理技术”处理的地基密实性和均匀性都好，加固深度大、夯击能量高。同时柱锤比强夯锤重量小，对机具要求条件低，所产生的公害也小，比强夯法有很大的优越性。

强夯法与孔内深层强夯对比见表 2-1。

强夯法与孔内深层强夯对比表　　表2-1

名　称	强夯法与强夯置换法	孔内深层强夯法
夯锤外形		
锤　重	10～20t方形或圆形夯锤	20～40t柱式锤
落　距	10～20m	成孔直径1.4～3.0m
单击夯击能	3000～8000kN·m	处理后复合地基承载力可达600kPa
适用土层	处理碎石土、砂土、低饱和的粉土与黏性土、湿陷性黄土、素填土和杂填土等地基	可处理各类土层，消纳渣土，变废为宝
加固深度	6～10m	20～30m
不适用土层	软土地基	各种土层均可适用

第二节　与柔性加固桩的比较

双灰桩、灰土桩、砂桩、碎石桩等柔性加固桩都已广泛使用，其最大缺点是加固施工用的桩锤小、成桩的桩径小、夯击能量小、加固料要有选择性、压密效果低、对桩侧土挤密的侧压力小、桩间土被加固的效果差。加固后的复合地基，其承载性状虽然有所改善，但加载后都会发生变形或浸水有湿陷量。用这类柔

砂石桩加固地基一览表　　表 2-2

序号	工程名称	地点	工程内容	土质情况	地基处理技术	成桩直径（cm）	地基加固效果	
							复合地基承载力（kPa）	平均沉降量（cm）
1	寿春路商住楼	合肥	6～8 层	杂填土	振动沉管挤密砂石桩	40～45	177～188	3～5
2	光环钢管厂	徐州	24m 跨厂房	粉土	碎石桩	40～50	200	—
3	高尔夫球俱乐部	北京顺义区	2528m^2	饱和细砂层	碎石桩	40	200	消除液化
4	石油外运站	山东东营	2 万 m^3 油罐	滨海粉质沉积黏土	碎石桩	38.5～40.5	180	16
5	太原钢铁公司	太原	3 号高炉工程	粉质黏土（软塑）	双管冲击砂桩	约 44	330	平均 18.7
6	镀锌焊管厂	徐州	18m 跨原料库主轧车间	淤泥质粉质黏土	振动沉管碎石桩	50	170	1.2
7	轻工部管理干部学院	河北固安	教学楼宿舍楼等	粉土	振动沉管碎石桩	40	>180	—
8	中石油管道局职工医院	河北廊坊	职工医院 2307m^2	粉质黏土	振动沉管碎石桩	40	218～300	—
9	财政厅办公楼	山西太原	7 层 5480m^2	饱和粉质黏土	砂桩	40	200～220	1.1～2.3
10	石榴园综合楼	珠海	8 层框架结构	淤泥质粉质黏土	碎石桩	54～78	>210	2.8

性桩加固的地基，其地基承载力一般不超过原地基的2倍左右或接近天然地基。因此，用这些柔性桩加固的地基不适用于承受较大荷载或对沉降要求严格的重要建筑物。另外由于施工机具的限制，其处理深度也是有限的。砂石桩加固地基一览表见表2-2。

从表2-2可见，采用砂石桩加固地基的工程实例分析可知，桩的成桩直径小，地基加固的深度小（在6~8m），复合地基的承载力低（180~200kPa），这类加固地基的方法，仅适用中小型工程。

灰土桩法处理深度浅，用料受限，地下有水或淤泥土不能施工，桩间土处理后效果差，承载力提高小，压缩变形量大，易发生缩颈与断桩，仅适用于一般建筑。

“孔内深层强夯处理技术”在加固地基时，采用较重夯锤，孔内加固料单位面积受到高动能、强夯击使地基土受到很高的预压应力，处理后的地基浸水或加载都不会产生明显的压缩变形，地基承载力可提高3~9倍。最大处理深度可达30m，桩体直径可达0.6~2.5m，而且桩间土也受到很大的侧向挤压力，同样也被挤密加固。桩周土被挤密形成了强制挤密区、挤密区以及挤密影响区，复合地基的整体刚度均匀，这是一般柔性桩加固地基难以取得的效果，如图2-3所示。

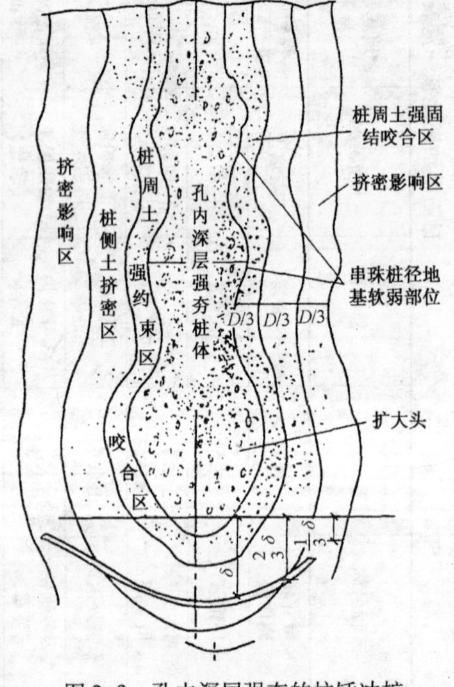

图2-3　孔内深层强夯的柱锤冲扩桩土作用机理图

由于上述各种柔性桩加固用料要比“孔内深层强夯处理技术”桩严格，如碎石桩、砂桩等

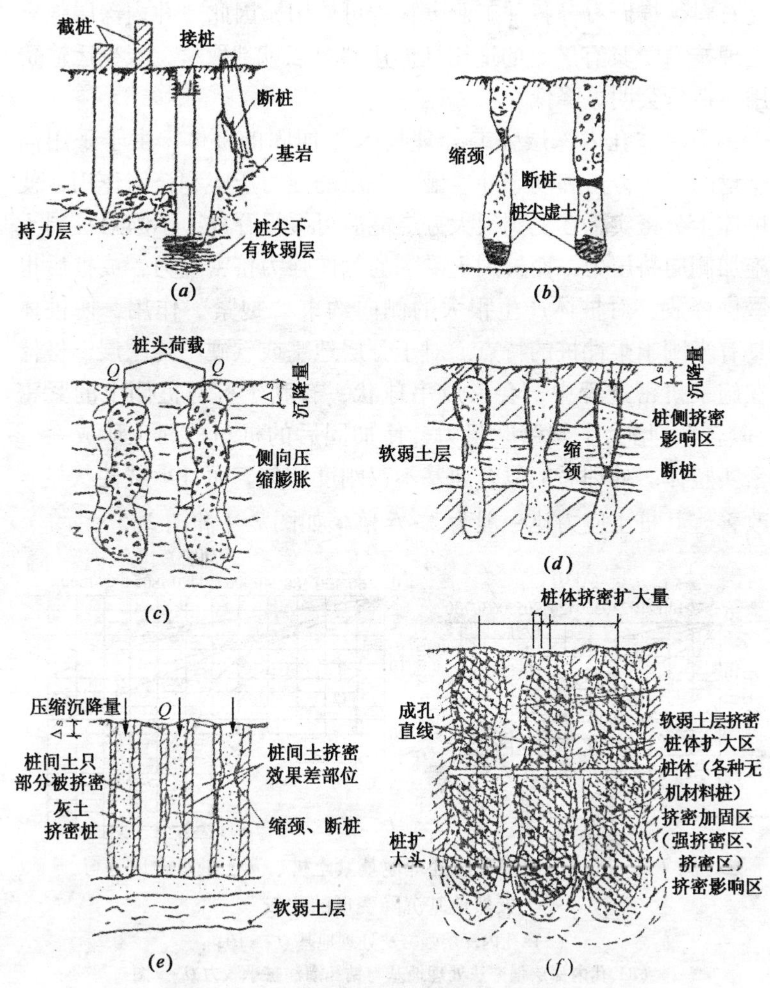

图2-4　各类柔性桩与孔内深层强夯法的比较

(*a*) 打入桩的截桩、接桩、断桩及未达持力层；(*b*) 沉管灌注桩、钻孔灌注桩的缩颈、断桩及桩尖虚土较多；(*c*) 碎石桩侧向约束力低，承载后压缩变形大，桩体侧向膨胀；(*d*) 沉管灰土挤密桩复合地基承载力低，处理深度浅，挤密效果差；(*e*) 灰土挤密桩；(*f*) 孔内深层强夯复合地基图

用料不能就地取材，其工程造价必然较高。“孔内深层强夯处理技术”工程用料适应性大，从建筑垃圾、工业垃圾到含有块状的土

夹石料、煤矸石等各种工业废料均可使用，因此“孔内深层强夯处理技术”具有广泛的适用性。用料可以就地取材，减少运输费用，造价会明显降低。

采用“孔内深层强夯处理技术”加固的桩体，由于采用高能量的高压夯击和动态冲、砸、挤压的强力压实和挤密作用，使桩体十分密实，在受到很大夯击能后可缓慢释放，不断对桩周土施加侧向挤压力，而桩周土受到的侧向强力挤密应力，成桩后也慢慢释放，对桩体产生很大的侧向约束“抱紧”作用，使桩体具有半刚半柔性桩的特点。对于分层地基或软硬不均土层，桩体在施工挤密过程中，会形成串球状，有利于桩与桩侧土的紧密“咬合”，增大了侧壁摩阻力，使加固后的桩与桩间土形成一个密实整体。处理后的复合地基不仅刚度均匀，而且承载性状显著改善。其桩土应力比一般为3～5倍，如图2-4和图2-5所示。

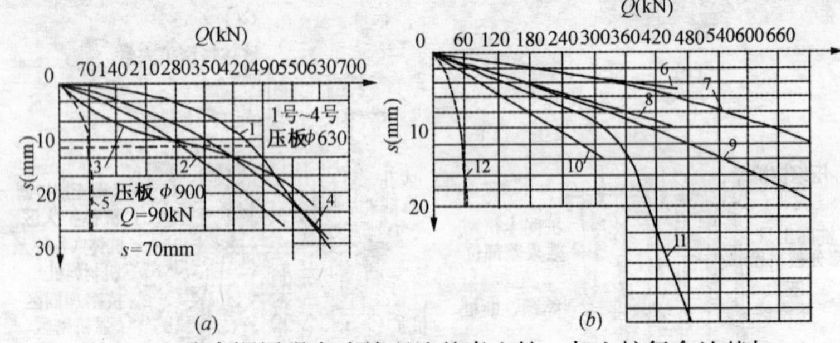

图2-5　孔内深层强夯法处理地基素土桩、灰土桩复合地基与天然地基沉降变形的比较

（*a*）孔内深层强夯法处理地基 $Q-s$ 图；

（*b*）孔内深层强夯法处理地基与钻孔灌注桩承载力 $Q-s$ 图

1，2，7—柱锤冲扩灰土桩；3，4，8—柱锤冲扩素土桩；5，12—原天然地基；6，9—孔内深层强夯渣土桩；10，11—钻孔混凝土桩

第三节　与刚性加固桩的比较

与钻孔混凝土灌注桩、预制桩、沉管灌注桩、桩内夯扩混凝土灌注桩以及CFG桩等刚性混凝土加固桩相比，孔内深层强夯

采用孔内填混凝土或其他合适加固料形成的孔内深层强夯桩只要被加固地基具有良好的成孔条件，加固处理后地基的综合技术、经济效益好，具有上述刚性加固桩所不及的优点。例如，打入桩施工噪声大、截桩工程量大且费工、工程造价高、打桩机污染空气。另外，混凝土灌注桩或水泥、粉煤灰、碎石桩（CFG 桩）的桩身混凝土质量难于保证，桩侧土未被挤密，土对桩的约束力小，尤其是在淤泥软土地基更易发生缩颈和桩体变形、桩形不规则等缺陷，事故率较高。这类地基是靠刚性桩承载，而不是复合地基承载。其用钢量和水泥用量都比较高，工程造价比孔内深层强夯法处理地基高。

例如上海金山石油储备库 15 万 m^3 大型储罐基础采用预应力管桩 $D=600$mm，壁厚 110mm，桩长 40 ~ 45m，桩间距 2.5 ~ 2.8m，每台储罐基础布置了 1085 根管桩，上部设钢筋混凝土承台，厚 90cm 基础的造价等于上部钢油罐造价，即地上建一个储罐等于地下埋进一个储罐。

此外，由于混凝土灌注桩在成孔施工时，对周边土有扰动，未起到侧向挤压加固作用，混凝土硬化时收缩，使桩体混凝土与桩侧土间出现缝隙，造成桩侧摩阻力下降，尤其对以摩阻力为主要承载能力的深长桩，其承载力损失较大。相反“孔内深层强夯处理技术”由于施工时不断对侧向土产生强制挤压作用，至成桩后杠侧土对桩体产生很好的“抱紧”、“咬合”作用，增大了桥与桩间土的密实性，形成了良好整体受力的复合地基，如图 2-5 所示。

第四节　孔内深层强夯法处理地基与其他地基处理技术效果对比

孔内深层强夯法处理地基与其他地基处理技术效果对比见表 2-3。

“孔内深层强夯法”处理地基技术与其他地基处理技术效果对比　　表 2-3

序号	项目方法	施工方法	适应环境	公害	处理何种地基	地基处理用料	地基处理深度（m）	地基处理特征	持力层条件	技术效益	对比	经济效益
1	孔内深层强夯法处理地基（渣土桩）①	孔内深层强夯法处理地基	场地开阔及危房区	小	杂填土，湿陷土，各类软弱土，液化地基及特种地基	无机固体垃圾	≈30	具有强夯功能但无强夯公害②	无持力层	承载力明最提高，压缩变形小，消除深浅层的湿陷或液化，地基刚度均匀，解决其他技术难以解决的难题	复合地基承载力提高值为原天然地基的 3～5 倍	不用钢材、水泥，造价低，解决了无机固体垃圾的污染
2	孔内深层强夯法处理地基（灰土桩）	孔内深层强夯法处理地基	场地开阔及危房区	小	杂填土，湿陷土，各类软弱土，液化地基及特种地基	灰土	≈30	具有强夯功能但无强夯公害②	无持力层	承载力明显提高，压缩变形小，消除深浅层的湿陷或液化，地基刚度均匀，解决其他技术难以解决的难题	复合地基承载力提高值为原天然地基的 5～9 倍	不用钢材、水泥，造价低
3	孔内深层强夯法处理地基（碎石桩）	孔内深层强夯法处理地基	场地开阔及危房区	小	杂填土，湿陷土，各类软弱土，液化地基及特种地基	碎石（卵石）	≈30	具有强夯功能但无强夯公害②	无持力层	承载力明显提高，压缩变形小，消除深浅层的湿陷或液化，地基刚度均匀，解决其他技术难以解决的难题	复合地基承载力提高值为原天然地基的 3～5 倍	不用钢材、水泥，造价低

续表

序号	项目方法	施工方法	适应环境	公害	处理何种地基	地基处理用料	地基处理深度（m）	地基处理特征	持力层条件	技术效益	对比	经济效益
4	孔内深层强夯法处理地基（素土桩）	孔内深层强夯法处理地基	场地开阔及危房区	小	杂填土，湿陷土，各类软弱土，液化地基及特种地基	土	≈30	具有强夯功能但无强夯公害②	无持力层	承载力明显提高，压缩变形小，消除深浅层的湿陷或液化，地基刚度均匀，解决其他技术难以解决的难题	复合地基承载力提高值为原天然地基的3～4倍	不用钢材、水泥，造价低
5	孔内深层强夯法处理地基（混凝土桩）	孔内深层强夯法处理地基	场地开阔及危房区	小	杂填土，湿陷土，各类软弱土，液化地基及特种地基	混凝土	≈30	具有强夯功能但无强夯公害②	无持力层	承载力明显提高，压缩变形小，消除深浅层的湿陷或液化，地基刚度均匀，解决其他技术难以解决的难题	其承载力比钻孔混凝土桩提高2倍左右	水泥用量多
6	砂桩	振动挤密法	开阔	大	软弱地基	砂	4～15	振动挤压	无持力层	提高承载力有限，压缩变形大，消除浅层湿陷或液化，地基刚度不均	复合地基承载力提高值为原天然地基的0.5～1倍	不用钢材、水泥，造价低

续表

序号	项目方法	施工方法	适应环境	公害	处理何种地基	地基处理用料	地基处理深度（m）	地基处理特征	持力层条件	技术效益	对比	经济效益
7	碎石桩	振动挤密法	开阔	大	软弱地基	碎石	4~15	振动挤压	无持力层	提高承载力有限，压缩变形大，消除浅层湿陷或液化，地基刚度不均	复合地基承载力提高值为原天然地基的0.5~1倍	不用钢材、水泥，造价低
8	石灰桩	振动挤密法	开阔	大	软弱地基	生石灰粉煤灰	4~15	生石灰膨胀挤压	无持力层	提高承载力有限，压缩变形大，消除浅层湿陷或液化，地基刚度不均	复合地基承载力提高值与原天然地基一般	不用钢材、水泥，造价低
9	强夯	强夯法	开阔	大	杂填土，湿陷土，各类软弱土，液化地基	—	4~8	动能冲击夯实	有或无持力层	深层承载力难于提高，可用于杂填土、湿陷土或液化土地基处理。对含水量高的地基易造成橡皮土	复合地基承载力提高值为原天然地基的1~2倍	不用钢材、水泥。造价低

续表

序号	项目方法	施工方法	适应环境	公害	处理何种地基	地基处理用料	地基处理深度（m）	地基处理特征	持力层条件	技术效益	对比	经济效益
10	预制桩	锤击法	开阔	大	杂填土，湿陷土，各类软弱土，液化地基	钢筋混凝土	5~20	动能锤击	有或无持力层	承载力高，压缩变形小，桩间土的湿陷性、液化等难以消除	单桩承载力 300~400kN	造价高，浪费钢材水泥，施工噪声大
11	钻孔灌注桩	钻孔法	开阔危房区	小	杂填土，湿陷土，各类软弱土，液化地基	钢筋混凝土	5~30	钻孔灌注	有或无持力层	承载力高，压缩变形小，桩间土的湿陷性液化等难以消除	单桩承载力 300~400kN	造价高，浪费钢材水泥
12	大挖大填	换填法	开阔危房区	小	杂填土，湿陷土，各类软弱土，液化地基	素土	4~6	挖填压实	人造持力层	承载力提高有限，大厚度基土的湿陷性和液化等难以消除	复合地基承载力提高值为原天然地基的0.6~1倍	不用钢材、水泥，综合效果不好
13	灰土挤密桩	挤密捣实	开阔	大	黄土地基	灰土	4~8	拔管捣实	无持力层	承载力提高有限，仅处理一般素土或黄土地基	1倍左右	不用钢材、水泥

①渣土：土、砂、石、碎砖瓦、废混凝土块、工业废料及其混合物等无机固体块材料；

②具有“孔内深层强夯法”处理地基的高动能、高压强、强挤密特征。

第三章　散体桩的加固机理

第一节　简　　述

1. 散体桩的定义

所谓的散体桩是指无黏结强度的桩，由散体桩和桩间土组成的复合地基称散体桩复合地基。目前在国内外广泛应用的碎石桩、砂桩、建筑渣土桩复合地基都是散体桩复合地基。散体桩可以就地取材，不用三材（钢、木、水泥），甚至可以消纳工业垃圾和建筑垃圾，因此造价低廉，颇受人们的欢迎。散体桩复合地基能够较充分地发挥桩间土的作用，桩间土的作用是复合地基作用的重要组成部分。因此比传统的桩基理论不考虑桩间土作用，或不能充分考虑桩间土的作用前进了一步。

2. 散体桩的分类

散体桩根据桩的材料和施工工艺不同可以分为以下几类：

1）碎石桩

（1）振冲碎石桩　振冲碎石桩是指利用振冲器成孔和制桩的桩。振冲器有两个功能：一是产生几十到几百千牛的水平振动力作用在周围土体；二是从端部及侧面进行射水。振动力是加固地基的主要因素；射水协助振动力在土中钻进成孔，并于成孔后实现清孔及护壁。

（2）干振碎石桩　干振碎石桩是指采用不射水的干振器成孔和制桩的碎石桩。利用干振器水平振动力和自重成孔、挤密碎石，该法适用于非饱和松散的黏性土、杂填土及湿陷性黄土地基。

（3）沉管碎石桩

①振动沉管法。振动沉管碎石桩是指采用振动打桩机制桩的碎石桩，该法一般采用管内投料，拔管时可以采用匀速拔管法，拔管速度一般不宜大于1.5m/min，在易缩孔的地层拔管速度可适当减慢。另外，为了避免缩径、断桩，应适当扩大桩径，可以采用反插法，所谓反插法是指在拔管时拔高0.5～1.0m，再将桩管沉入0.5～1.0m，再拔1.0～2.0m，再沉管0.5～1.0m……该法的缺点是速度慢。对于已经将桩管拔出地面而填料少于设计值时可以复打，所谓复打是将桩管重新沉入、投料、拔管。振动沉管碎石桩适用于松散的黏性土和砂性土。黏粒含量越大，桩间土的振密和挤密效应越差，所以加固地基效果越差。桩间土加固前后的标贯击数与黏粒含量的关系如图3-1所示，对于黏粒含量大的饱和软黏土采用振动沉管碎石桩时，其桩间土振密和挤密效应小，桩间土对碎石桩的约束作用小，所以桩在垂直荷载下变形大，在此情况下采用振动碎石桩加固效果不理想。

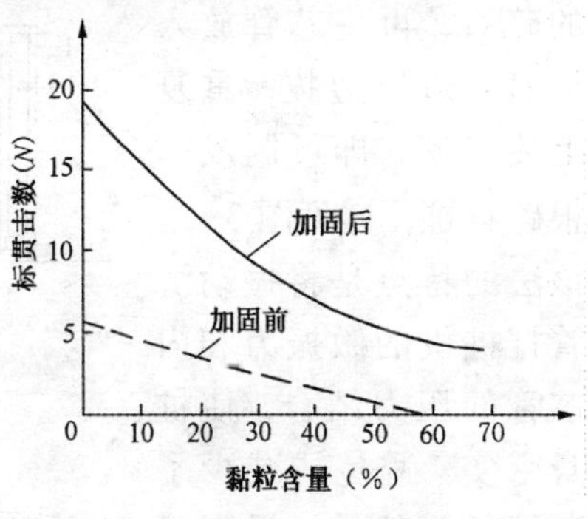

图3-1　标贯击数与黏粒含量关系图

②内击沉管法。内击沉管法是采用两个卷扬机的简易打桩架，一根直径300～400mm的钢管，长度根据所需加固地基的深度来确定，管内设一吊锤，其重1～2t。该法工艺是首先将桩管立于桩位，并且通过桩管侧面的填料口从地面向桩管内填1.0m左右的碎石，然后用吊锤夯击碎石，靠碎石和桩管之间的摩擦力将桩管带到设计深度，最后分段向桩管投碎石和夯实填料，同时向上提拔桩管，直至拔出桩管碎石桩成桩，如图3-2所示。内击沉管碎石桩的特点是有显著的挤密和振密效应，碎石桩密实程度高，形成的复合地基承载力也高，设备简单，耗能低。缺点是效率比振冲法低，夯

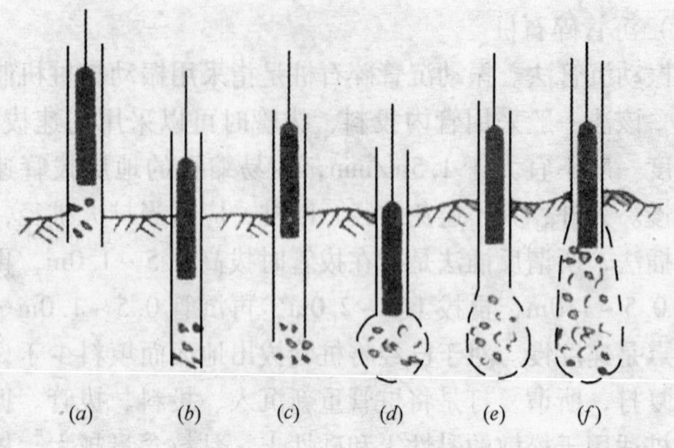

图 3-2 内击沉管工艺法

锤的钢丝绳易断。

③芯管法。芯管法干振碎石桩是采用振动沉管打桩机将桩管和芯管沉入设计标高，然后提出内芯管，向桩管内倒入一定高度的碎石，再将芯管放入桩管，边压边拔，重复上述步骤，即可制成一根碎石桩，详见图 3-3。该法的特点是将振动沉管打桩机的激振力和内芯管的压力结合，使桩身密实，避免或减少了断桩的可能性，提高了成桩质量。

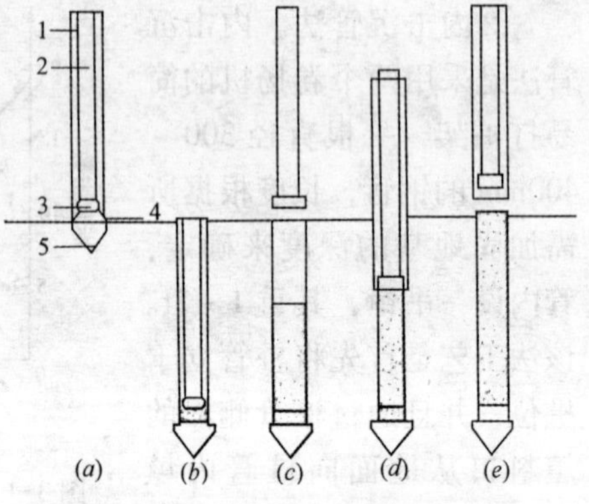

图 3-3 套管内双牵引机打桩工艺图

1—沉管 ϕ377mm；2—内芯管；3—平锤头；4—碎石；5—桩靴

（a）定位埋设桩靴；（b）沉管至设计标高；（c）拔芯管灌碎石；（d）芯管振压碎石边压边拔外管（重复 C、D 工序至桩顶标高）；（e）成桩拔出外管及内芯管

④管内取土，锤击填料法。该法是将桩管立于桩位，将管内的土用人工或机具取出，使桩管沉至设计标高，然

后向管内倒入粒径为20～75mm的配级碎石，每次加料夯实后的桩段不超过2m，加料后用锤夯击填料并将桩管上提1.25m，锤重1.5t，连续夯击10击，沉降量小于17mm为控制贯入度。印度Datye首先开发此法，实践证明，该法制成的碎石桩比振冲法制成的碎石桩，其承载力提高70%。印度某原油罐直径79m，高14m，地下5m，地基承载力不到50kPa，经采用该法加固，其复合地基承载力提高到150kPa。

(4) 强夯置换碎石桩　所谓强夯置换碎石桩是指采用强夯的设备，在夯点夯成一定深度的夯坑，用碎石填满夯坑，再在原坑点上夯击，重复上述步骤，在地基中形成一碎石桩柱，该桩柱与桩间土共同工作形成复合地基。该方法可以在软土中应用，承载力提高的幅度大。

(5) 射水成孔袋装碎石桩　该法是指采用高压射水成孔，然后向孔中置入袋装碎石形成的碎石桩，该法避免了碎石桩在软土中由于侧向约束力小，而在垂直荷载作用下变形大的缺点，因此袋装碎石桩复合地基比一般碎石桩复合地基承载力高。

2) 建筑渣土桩

所谓建筑渣土桩是指孔内深层强夯，它用建筑垃圾、生活垃圾和工业废料形成的无黏结强度的桩。该项技术既可以消纳建筑垃圾又可加固地基，具有显著的社会效益和经济效益。

(1) 钻孔夯实法　钻孔夯实法是指采用螺旋钻成孔。然后向孔内分段倒入建筑渣土，再在孔内采用1t以上的重锤夯击填料，形成渣土桩。为了提高桩身强度可在填料中加添一定比例的水泥或石灰，不过加添料后桩体就有一定强度，就不属于散体桩了。渣土桩与桩间土共同工作形成复合地基。

(2) 振动沉管法　振动沉管法是指采用振动沉管打桩机成孔，拔出桩管，分段向桩孔中填料，然后采用带有特制平头托盘的桩管把渣土振动冲压成比桩管直径大的桩。该法适用于地下水以下的软黏土加固。该法由河北省廊坊市建设勘察院等单位开发，现已应用于工程实践。

(3) 孔内深层强夯法（即 DDC 法） 亦称立锤冲扩夯击法该法系采用圆柱形的长重锤（8~40t），将其提升至一定高度自由下落，夯击原地基，数击后冲成深达 2.0m 以上的孔，向孔中填一定数量的建筑渣土，再夯击填料，使其密实和挤扩，反复多次夯击后其贯入度已很小。然后再填料、夯击，直至填满桩孔形成桩体为止。该桩与挤密的桩间土共同工作形成复合地基。其承载力可大幅度提高，该法由北京瑞力通等单位开发，并且在工程实践中应用，取得了很好的经济效益和社会效益。

3）砂桩法

砂桩法 19 世纪 30 年代起源于欧洲，20 世纪 50 年代引进我国。起初砂桩法用于处理松散砂土地基，视施工方法不同，又可分为挤密砂桩和振密砂桩。加固原理是依靠成桩过程中对周围砂层的挤密和振密作用，提高松散砂土地基的承载力和防止砂土振动液化。后来，也有用来加固软弱黏土地基的，其加固原理为砂桩的置换作用和排水作用，可提高软土地基的稳定性，提高地基的承载力，减少沉降和加快地基固结，用于加固软弱黏性土地基，有成功的经验，也有达不到预期效果的教训。

砂桩直径国内一般采用 30~50cm，最大达 70cm，国外 60~80cm，最大达 150~200cm，这主要取决于施工机械的能力。目前国内外常用的成桩方法为振动成桩和冲击成桩法两种。

(1) 振动成桩法 振动成桩法系采用振动打桩机将桩管沉入土层中，其成桩工艺可分为一次拔管法和反插法。一次拔管法中，先往沉入土层中的桩管内灌砂，边振动边使桩管拔出一段高度，然后只振不拔一段时间，再边振边拔一段高度，如此反复进行直至桩管拔出地面。反插法是先向沉入土层中的桩管内灌砂后，边振边拔使桩管拔起一段高度，使砂下落，再将桩管沉下一段距离，使桩径扩大，将砂振密实，如此反复进行直至桩管拔出地面。

(2) 冲击成桩法 冲击成桩法使用蒸汽或柴油打桩机将桩管打入土层中，其成桩工艺可分为单管法和双管法。在单管法中，将底端焊有活瓣桩靴的桩管打入土层中，然后向桩管内灌砂，再缓慢拔出桩管，在地基中形成砂桩。在双管法中，将底端开口的外管和底端封口的内管的双层桩管打入土层中，然后拔起内管，再向外管内灌一定高度的砂，再将内管放下带外管中的砂面上，拔起外管使其底面与内管齐平，按规定贯入度将内外管一起打下。如此反复进行直至桩管拔出地面，于是在地基中形成比桩管直径大的砂桩。双管法形成的砂桩复合地基比单管法形成的效果好。

第二节　散体桩的加固机理

一、碎石桩

1. 振冲碎石桩加固地基机理

振动水冲法（Vibro flotation）简称振冲法，是由德国 S. Steuerman 于 20 世纪 30 年代提出的，最早是用来加密松散砂土地基的，50 年代末 60 年代初开始用于加固黏土和粉质黏土。在地基中制成以石料组成的桩体称碎石桩（Stone column），国外还常将碎石桩和砂桩合称为粗粒桩（Granular Pile）。目前世界上碎石桩的应用非常广泛。

我国应用振冲法始于 1977 年，到目前为止全国已在建筑工程、电力、水利、交通等部门采用。现在南京水利科学研究院已研制出双向振动的振冲器，并在工程中应用，使振冲法使用范围更加广阔，成桩质量更加可靠。另外，国内振冲器已从常用的 30kW 发展为 90kW 的大功率振冲器，使加固地基效果明显增加。

1964 年日本新潟发生里氏 7.7 级地震，大面积砂基发生液化，震害严重。现场调查表明，采用振冲处理地基的 2 万 m^3 油罐和厂房基本上都没有破坏，基础均匀下沉 2 ~ 3cm，而同一地点相邻的几个厂房，虽然已打了深 7m，直径 30cm 的钢筋混凝土摩擦桩，并且打到 $N_{63.5}=20$ 击的土层，但发生了明显的沉陷和倾斜。一个 5000m^3 油罐，地基仅做回填砂压实，未作其他处理，结果倾斜并下沉数十厘米。日本十胜冲造纸厂地基为 20 余米深的松散细砂，5m 以上 $N_{63.5}=0\sim2$ 击，原定拟采用长 7m，直径

30cm 的钢筋混凝土桩，正值规划设计时发生新潟地震。参考新潟经验，该厂采用振冲处理作为地基抗液化加固措施。对一类特别重要建筑采用 1.55m 桩距，三角形布桩，填料用砂；对于二类重要建筑仅在条形基础下作 1.55m 桩距，深 6 ~ 7m 的振冲砾石桩；三类不重要建筑不作处理。该厂建成后，1967 年 1 月，十胜冲发生里氏 7.8 级地震，震后现场调查表明：未做振冲处理的地区，地基全部液化，地面冒砂喷水，地基产生沉陷和裂缝；经振冲处理的一类建筑物不均匀沉降最大值为 1.4cm，建筑物没有明显破坏；经振冲处理的二类地基破坏轻微，但建在未经振冲处理地基上的建筑物的地面发生很大沉陷，最大下沉达 40cm；三类建筑物严重破坏，油罐倾倒，管路折断。

1988 年 11 月 6 日，云南西部地区澜沧耿马发生里氏 7.6 级强烈地震。经振冲处理的施甸县邮电局大楼安然无恙，地震烈度为 7 级，附近其他建筑物破坏严重。

施甸县邮电局楼为框架结构，条形基础，高 14 ~ 16m，该建筑位于河滩牛轭湖相沉积软土上，表层为耕种土，以下有厚达 4.9 ~ 5.0m 泥炭层，含水量高达 206%，重度为 11.76kN/m^3，孔隙比 e =4.61，承载力标准值 29.4kPa，8m 以下有厚薄不等的圆砾和砂砾。经振冲加固后，复合地基承载力标准值为 120kPa，满足上部设计荷载要求。经地震后建筑物沉降平均 1cm，并且比较均匀。在邮电局附近的施甸县医药公司大楼为 4 层框架结构，地震后梁柱开裂，尤以东西两端山墙破坏严重，墙体错位，砖砌体振松。县政府招待所，4 层框架，震后框架局部变形，1 层部分填充墙呈 45°开裂，梁柱面层粉刷剥落，地震后主楼南北两端差异沉降达 18cm。

2. 振冲碎石桩加固黏性土机理

振冲碎石桩加固黏性土地基主要作用是置换作用和排水固结作用，对于粉土还有振密效应，我国岩土工程界认为对黏粒含量大于 12% 的黏性土则无振冲加密效果，国外也认为，对于黏粒含量大于 20% 的黏性土则无振冲加密效果。因此，黏粒含量对于振密效果至关重要。

（1）置换作用

采用振冲法在黏性土中制成桩径 50～100cm 的碎石桩，碎石桩的强度和模量比桩间土高。碎石桩和桩间土共同工作构成复合地基，该复合地基的承载力比天然地基可大幅度提高，变形大幅度减少。振冲碎石桩有两个特点：一是桩径是可变的：在地基硬土层处桩径小，在地基软土处桩径大，这使加固以后的复合地基趋于均匀；二是碎石桩的强度和模量与桩间土对桩的约束力有关：约束力越大，桩的模量越大，强度越高；反之桩的模量小，强度低。

复合地基中由于存在着碎石桩，碎石桩本身抗剪强度大于桩间土，桩间土与碎石桩构成的复合地基的抗剪强度必然大于天然地基。现场进行的复合土体的剪切试验结果如下：试验用碎石桩直径为 110cm，其外部用直径 179cm，高度 30cm 的钢筒套住复合土体，然后施加水平剪力，试验结果为：天然地基 $\varphi=18°$，复合土体则 $\varphi=27°$（见图 3-4）。

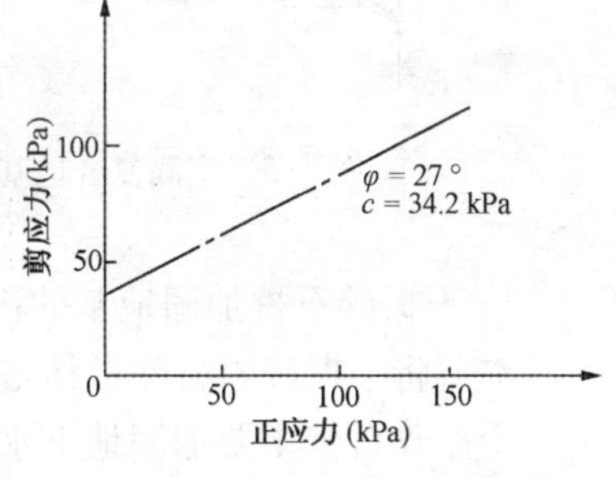

图 3-4　复合地基现场剪切试验

（2）排水固结

碎石桩在黏性土地基中是良好的排水通道，它能起到排水砂井的作用。有人解剖过填料级配不利情况下碎石桩桩体，解剖结果是黏土颗粒渗入桩体的厚度可大幅度减少。由于碎石桩良好的排水固结作用，可以缩短碎石桩复合地基受荷载后的固结时间。如南京水利科学研究院在浙江炼油厂油罐软黏土地基中采用了振冲碎石桩加固，在油罐复合地基中埋设了孔隙水压力测试元件，测定在加载过程中碎石桩的排水作用。u_2 埋设在罐中心地面下 6m 附近，u_7 与 u_2 同一深度但位于罐边缘，u_8 在罐边缘地面下 4.5m。当罐体及环梁做好后，充水 9m 约用 50h 加载 90kPa，加完后当即测得孔隙水压力的峰值，这一现象已预示着碎石桩能起排水作用。接着在 90kPa 的荷载下孔隙水压力开始消散，约经历100h后，孔隙水压力已消散掉约80%，可见，碎石桩在黏土中排水作用十分显著，详见图3-5。

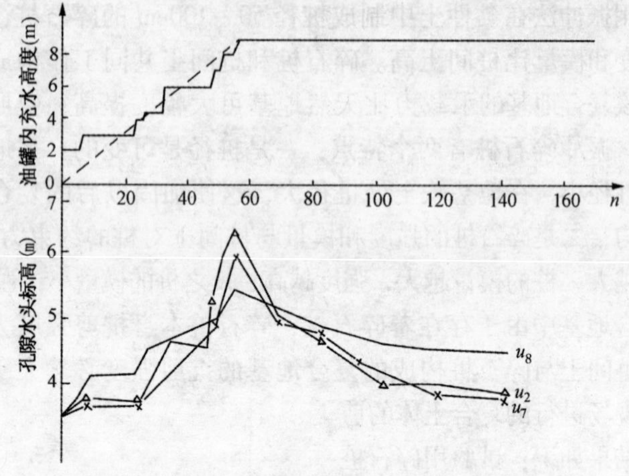

图3-5 实测复合地基孔隙水压力消散过程线

3. 干振碎石桩加固地基的机理

本节将干振碎石桩作散体桩的典型加以介绍。

干振碎石桩主要加固地下水以上的松散的黏性土、杂填土及湿陷性黄土。该法在加固机理上有与振冲碎石桩相同的地方，也有许多不同地方。

1）干振碎石桩的作用

干振碎石桩加固地基的实质是把松散的天然地基变成由碎石桩和挤密的桩间土组成共同工作的复合地基，其承载力可以大幅度提高，建筑物沉降可大幅度减少，干振碎石桩有以下作用：

（1）挤密效应　由于干振碎石桩主要在非饱和土中采用，在成孔和挤密碎石的过程中，土体在水平激振力作用下产生径向位移，其密度增高，孔隙比减少，承载力比加固前提高65%以上，因此挤密和振密桩间土是复合地基承载力提高的主要因素。挤密和振密效果与土的黏粒含量和含水量大小有关。土的黏粒含量越高，挤密和振密效果越不显著，含水量接近最佳含水量挤密效果最好，太干的土和接近饱和土挤密效果欠佳。

（2）置换作用　由于桩间土对桩身有很好的约束作用，所以碎石桩体的强度高、模量大。在刚性基础作用下，地基中应力按模量大小进行分布，因此桩上应力集中是复合地基承载力提高的第二个因素。

（3）垫层作用　碎石桩垫层作用主要是指在较厚的软弱土层中，碎石桩没有穿透，这样整个碎石桩复合地基对于没有加固的下卧软弱层起垫层作用。垫层的作用在于将建筑物传到地基上的附加应力减少，从而使下卧层的附加应力在允许范围之内。见图3-6。

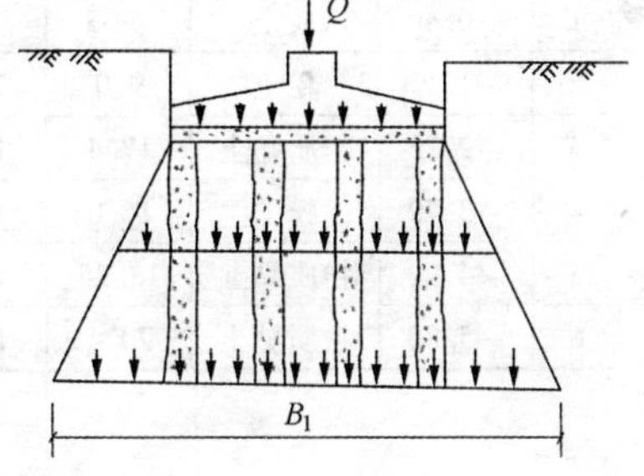

图3-6　碎石桩垫层应力扩散示意图

2）干振碎石桩复合地基承载力提高的原因

经大量的室内外试验证明，干振碎石桩复合地基承载力提高的主要原因是由于桩间土经振密和挤密所致。

为了探索干振碎石桩挤密效果，河北省建筑科学研究院等单位对干振碎石桩挤密土效应进行了试验研究，初步揭示了干振碎石桩对周围土体挤密的规律。

（1）单桩挤土效果

①黏性土中单桩挤土效果

a. 试验场地的地质情况

试验场地地质情况见表3-1。

b. 单桩挤密效应的试验

为了揭示单桩挤密效应，用40kW的干振器在上述试验场地制成长4.6m，直径0.4m的碎石桩三根，然后在桩周挖深坑取土样；取土深度分别为1.0m、2.0m、3.0m、4.0m、5.0m和6.0m，每一层取四个样，离桩中心的距离分别为0.40m、0.8m、1.2m和1.6m，如图3-7所示。

干振碎石桩实验场地地质情况　　　　表 3-1

序号	层底标高（m）	名称	土性指标					
			w（%）	γ_d（kN/m^3）	e_0	α_{1-2}（MPa^{-1}）	E_s（MPa）	σ_s
1	−0.40	表土	—	—	—	—	—	—
2	−1.15	粉土	9.0	14.0	0.922	0.62	4.91	0.074
3	−2.25	粉质黏土	17.4	13.5	1.016	0.35	5.89	0.079
4	−3.70	粉土	16.0	14.0	0.929	0.42	5.62	0.031
5	−4.60	粉质黏土	18.25	13.9	0.956	0.24	8.30	0.052
6	−5.80	粉质黏土	20.4	15.1	0.811	0.13	15.77	0.009

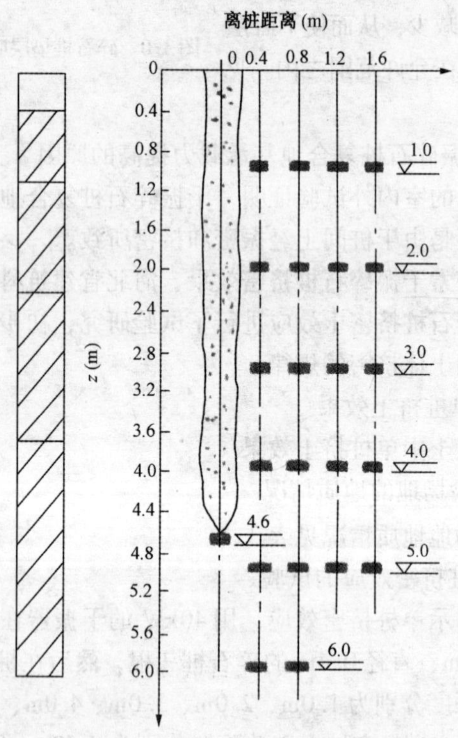

图 3-7　146 仓库取土样剖面图

试验结果表明，碎石桩周土体的物理学性质在径向离桩中心0.8m距离内都有显著变化，其干重度比加固前增加3%～19%（见图3-8），孔隙比降低8%～33%（见图3-9），含水量降低4%～32%（见图3-10），压缩模量增加28%～173%（见图3-11）。

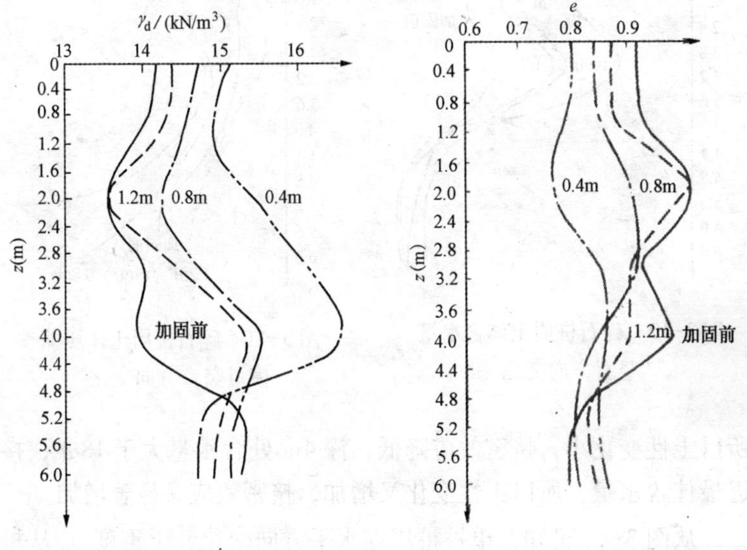

图3-8 碎石桩周土体干重度竖直方向变化

图3-9 碎石桩周土体孔隙比竖直方向变化

土的物理力学性质在竖直方向上变化只发生在桩底以上，桩底以下土性没有明显变化。在桩底标高－4.6m处，以上几组曲线都是收敛靠近。另外，从上述几组曲线上还不难看出在桩顶以下0.8m以内土性变化小，这主要是在该处土的上覆压力小和含水量远低于最佳含水量所致。

从以上几组曲线不难看出，土性变化幅度同含水量密切相关。深1.0m以上加固前含水量小于10%，是整个桩长范围内含水量最小的部位（干旱季节试验），土性变化最小，挤密效应最差；在深2m处，含水量大于17%，接近最佳含水量，所以土性变化大，挤密效应显著；在深3m处，含水量比2m处有所降低，

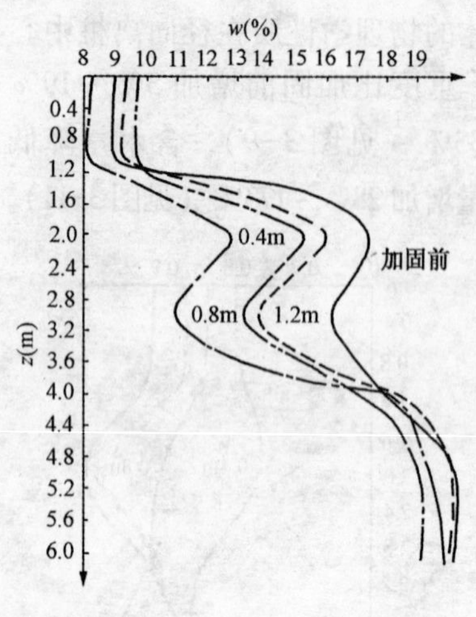

图 3-10　碎石桩周土体含水量竖直方向变化

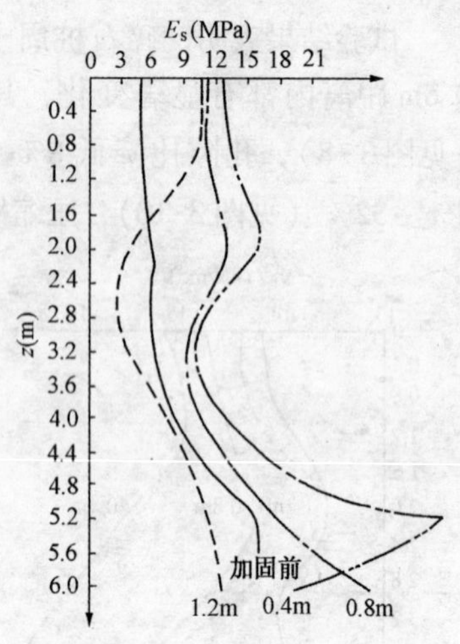

图 3-11　碎石桩周土体压缩模量竖直方向变化

所以土性变化小，挤密效应降低，深 4m 处含水量大于 18%，接近最佳含水量，所以土性变化又增加，挤密效应又显著增加。

从图 3-12 可知，单桩桩周在水平方向变化，干重度 γ_d 从桩边至离桩边 0.8m 范围内从平均 15.5kN/m^3 减少至平均 14.2kN/m^3，离桩边 0.8m 以外接近加固前的数值；孔隙比 e_0 从桩边至离桩边 0.8m 范围内从 0.725 增加到 0.880，离桩边 0.8m 以外，其孔隙比接近加固前的数值；压缩模量 E_s 从桩边至离桩边 1.2m 范围内，从 12.5MPa，降低到 6.85MPa，离桩边 1.2m 以外压缩模量接近加固前；桩边含水量为 11.5%，离桩边 1.6m 处为 15.0%，1.6m 以外已接近加固前数值。

②杂填土地基的挤密效果

a. 试验场地的地质情况

试验场地设在石家庄市某中学，其地质情况如下：地表以下 4.5m 深为杂填土，主要成分为炉灰和生活垃圾（约占 80%），褐红色、松散，堆积时间约 20a。

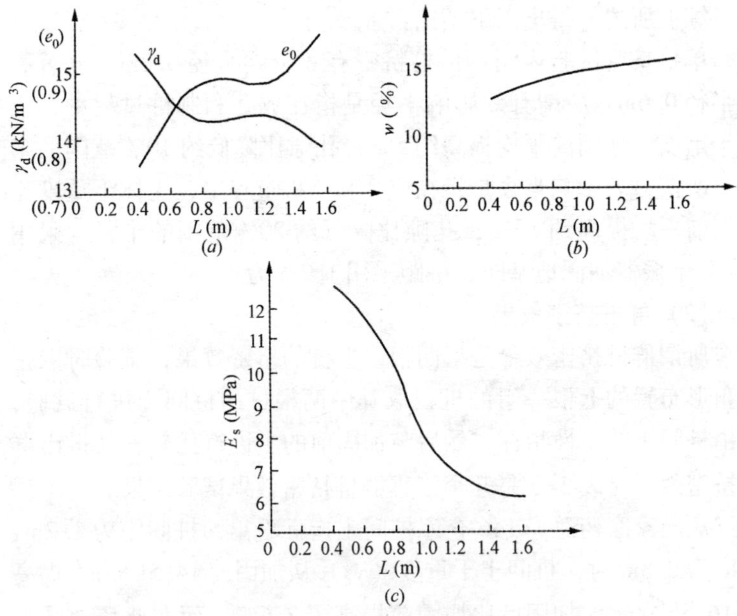

图 3-12　土性在水平方向的变化曲线

(*a*) 干重度 γ_d、孔隙比 e_0；(*b*) 含水量 w；(*c*) 压缩模量 E_s

b. 单桩挤密试验

在单桩桩顶下 0.8m 深处离桩边不同距离取土样，试验结果表明：距桩边 0.2m 处干重度比加固前提高 23.3%；距桩边 0.4m 处提高 9%，详见表 3-2。

某中学杂填土地基中碎石桩桩周土土性变化表　　　表 3-2

深度（m）	土　　号	距桩边（cm）	w（%）	γ（kN/m³）	γ_d（kN/m³）
0.8	1号	20	13.8	11.27	9.90
0.8	2号	40	15.9	10.12	8.37
0.8	3号	60	16.7	9.37	8.03
0.8	4号	80	15.8	9.48	8.19
0.8	5号	100	16.1	9.68	8.34

综上所述，得出以下结论：

单桩挤密试验表明：单桩挤密有效影响半径 0.8m，显著影响半径 0.6m。所谓有效影响半径是指在成孔和制桩过程中，土体干重度比加固前平均提高约 5%，孔隙比降低约 10% 范围的半径。所谓显著影响半径是指在成孔和制桩过程中，土体干重度比加固前平均提高约 10%，孔隙比降低约 20% 范围的半径。采用 40kW 干振器加固地基时，桩距采用 1.2m 为宜。

（2）群桩挤密效果

所谓群桩挤密效果是指两根以上桩的挤密效果，试验时取正三角形布置的七根一组的桩，取其中两根桩的桩间土进行试验，得出桩间土的土性指标，然后与加固前的土进行比较，就得出群桩挤密效果，表 3-3 是几个工程群桩挤密效果试验结果。

从国家医药总局 146 仓库桩间土指标看出，桩间距为 1.2m，深度为 0.8m 时，桩间土干重度（γ_d）从加固前 14.5kN/m^3 提高到 16.5kN/m^3，加固后比加固前提高了 7.6%，而在此场地同一标高的单桩，离桩 0.6m 范围内干重度从平均 14.0 kN/m^3 提高到 14.7 kN/m^3，加固后比加固前提高 5%；群桩加固前孔隙比为 0.834，加固后为 0.715，加固后比加固前孔隙比降低了 14.3%，单桩桩周 0.6m 范围内，加固前孔隙比为 0.922，加固后平均孔隙比为 0.818，比加固前降低了 11.3%。在此必须指出：该实验场地是采用试制的第一代 40kW 的干法振动成孔器，激振力小，加固效果差；以后批量生产的干振器为 45kW，其激振力大，加固效果也好。

从以上分析可以看出，在相同地质条件下，采用相同干振器，群桩的挤密效应比单桩要明显，这说明挤土效应有明显的叠加效果。从上述分析得出以下几点看法。

①干振碎石桩挤密效应明显，桩间土的承载力可以大幅度提高。例如 146 仓库工程经干振碎石桩加固后桩间土承载力提高 41%；河北省计量局工程提高 62%；石家庄焦化厂锅炉房工程提高 79.3%；上安电厂机炉电检修间提高 65%；上安电厂锻铆

群桩桩间土挤密效果试验结果 表 3-3

序号	工程名称	取土深度(m)	离桩周距离(m)	土质	物理力学性质指标							承载力(kPa)
					w (%)	γ (kN/m^3)	γ_d (kN/m^3)	ε	I_p	α_{1-2} (MPa^{-1})	E_s (MPa)	
1	国家医药总局石家庄146仓库	0.8	加固前	粉土	17.5	15.8	14.5	0.834	6.2	0.25	7.40	171
		0.8	0.15	粉土	12.5	18.6	16.6	0.606	5.5	0.14	11.32	300
		0.8	0.38	粉土	15.2	16.6	14.4	0.843	6.0	0.21	8.59	172
		0.8	0.30	粉土	15.3	17.0	14.8	0.800	7.3	0.15	11.81	189
		0.8	0.15	粉土	11.3	18.4	16.5	0.611	6.6	0.11	14.39	302
2	河北省计量研究所恒温恒湿试验楼	0.4	加固前	粉土	23.4	18.0	14.6	0.823	8.4	0.20	9.12	169
		0.4	0.15	粉土	19.6	20.1	16.8	0.605	8.4	0.17	9.25	254
		0.4	0.30	粉土	19.0	20.1	16.9	0.597	8.7	0.12	13.16	284
		0.4	0.45	粉土	19.2	20.1	16.9	0.597	8.7	0.17	9.20	283
3	石家庄市某中学教学楼	0.8	0.2	杂填土	13.8	11.3	9.9	—	—	—	—	—
		0.8	0.4	杂填土	15.9	10.1	8.7	—	—	—	—	—
		0.8	0.6	杂填土	16.7	9.4	8.1	—	—	—	—	—
		0.8	0.8	杂填土	15.8	9.5	8.2	—	—	—	—	—
		0.8	1.0	杂填土	16.1	9.7	8.4	—	—	—	—	—

续表

序号	工程名称	取土深度（m）	离桩周距离（m）	土质	物理力学性质指标							承载力（kPa）
					w（%）	γ（kN/m^3）	γ_d（kN/m^3）	ε	I_p	α_{1-2}（MPa^{-1}）	E_s（MPa）	
4	石家庄市焦化厂锅炉房	0.4	加固前	粉土	16.5	—	—	0.800	6.9	—	—	187
		0.4	桩间土	粉土	14.6	20.1	17.5	0.540	8.3	0.094	16.22	330
		0.4	桩间土	粉土	15.3	20.6	17.9	0.500	7.0	0.074	19.85	363
		0.4	桩间土	粉土	15.9	20.5	17.7	0.500	6.6	0.073	20.42	360
		0.4	桩间土	粉土	15.4	21.0	18.2	0.460	6.7	0.075	19.25	370
		0.4	桩间土	粉土	16.2	19.1	16.4	0.620	6.9	0.166	9.25	283
		0.4	桩间土	粉土	17.1	19.4	16.6	0.630	7.9	0.095	17.07	274
		0.4	桩间土	粉土	16.1	20.3	17.5	0.520	6.8	0.092	16.35	367
5	上安电厂机修车间	0.8	加固前	粉土	22.5	—	—	0.880	—	—	—	153
		0.8	桩间土	粉土	22.5	—	—	0.641	—	—	—	253
	上安电厂铆锻车间	0.8	加固前	粉土	18.3	—	—	0.715	—	—	—	223
		0.8	桩间土	粉土	18.3	—	—	0.502	—	—	—	372

焊车间提高 66.7%。以上几个工程的地基都是粉土。加固松散的杂填土地基其桩间土挤密和振密效果更为显著，承载力提高的幅度更大。

②干振碎石桩挤密、振密效果与土性有关。对于粘性土粘粒含量越低，挤密、振密效果越明显；与含水量有关，含水量接近最佳含水量时，挤密、振密效果最好，含水量太低（干硬）和接近饱和的土振密和挤密效果差。

③干振碎石桩挤密和振密效果同干振器的功率有关，功率越大，挤密和振密效果越好。

④干振碎石桩挤密和振密效果与工艺有关，如留振时间越长，加固效果越佳。

⑤干振碎石桩复合地基承载力提高的主要原因是由于桩间土的挤密和振密，由统计分析可知，桩间土承担复合地基荷载的 60% 以上。

4. 侧向约束力与碎石级配对桩体性状的影响

侧向约束力对碎石桩性状影响至关重要，如果把碎石桩制在水中，由于水对桩的约束力近于零，所以不能成桩而坍塌；如果把碎石桩制在刚性筒中，由于约束力很大，因此模量亦非常大，变形极小。河北省建筑科学研究院通过对两组不同级配的粒径小于 10mm 的圆砾三轴试验，揭示了如下规律：

（1）通过三轴试验发现，碎石桩切线模量随着围压的增加而增加。即在实际工作中，随着桩周侧向约束力的增加，桩的切线模量也越大，因而桩传递竖向荷载的能力增加，变形减少。由此可见，对散体桩，桩的挤密效应越显著，桩周土对桩的侧向约束力亦越大，所以地基加固效果也越显著。

（2）径向应变与轴向应变之比为泊松比 μ，由三轴试验可知，对于碎石桩，围压越大泊松比越小，并随着应变的增加泊松比也逐渐增大。由此可见，桩周土对桩的侧向约束力越大，桩的径向变形越小，而在同一侧向约束力作用下，随着桩上轴向应力增加，轴应变加大，径向应变也越大。

（3）三轴试验揭示了碎石桩切线模量和泊松比与桩体材料级配关系极小。

5. 垂直荷载作用下桩身应力传递规律

揭示碎石桩应力传递规律是对碎石桩加固地基机理进行研究的基础，是设计计算的理论依据。河北省建筑科学研究院同中国建筑科学研究院地基所为此进行了模型桩的试验，模型桩长2.0m，桩径 25cm，在制桩过程中分别在 -2.0m、-1.4m、-0.9m、-0.5m、-0.2m 及 ±0.0m 标高处放置压力传感器。

为了模拟碎石桩的挤密作用，桩周土要夯得较密实，试土的土性见表 3-4。

试土物理性质　　表 3-4

含水量 w（%）	土粒相对密度 d_s	重度 γ（kN/m^3）	干重度 γ_d（kN/m^3）	孔隙比 e	饱和度 S_r（%）	液限 w_L	塑限 w_p
13.4	27.0	17.0	15.0	0.801	45.2	26.7	17.6

对模型桩分别进行一个单桩载荷实验和载荷尺寸为 0.525m × 0.525m、0.71m × 0.71m、1.20m × 1.20m 的三个单桩复合地基载荷试验，测取了不同应力水平时不同桩断面的应力。

（1）单桩载荷试验应力传递分析

根据单桩载荷试验测取的数据绘桩身应力随深度变化的曲线，如图 3-13 所示。从图 3-13 可以看出，在每级荷载作用下桩顶应力最大，随着深度增加，应力迅速减少，而在 0 ~ -0.2m 应力衰减最快，至 -1.4m 深处桩身应力趋近于零。为了便于分析，将桩身某点实测应力 σ 与荷载板下平均应力 $\bar{\sigma}_0$ 之比称为该点的应力相对值 α（%），绘制 α-$\bar{\sigma}_0$ 曲线如图 3-14 所示。从图 3-14 可知，单桩桩中各深度桩身应力相对值 α 随应力水平的增加而增加。随着深度的增加，应力相对值 α 减少，α-$\bar{\sigma}_0$ 曲线变得更加平缓，至 -0.9m 处，α-$\bar{\sigma}_0$ 曲线已接近水平，说明 -0.9m 以下应力相对值 α 随应力水平 $\bar{\sigma}_0$ 的增加已基本停止。从图 3-14 还可以

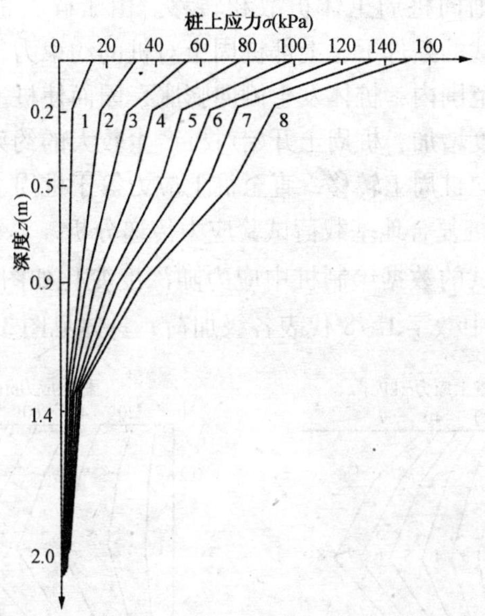

图 3-13　单桩载荷试验桩上应力随深度变化曲线

1—2kN；2—4kN；3—6kN；4—8kN；5—10kN；6—12kN；7—14kN；8—16kN

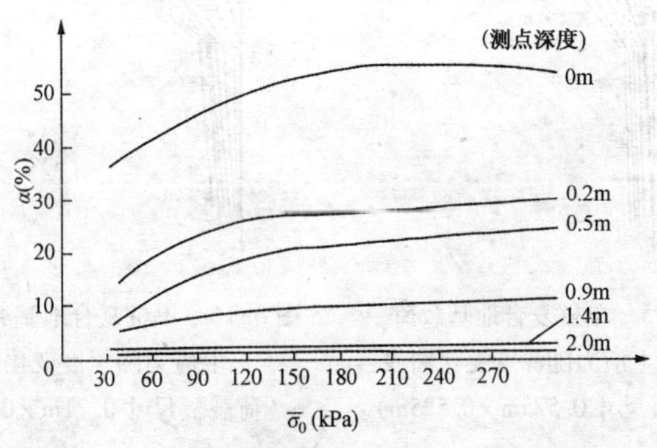

图 3-14　α-$\overline{\sigma}_0$曲线图

看出，板下桩中心处的应力相对值在任何应力水平下都小于1。说明板下桩中心处应力小于板下平均应力，因此可推断板下应力呈中间小、边缘大的马鞍形。桩受竖向力后，其竖向应力通过桩周摩擦力逐渐向桩周土体扩散和转移。由于碎石桩体无黏结强度，在无边载的条件下，上部桩周土对桩的约束力很小，因此在桩顶不大的范围内，桩体发生侧向膨胀，因而使桩上应力迅速衰减。随着深度增加，桩周土开始对桩产生较大的约束力，桩上应力通过摩擦向桩周土转移，直至桩上应力等于桩周土的应力。

（2）单桩复合地基载荷试验应力传递分析

根据测试的数据绘制桩中应力随深度变化如图 3-15 ~ 图 3-17 所示，图中数字 1 ~ 8 代表各级加荷，具体见图 3-13。

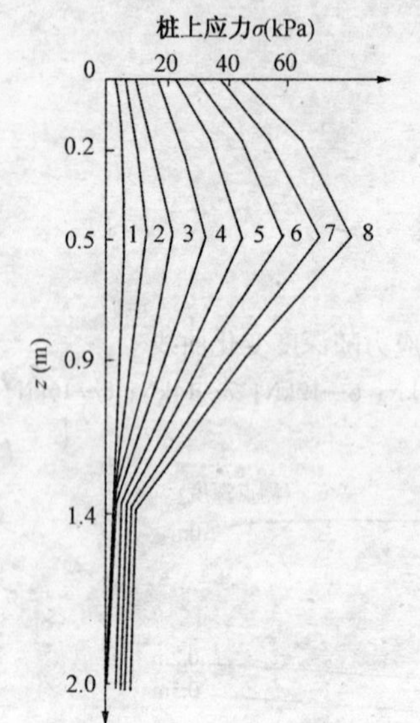

图 3-15　单桩复合地基载荷试验桩上应力随深度变化曲线（荷载板尺寸 0.525m × 0.525m）

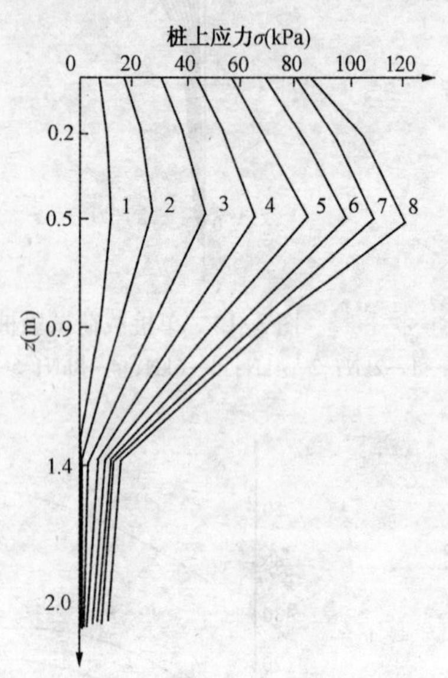

图 3-16　单桩复合地基载荷试验桩上应力随深度变化曲线（荷载板尺寸 0.71m × 0.71m）

从图 3-15 ~ 图 3-17 可见，各种板宽的单桩复合地基桩中应力传递规律是相似的。在各级荷载作用下，从地表至 0.5m 处达到峰值，然后随着深度增加，应力逐渐减少。

下面从几个方面分析复合地基中桩中应力传递规律：

①板下桩顶中心的应力特点：从图 3-18 可知，在 ±0.0 曲线都是随着载荷板下平均应力 $\bar{\sigma}_0$ 的增加而上升，这说明施加在载荷板上应力水平越高，则板下桩中心应力相对值越高，说明桩土应力比也越高。

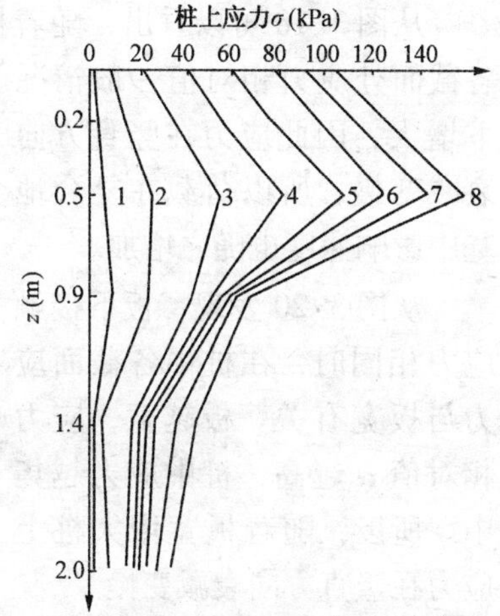

图 3-17　单桩复合地基载荷试验桩上应力随深度变化曲线（荷载板尺寸 1.2m×1.2m）

从图 3-19 可知，不论在什么情况下，板下桩中应力相对值 α 都小于 1，即在桩顶中心应力 σ 小于板下平均应力 $\bar{\sigma}_0$，由于桩的模量大于桩间土的模量，但桩顶中心处比板下平均应力小，由此可推断，板下接触应力呈中间小边缘大的马鞍形分布。

②从图 3-15 ~ 图 3-17 可看出，在 -0.5m 处应力最大，因此该处应力大于板下平均接触应力，这说明在水平方向应力分布已从马鞍形过渡到中间大边缘小的抛物线形，由该处越向下，应力扩散程度越大，抛物线越扁

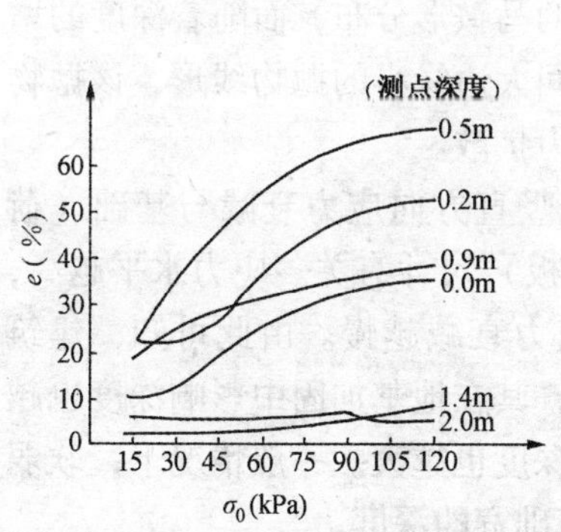

图 3-18　α-$\bar{\sigma}_0$ 曲线图（荷载板尺寸 0.525m×0.525m）

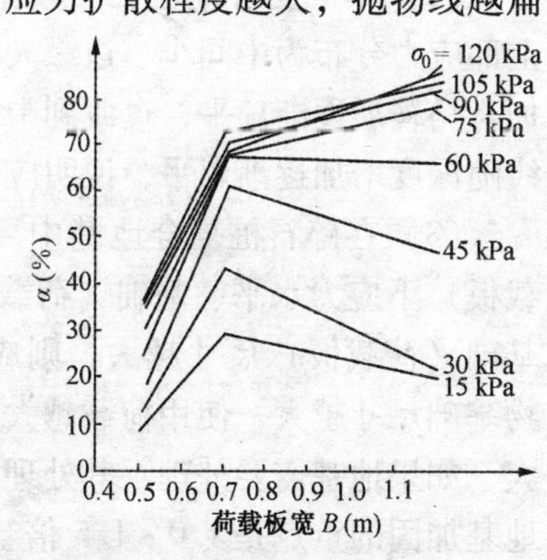

图 3-19　α-B 曲线图（桩中）（测点标高 0.0m）

平，复合地基中应力分布越均匀。

从图3-18可以看出，随着板下平均应力水平的提高，桩中各截面处应力相对值一般情况下增大，因此应力在竖直方向衰减变慢，所以荷载在复合地基中影响深度也随之增加。

从图3-20发现，板下接触应力相同时，在桩中各截面应力与板宽有关。板越宽，应力相对值 α 越高，桩中应力越集中。所以，随着板宽增大桩上应力在竖直方向衰减变慢。

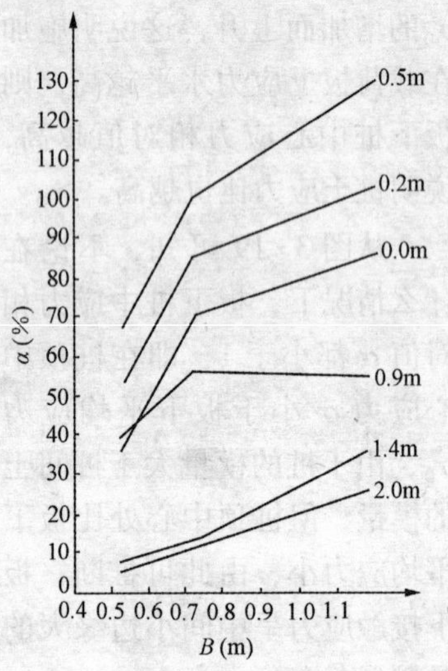

图3-20 $\alpha-B$ 曲线图
（$\bar{\sigma}_0=120\text{kPa}$）

从上述分析得出以下看法：

（1）单桩模型桩的试验表明：桩顶应力最大，从桩顶至1倍桩径左右范围内，应力衰减迅速，在4倍桩径深度以下，应力相对值已不随桩顶应力水平的增加而增加。

（2）单桩复合地基在压板呈刚性条件下，板下复合地基中上部应力分布为中间小、边缘大的马鞍形分布，而随着深度的增加，马鞍形逐渐扁平，过渡到中间大边缘小的抛物线形，该抛物线随深度增加逐渐扁平，说明应力扩散。

（3）在碎石桩复合地基中，竖直方向应力衰减与基础（荷载板）下应力水平、基础（荷载板）尺寸有关。应力水平越高，基础（荷载板）尺寸越大，则应力衰减越慢。由此可知，建筑物基础尺寸越大，使用荷载越大，其在地基加固中影响深度也越大，如果地基需要处理，其处理深度也越大。一般情况下，软弱地基加固的重点是1.0~1.5倍基础宽的深度。

6. 干振碎石桩复合地基变形特性

为了搞清碎石桩复合地基变形特性，河北省建筑科学研究院在群桩复合地基载荷试验中埋设了深层标点，量测板下不同位置的垂直变形，揭示了碎石桩复合地基的变形规律。

试验场地在河北省上安电厂工地，试验区为黄褐色黄土状粉质黏土的填土，深11.8m，为硬塑至可塑状态，中等压缩性，不具湿陷性，孔隙比 $e=0.615\sim0.785$，含水量 $w=18.3\%\sim22.6\%$，压缩模量 $E_{s1}=5.41\sim11.15\text{MPa}$。共进行两组载荷试验，荷载板尺寸为 $2\text{m}\times2\text{m}$，板下含有4根干振碎石桩，桩距1m，正方形布置，桩长3.0～4.5m，桩径0.4～0.5m。

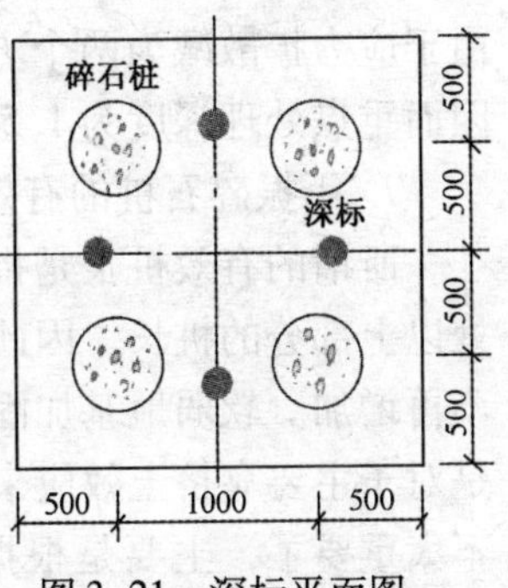

图3-21　深标平面图

从荷载板中心向对称轴的四个方向距板中 $B/4$ 位置对称布置4个深层标点（见图3-21），4个深标分别测取板下1m、2m、3m和4m处土的变形，根据所测取的数据绘制变形随深度变化图（见图3-22）。

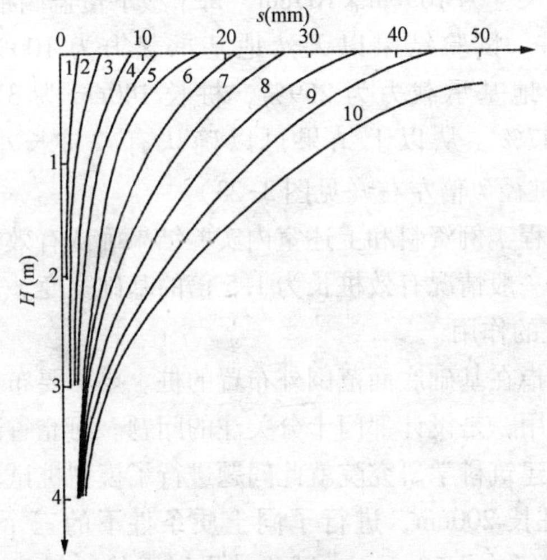

图3-22　荷载板下地基垂直位移曲线

1—0.08MPa；2—0.12MPa；3—0.16MPa；4—0.20MPa；5—0.24MPa

6—0.28MPa；7—0.32MPa；8—0.36MPa；9—0.40MPa；10—0.44 MPa

从图3-22可看出，板下变形值集中在2m以上，占全部变形的74%～79%。荷载板宽为2m，由此可见，在1倍板宽深度范围内，复合地基已完成了大部分变形，因此，软弱地基加固的重点，对于独立基础，为1.0～1.5倍基础宽度；对于条形基础，由于应力扩散减为两个方向，所以荷载影响深度大于独立基础，因而重点处理深度为1.5～2.0倍基础宽度为宜。

7. 干振碎石桩的有效桩长

所谓的有效桩长是指桩体的应力与桩间土的应力基本接近某处以上部分的桩长。因此桩长超过了有效桩长，复合地基承载力不再增加。软弱地基加固的合理深度可根据有效桩长来确定，但是对于主要靠挤土效应来提高地基承载力的，有效桩长的确定就不太重要了，主要是根据地基中应力扩散来确定合理的加固深度。为了探索有效桩长，河北省建筑科学研究院地基所在室内进行了置换率相同、不同桩长的模型载荷试验。制桩模拟干振碎石桩工艺，桩的直径20cm，桩长分别为70cm、140cm和200cm三种，荷载板尺寸为105cm×105cm，每个板下覆盖四根不同长度、同直径的桩。试验结果以天然地基承载力为100%，则桩长70cm，复合地基承载力为259%，桩长140cm为374%，桩长200cm为347%。从以上结果可以确认有效桩长小于或等于140cm，为桩径7倍左右（见图3-23）。

根据工程实例资料和上述室内实验结果确认有效桩长同基础宽度有关，一般情况有效桩长为1.5倍的基础宽度。

8. 护桩的作用

护桩是指在基础底面范围外布置的桩。要不要布置护桩及护桩起不起作用，是设计部门十分关注的问题。河北省建筑科学研究院和中国建筑科学研究院就此问题进行了模型桩试验，模型桩径20cm，桩长200cm，进行了同土质条件下的三个载荷试验，压板尺寸52.5cm×52.5cm。试验结果以天然地基载荷试验确定的地基承载力为100%，则无护桩的单桩复合地基承载力为220%，有护桩的单桩复合地基承载力为283%，有护桩比没护

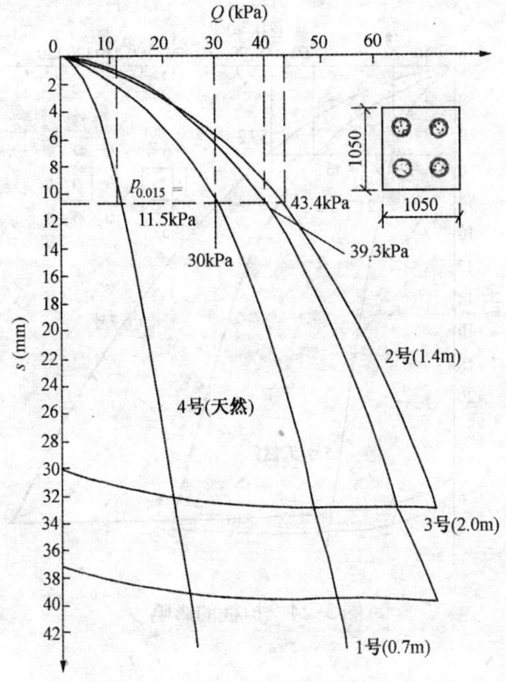

图 3-23　不同桩长的 $Q-s$ 曲线

桩的承载力提高29%（见图3-24）。

护桩之所以能提高复合地基承载力，这是因为地基沉降主要由两部分组成，一是土体压缩变形，二是侧向挤出。由于护桩的作用，使土体侧向挤出的变形受到约束，从而减少了变形，提高了承载力。有关试验证明，两排护桩比单排更为显著。即使天然地基，在基础外设置护桩也可减少沉降，提高承载力。试验还证明，护桩可使具有湿陷性的天然地基湿陷量减少数倍。以上结论对已有建筑物地基加固有非常重要的工程意义。

天然地基承载力越低，护桩作用越明显，因为天然地基承载力低，必然对桩的约束作用弱，护桩可以弥补土体对桩约束弱的缺点，对强度高的土，土体对桩的约束作用已相当大，所以护桩作用不明显。鉴于上述原因，对于填土地基、湿陷性黄土地基、

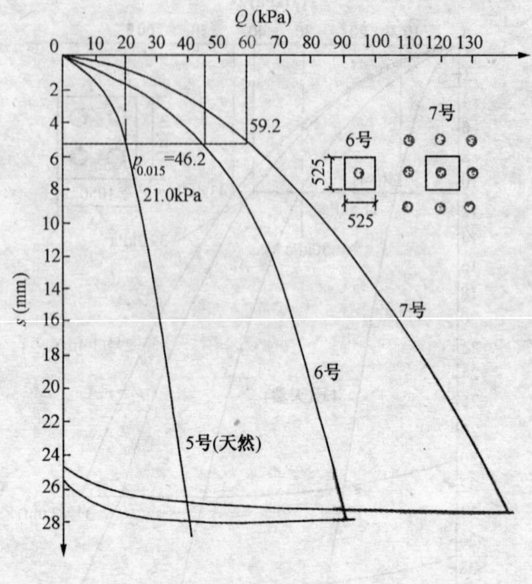

图 3-24　护桩的影响

欠固结土地基及淤泥土地基采用散体桩复合地基时宜设护桩。

9. 置换率对复合地基承载力影响

采用碎石桩加固地基时，随着置换率的增加，其复合地基承载力也增加，但置换率增加所用的材料也增加，因此费用亦增加，置换率增加到一定程度，施工难度也增加，甚至根本不可能实施。所以合理地选取置换率是碎石桩加固地基设计的重要参数。为了探索置换率增加与复合地基承载力增加的规律，河北省建筑科学研究院和中国建筑科学研究院地基所进行了模型桩的试验。桩长200cm，荷载板为105cm×105cm的载荷共进行了5个，1号载荷板下为天然地基，2号荷载板下设置4根桩，桩径15cm，置换率 $m=6.4\%$，3号载荷试验板下设置4根桩，桩径21cm，置换率 $m=11.4\%$，12号荷载试验板下设置7根桩，桩径21cm，$m=19\%$，13号荷载板下设置9根桩，桩径21cm，$m=25.6\%$。试验所得 $Q-s$ 曲线见图3-25。

假设 1 号天然地基承载力为 100%，则 11 号复合地基为 282%，3 号为 342%，12 号为 560%，13 号为 685%，承载力随置换率增长近似直线，见图 3-26。以上结论是在加固后地面没

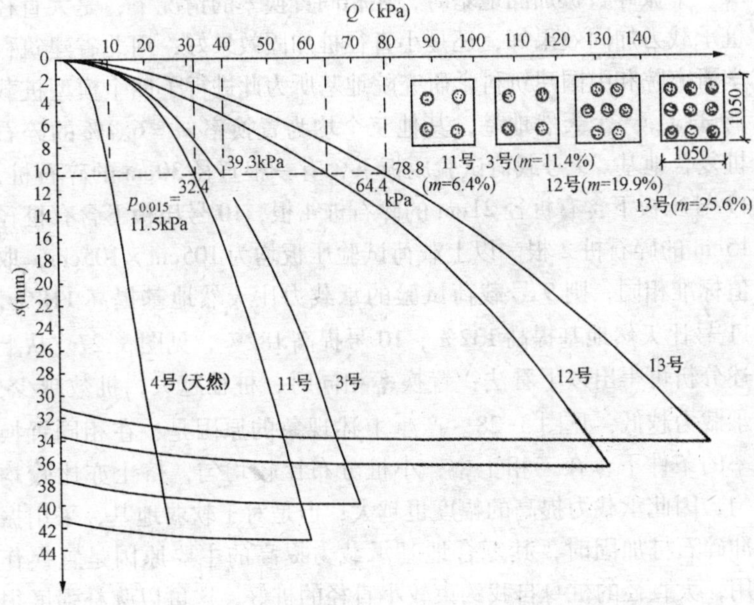

图 3-25　桩长相同、置换率不同的 $Q-s$ 曲线

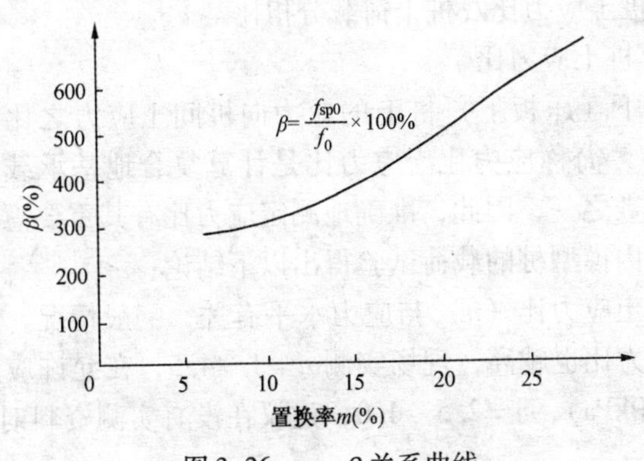

图 3-26　$m-\beta$ 关系曲线

有隆起或下沉的情况下得出，如果加固后地面隆起或下沉，要对以上结论进行修正。

10. 置换率相同，桩径对承载力的影响

干振碎石桩加固地基时，在相同置换率的情况下，是大直径桩承载力加固效果好，还是小直径桩加固效果好，河北省建筑科学研究院和中国建筑科学研究院地基所为此进行了四个模型桩载荷试验，一个天然地基，其他三个均为置换率 $m=6.4\%$ 的碎石桩复合地基。9 号载荷试验压板下含有一根直径 30cm 的碎石桩，11 号压板下含有桩径 21cm 的碎石桩 4 根，10 号压板下含有桩径 15cm 的碎石桩 2 根。以上载荷试验压板均为 105cm × 105cm，取值标准相同，则 9 号载荷试验的承载力比天然地基提高 118%，11 号比天然地基提高 132%，10 号提高 182%，见图 3-27。从上述分析可得出以下看法：置换率相同时，桩径越大，桩数越少，承载力越低，见图 3-28。产生上述现象的原因是，在相同置换率的条件下，在三相土中，小桩分布比较均匀，挤土亦比较均匀，因此承载力提高的幅度也越大；但是对于软弱地基，采用振冲碎石桩加固时，其复合地基承载力提高的主要原因是置换作用，大直径的桩身自我约束较小直径的桩好，这可以弥补强度很低的桩间土对桩身约束力小的缺陷，所以大直径的桩比小直径的桩加固地基效果较好。

11. 桩土应力比及桩土荷载分担比

（1）桩土应力比

基础下（压板下）桩上的应力向桩间土应力之比为桩土应力比（n），简称应力比。应力比是计算复合地基承载力和变形的重要参数之一，因此，准确地测定应力比有其重要意义。工程现场和室内模型桩的载荷试验得出以下结论：

①桩土应力比（n）与应力水平有关，一般情况，应力水平越高，应力比也越高，现场实测 $n=1\sim4.5$，在允许应力水平时（150～200kPa），$n=2.5\sim4.0$，建议在没有实测资料时，n 取值小于 3.0。

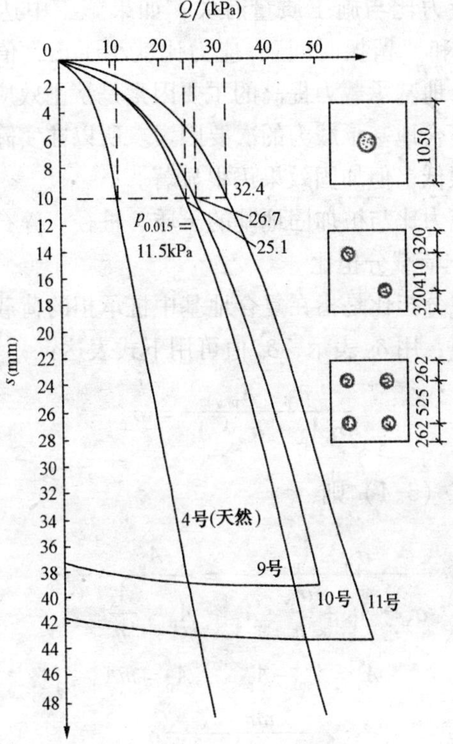

图 3-27 置换率相同（$m=6.4\%$）桩径不同的 $Q-s$ 曲线

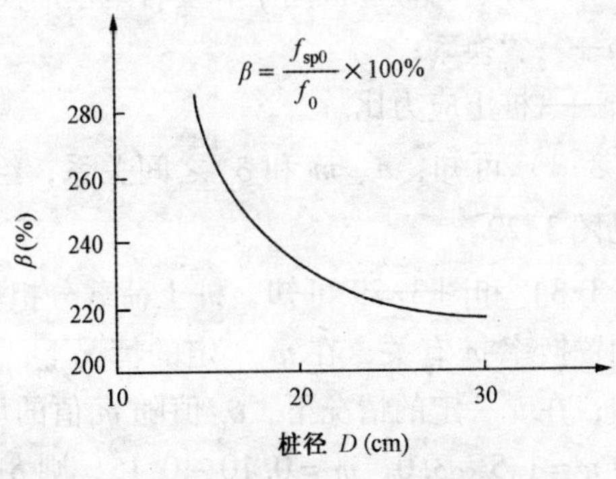

图 3-28 $D-\beta$ 关系曲线

②桩土应力比与施工质量有关，如果施工中达不到规定的“密实效果”和“留振时间”，应力比就小于正常值，但由于干振碎石桩复合地基承载力提高的主要因素是挤土效应，桩上应力集中是提高复合地基承载力的次要因素。所以在实际工程中，有时尽管 n 值很低，但加固效果仍很显著。

③桩土应力比与被加固地基的土质、桩径、碎石级配有关。

（2）桩土荷载分担比

桩土荷载分担比是指在复合地基中桩承担的荷载与复合地基承担荷载比值，用 δ_p 表示，δ_p 值可用下式表达：

$$\frac{\sigma_p \cdot A_p}{\sigma_p A_p + \sigma_s \cdot A_s} = \sigma_p \tag{3-1}$$

$\sigma_s = \frac{\sigma_p}{n}$代入式（3-1）则

$$\frac{\sigma_p \cdot A_p}{\sigma_p \cdot A_p + \frac{\sigma_p}{n} \cdot A_s} = \frac{A_p}{A_p + \frac{A_s}{n}} = \delta_p \tag{3-2}$$

$$\because \qquad A_s = A_{sp} - A_p \qquad A_p = mA_{sp}$$

$$\therefore \qquad \frac{mn}{\alpha(n-1)+1} = \delta_p \tag{3-3}$$

式中 σ_p、σ_s——分别为桩顶和桩间土平均应力；

A_p、A_s、A_{sp}——分别为桩、桩间土和复合地基的面积；

m——置换率；

n——桩土应力比。

根据式（3-3）可知，n、m 和 δ_p 之间关系，绘制 n、m 和 δ_p 关系曲线见图 3-29。

根据式（3-3）和图 3-29 可知，桩土荷载分担比 δ_p 只与桩土应力比 n 和置换率 m 有关，在 m 一定的情况下，δ_p 值随 n 值的增加而增加；在 n 一定的情况下，δ_p 值随 m 值的增加而增加；在一般工程中 $n = 1.5 \sim 3.0$，$m = 0.10 \sim 0.15$，则 $\delta_p = 14.3\% \sim 34.6\%$。根据以上分析，干振碎石桩复合地基所承担的荷载大部分由桩间土承担，这也说明桩间土由于挤密效应是复合地基承载力提高的主要原因，桩上应力集中是承载力提高的次要因素。

12. 强夯置换加固地基机理

工程实践证明，强夯置换加固高饱和度的黏性土等地基，采用在夯坑内回填块石、碎石、大粒径的建筑垃圾等进行强夯置换，其效果一般较好。强夯置换加固地基原理是经强夯置换在软基中形成直径大于夯锤直径的碎石桩柱，该桩柱与桩间土共同工作形成复合地基承担上部建筑荷载。

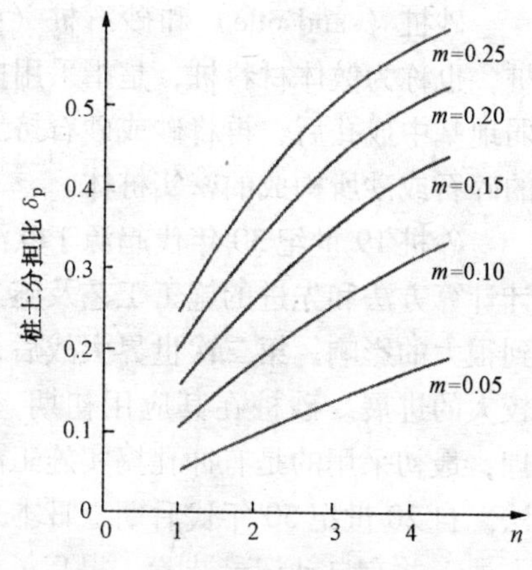

图 3-29　桩土荷载分担比 δ_p 与 n 和 m 关系图

13. 建筑渣土桩（即孔内深层强夯）加固地基机理

建筑渣土桩目前施工的方法很多，但归纳起来看，有的采用垂直振动法成桩，有的采用柱锤冲扩法垂直夯击方法成桩。所以桩体密实，承载力高，挤密效果显著，承载力提高幅度大。如钻孔夯实法，夯锤重几百千牛至几千千牛，在夯击填料时单位面积的能量超过强夯，且分段填料，在深层夯击，周围十体的约束力大，所以经夯实制成的桩，其桩体强度高，单桩承载力标准值可达 300 ~ 400kN，复合地基承载力标准值可达 600kPa 以上。为了提高建筑渣土桩的效果，尤其对于粒径小的建筑渣土桩，可以在渣土填料中加一定比例的黏结剂，如石灰、水泥等，其桩身黏结强度可提高，加固效果更好。在含水量高的土质中采用建筑渣土桩，也可以大幅度提高其承载力，这是因为除建筑渣土桩的置换作用外，建筑渣土可以吸收桩间土的水分。另外，渣土桩有很显著的挤密效应，使桩间土孔隙比减少，同时尚有部分大粒径的渣土挤到桩间土中去，造成桩和桩间土没有明显的界限，所以桩间土的性质得到改善，也是复合地基承载力提高的原因。

二、砂桩和砂石桩

砂桩（sand pile）和砂石桩（sand gravel pile）总称为砂石桩，也称为散体材料桩，是指采用振动、冲击或水冲等方式在软弱地基中成孔后，再将砂或砂石挤压入已成的孔中，形成大直径的碎石或砂所构成的密实桩体。

砂桩19世纪30年代起源于欧洲，但由于长期缺少实用的设计计算方法和先进的施工工艺及施工设备，砂桩的应用和发展受到很大的影响。第二次世界大战后，前苏联对砂桩的研究取得了较大的进展。砂桩在其应用初期，主要用于松散砂土地基的处理，最初采用的是有冲孔捣实施工法，以后又采用射水振动施工法。自20世纪50年代后期，日本采用的振动式和冲击式的施工方法，并有自动记录装置，提高了施工质量和施工效率，处理深度也有较大幅度地提高。20世纪50年代我国引进砂桩技术后，在工业、交通、水利等工程中都得到了应用并有了长足地发展，施工工艺和成桩料也有改进。

目前国内外砂桩常用的成桩方法有振动成桩法和冲击成桩法。振动成桩法是使用振动打桩机将桩管沉入土层中，并振动挤密填料。冲击成桩法是使用蒸汽或柴油打桩机将桩管打入土层中，并用内管夯击密实砂填料。因此砂桩的成桩方法，对于砂性土相当于挤密法，对黏性土相当于排土法。

据Hughes和Withers于1974年引用Moreau等于1835年的资料介绍，砂桩最早于1835年由法国在Bayonne建造兵工厂车间时使用，这个兵工厂坐落在海湾沉积的软土上，加固后的实际沉降量只有未加固前的1/4。此后便被人遗忘，直至1937年由德国人发明了振动水冲法（简称振冲法）用来挤密砂土地基。20世纪60年代初，振冲法用来加固黏性土地基，并形成砂石桩。中国自1977年引进振冲砂石桩技术。

因振冲碎石桩有泥水污染环境，在城市和已有建筑的地区受到限制，随着时间的推移，各种不同的施工工艺相应产生，如沉管法、振动气冲法、袋装砂石桩法、强夯置换法等。它们虽然施工方法不同于振冲法，但同样可以形成密实的砂石桩。砂石桩按照成桩过程和作用可以分为四类，如表 3-5 所示。

砂石桩施工方法分类 **表 3-5**

分类	施工方法	成桩工艺	适用土类
挤密法	振冲挤密法	采用振冲器振动水冲成孔，再振动密实填料成桩，并挤密桩间土	砂性土、非饱和黏性土，以炉灰、炉渣、建筑垃圾为主的杂填土及松散的素填土
	沉管法	采用沉管成孔，振动或锤击密实填料成桩，并挤密桩间土	
	干振法	采用振孔器成孔，再用振孔器振动密实填料成桩，并挤密桩间土	
置换法	振冲置换法	采用振冲器振动水冲成孔，再振动密实填料成桩	饱和黏性土
	钻孔锤击法	采用沉管且钻孔取土方法成孔，锤击密实填料成桩	
排土法	振动气冲法	采用压缩气体成孔，振动密实填料成桩	饱和黏性土
	沉管法	采用沉管成孔，振动或锤击密实填料成桩	
	强夯置换法	采用重锤夯击成孔和重锤夯击填料成桩	
其他方法	水泥粉煤灰砂石桩	在碎石内加水泥和膨润土制成桩体	饱和黏性土
	裙围砂石桩法	在群桩周围设置刚性的（混凝土）裙围来约束桩体的侧向鼓胀	
	袋装砂石桩法		

砂石桩和砂桩适用于挤密松散砂土、粉土、黏性土、素填土、杂填土等地基。对饱和黏土地基上对变形控制要求不严的工程也可采用砂石桩置换处理。但是对于饱和软黏土，为了保证成

桩质量，当不排水抗剪强度小于20kPa时，应当通过场地试验确定振冲砂石桩的适应性。砂石桩法对于处理可液化地基尤其有效。砂石桩用于无黏性土地基（如松散砂土、粉性土及杂填土）和非饱和黏性土地基，主要靠桩的挤密和施工中的振动作用使桩周围土的孔隙比减小，从而使地基土的承载能力提高，压缩性降低，抗液化能力也得到提高。砂石桩用于饱和黏性土地基主要靠桩的置换作用和排水作用，以提高地基土的承载力，加速土的固结速度。也就是说，对于前者，存在置换作用和桩间土挤密作用两种机理，而对于后者，主要是置换作用。根据国内外的砂石桩和砂桩的使用经验，可适用于下列工程：

（1）中小型工业与民用建筑物；

（2）港湾建筑物，如码头、护岸等；

（3）土工建筑物，如土石坝、路基等；

（4）材料堆置场，如矿石场、原料场；

（5）其他，如轨道、滑道、船坞等。

1. 砂桩和砂石桩加固无黏性土地基

砂桩挤密法加固砂性土地基后主要是提高地基土承载力、减少变形和增强抗液化性。砂桩加固砂土地基抗液化的机理主要有下列三个方面作用。

（1）挤密作用

对挤密砂桩，由于在成桩过程中桩管对周围砂层产生很大的横向挤压力，桩管中的砂挤向桩管周围的砂层，使桩管周围的砂层孔隙比减小，密实度增大，这就是挤密作用。有效挤密范围可达3～4倍桩直径。

砂土和粉土属于单粒结构，其组成单元为松散粒状体，渗透系数大，一般大于10^{-4}cm/s。单粒结构总处于松散～紧密状态。在松散状态时，颗粒的排列位置是很不稳定的，在动力和静力作用下会重新进行排列，趋于较稳定的状态。即使颗粒的排列接近较稳定的密实状态，在动力和静力作用下也将发生位移，改变其原来的排列位置。松散砂土在振动力作用下，其体积缩小可达20%。

无论采用锤击法还是振动法在砂土和粉土中沉入桩管时，对其周围都会产生很大的横向挤压力，桩管将地基中等于桩管体积的砂挤向桩管周围的土层，使其孔隙比减小，密度增加，此即砂石桩法的挤密作用。试验表明，振动沉管时，当桩尖超过检测点（压力盒）埋深0.0~1.0m时，桩管的侧向水平挤压力最大，成桩完成停止振动后，压力减为最大值的1/3左右，停止24h后则回至零；而拔管与反插时的侧向压力值都低于沉管时的最大值。最大侧向水平挤压力随距离的变化趋势如图3-30所示。

根据圆柱形孔洞扩张理论，在土中沉管（或沉桩）时，桩管周围的土因受到挤压、扰动而发生变形和重塑，形成四个变形区域，如图3-31所示。Ⅰ区：紧贴于桩管表面的压实土膜；Ⅱ区：桩管侧塑性变形区和桩端塑性变形区；Ⅲ区：弹性变形区；Ⅳ区：未受影响区。

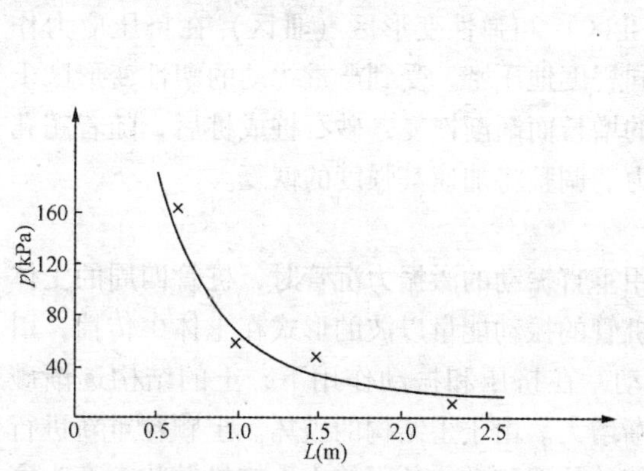

图3-30 最大侧向水平挤压力随距离的衰减曲线

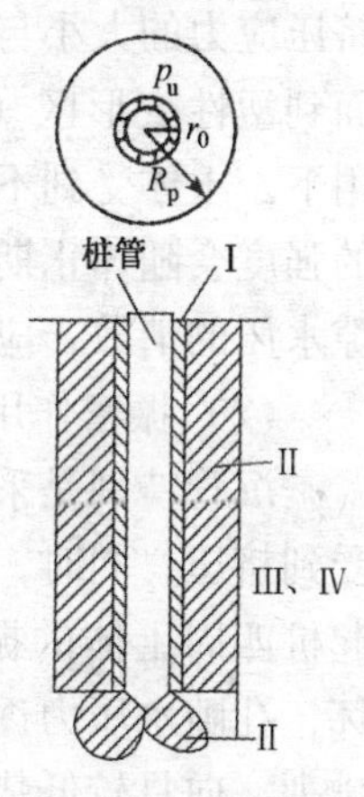

图3-31 桩孔扩张和桩周土分区

紧贴于桩管上的土膜（Ⅰ区）由于受到挤压，结构遭到完全破坏，牢固地黏贴在桩管表面并随桩管同时移动。施工拔管时此层土膜有时被桩管带出地面。桩管周围塑性变形区（Ⅱ区），由于受到挤压应力和孔隙水压力的共同作用，其强度显著降低。根据圆柱形孔洞扩张理论，桩管周围塑性变形区半径及 R_p 为

$$R_p = r_0 \sqrt{\frac{E_0}{2(1+\mu)S}} \tag{3-4}$$

式中 r_0——桩管半径；

E_0——土的变形模量；

μ——土的泊松比；

S——土的抗剪强度。

桩管周围最大径向挤压应力为

$$p_u = S\left\{1 + \ln\left[\frac{E_0}{2(1+\mu)S}\right]\right\} \tag{3-5}$$

由式（3-4）可知，塑性变形区域的大小与桩管半径 r_0、变形模量 E_0 成正比，与抗剪强度 S 成反比。由式（3-5）可知，挤压应力的大小与 r_0 无关，而与 E_0 和 S 有关。因此，从桩管表面到塑性变形区（Ⅱ区）和弹性变形区（Ⅲ区）在挤压应力作用下，土体受到不同程度地压密。受到严重扰动的塑性变形区土的强度会随休止期的增长而渐渐恢复，砂石桩成桩后，随着超孔隙水压的消散，应力的调整将加速其强度的恢复。

（2）振密作用

沉管特别是采用垂直振动的激振力沉管时，桩管四周的土体受到挤压，同时，桩管的振动能量以波的形式在土体中传播，引起桩四周土体的振动，在挤压和振动作用下，土的结构逐渐破坏，孔隙水压力逐渐增大。由于土结构的破坏。土颗粒重新进行排列，向具较低势能的位置移动，从而使土由较松散状态变为密实状态。随着孔隙水压力的进一步增大，在达到大于主应力数值时，土体开始液化成流体状态，流体状态的土变密实的可能性较小，如果有排水通道（砂石桩），土体中的水此时就沿着排泄通道排出地面。施工中可见喷水冒砂现象，随着孔隙水压力的消散，土粒重新排列、固结，形成新的结构。由于孔隙水的排出，

土体的孔隙比降低，密实度得到提高。在砂土和粉土中振密作用比挤密作用要显著，这是振动砂石桩法的主要加固作用之一。振密作用在宏观上表现为振密变形。振动成桩过程中，一般形成以桩管为中心的“沉降漏斗”，直径达 6 ~ 9d（d 为桩直径），并形成多条环状裂隙，上口宽度达 2.5cm 以上。一般情况下，整个场地加固处理完成后，场地面平均沉降量在 0.00 ~ 0.50m 范围内，个别达到 0.6m 以上。

工程实测结果表明：砂土受荷载作用后，土体的振动加速度与振中距呈指数函数关系衰减。例如，图 3-32 表示了某粉土土体最大振动加速度与水平距离衰减的关系曲线。从图 3-32 中可以看出，水平方向的加速度略大于垂直方向的加速度，距桩管 lm 的范围内较大。观测时还发现，加速度的最大值发生在桩管下沉深度与加速度传感器埋深相同的时候，以后则逐渐减小，拔管与反插时的加速度均远小于成孔时的值，为其值的 1/3 ~ 1/4。这主要是由于沉管时，桩尖端部位要克服砂土的天然结构强度，挤密和挤开土，故需要较大的能量（振动加速度），而拔管和反插时，振动介质为扰动的砂土或砂石，结构强度较低，抗剪强度较小，所需要的加速度也小。

振密作用的大小不仅与砂土的性质（如起始密度、湿度、颗粒大小、应力状态）有关，还与振动成桩机械的性能（如振动

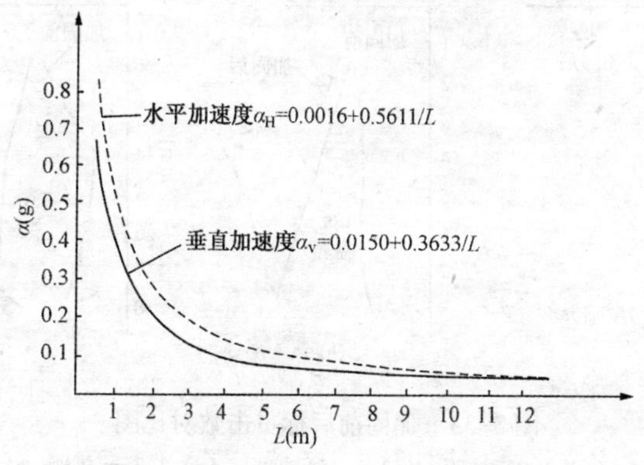

图 3-32　振动加速度 α 随水平距离 L 衰减曲线

力振动、频率、振动持续时间等）有关。例如，砂土的起始密度越低，抗剪强度越小，破坏其结构强度所需要的能量就少，因此振密作用影响范围越大，振密作用越显著。

(3) 抗液化作用

在地震作用或振动作用下，饱和砂土和粉土的结构受到破坏，土中的孔隙水压力升高，从而使土的抗剪强度降低。当土的抗剪强度完全丧失，或者土的抗剪强度降低，使土不再能抵抗它原来所能安全承受的作用剪应力时，土体就发生液化流动破坏。此即砂土或粉土地基的振动液化破坏。由于砂土、粉土本身的特性，这种破坏宏观上表现为土体喷水冒砂、土体长距离地滑流、土体中建筑物上浮和地表建筑物下陷等现象。

砂石桩法形成的复合地基，其抗液化作用主要有两个方面：

①桩间可液化土层受到挤密和振密作用。土层的密实度增加，结构强度提高，表现在土层标贯击数的增加，从而提高了土层本身的抗液化能力。图 3-33 为某砂土、粉土各层场地不同桩距加固前后的标贯击数对比图。从图 3-33 中可以看出，加固后桩间砂土的标贯击数由 10 击以下提高到 30 击左右，粉土的标贯击数也提高到加固前的 1.8 倍左右，说明砂土、粉土的密实度均有很大地改善。加固后可液化层的标贯击数均大于地震烈度为 9

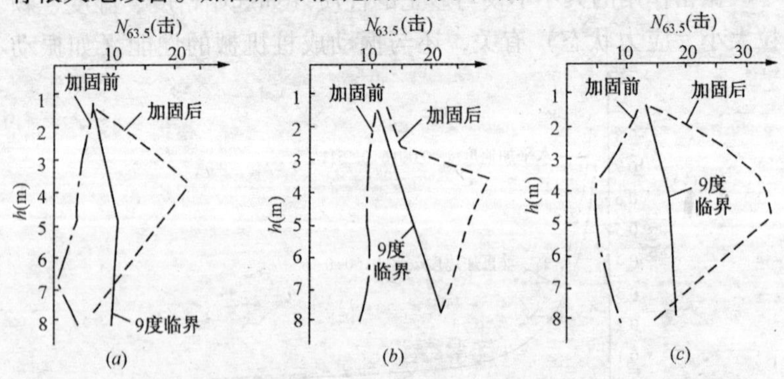

图 3-33　加固前后标贯击数对比图

(*a*) 1.0m 桩距；(*b*) 1.25m 桩距；(*c*) 1.35m 桩距

度的标贯击数临界值，抗液化能力得到很大提高。

国外报道中指出只要小于 0.074mm 的细颗粒含量不超过10%，都可得到显著的挤密效应。根据经验数据，土中细颗粒含量超过 20% 时，振动挤密法不再有效。

②砂石桩的排水通道作用。砂石桩为良好的排水通道，可以用加速挤压和振动作用产生的超孔隙水压力的消散，降低孔隙水压力上升的幅度，因而提高桩间土的抗液化能力。表 3-6 列出了加固区桩间土和非加固区天然土的超孔隙水压力实测值。从表 3-6 中可以看出，加固后桩间土的超孔隙水压力较加固区外天然土的孔隙水压力要小得多。因此砂石桩体能有效地消散振动所引起的超孔隙水压力，提高桩间土的抗液化能力。室内和现场试验都表明，当地基土层中有排水体时，相应于某一振动加速度的抗液化临界相对密度有很大降低。日本柳堀羲彦等的研究认为：当均质砂基同样在 250gal 的振动加速度作用下，如果没有排水桩，相对密度必须超过 0.66 才不发生液化；如果有排水桩，此值可降为 0.46。

孔隙水压力 **表 3-6**

距振源距离（m）	$\Delta\mu$（kPa）		$\Delta\mu$ 加固区/$\Delta\mu$ 非加固区
	加固后桩间土	非加固天然土	
2.0	6.9	14.7	47%
3.0	9.8	13.7	72%

砂土的液化特性不仅与相对密度和排水体有关，还与砂土的振动应变史有关。国内外大量的不排水循环应力试验结果表明，预先受过适度水平的循环应力即栅振的试样，将具有较大的抗液化强度。例如，历史上经过多次地震的天然原状土样，比同样密度的湿击法制备的重塑砂样的抗液化强度高 45%，比干击法制备的重塑砂样高 65% ~112%。Seed 等通过实验室大型振动台对相对密度为 54% 的砂样进行试验，经过 5 次模拟小地震影响后，

其相对密度仅增至 54.7%；但引起初始液化所需的应力循环周数却分别增加 8 ~10 倍，抗液化强度提高到相当于相对密度为 80%时的值，即增大了近 50%（图 3-34）。

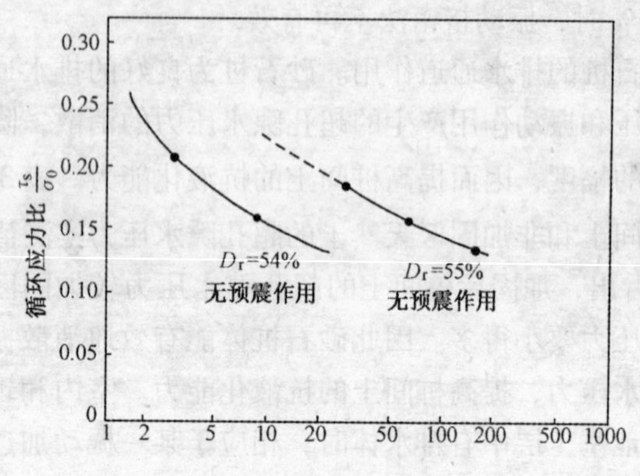

图 3-34　初始液化循环数

由于振动成桩过程中，桩间土受到了多次预振作用，因此使地基土的抗液化能力得到提高。

2. 砂桩和砂石桩加固黏性土地基

黏性土结构为蜂窝状或絮状结构，颗粒之间的分子吸引力较强，孔隙很大，渗透系数很小，一般小于 10^{-4} cm/s。对于非饱和的黏性土，地基沉管时能产生一定的挤密作用。但对于饱和黏性土地基，由于沉管成桩过程中的挤压和振动等强烈的扰动，黏粒之间的结合力以及黏粒、离子、水分子所组成的平衡体系受到破坏，孔隙水压力急剧升高，土的强度降低，压缩性增大。在砂石桩施工结束以后，在上覆土压力作用下，通过砂石桩的良好排水作用，桩间黏性土发生排水固结，同时由于黏性、水分子、离子之间重新形成新的稳定平衡体系，使土的结构强度得以恢复。对黏性土地基（特别是饱和软土），砂石桩的作用不是使地基挤密，而是置换。砂石桩置换法是一种换土置换，即以性能良好的碎石来替换不良地基土；排土法则是一种强制置换，它是通过成桩机械将不良地基土强制排开并置换，而对桩间土的挤密效果并不明显，并且在地基中形成具有密实度高和直径大的桩体，它与原黏性土构成复合地基而共同工作。

由于砂石桩的刚度比桩周黏性土的刚度大，而地基中应力按材料变形模量进行重新分配。因此，大部分荷载将由砂石桩承担，桩体应力和桩间黏性土应力之比值称为桩土应力比，一般为2~4。

如果在选用砂石桩材料时考虑级配，则所制成的砂石桩是黏土地基中一个良好的排水通道，它能起到排水砂井的效能，且大大缩短了孔隙水的水平渗透途径，加速了软土的排水固结，使沉降稳定加快。

如果软弱土层厚度不大，则桩体可贯穿整个软弱土层，直达相对硬层，此时桩体在荷载作用下主要起应力集中的作用，从而使软土负担的压力相应减少；如果软弱土层较厚，则桩体可不贯穿整个软弱土层，此时加固的复合土层起垫层的作用，垫层将荷载扩散使应力分布趋于均匀。因此，从砂石桩和土组成的复合地基角度来看，砂石桩处理饱和软弱黏性土地基，主要有下面两个作用。

(1) 置换作用

砂石桩在软弱黏性土中成桩以后，就形成了一定桩径、桩长和间距的桩与桩间土共同组成的复合地基，即由密实的砂石桩桩体取代了与桩体体积相同的软弱土，因为砂石桩的强度和抗变形性能等均优于其周围的土，所以形成的复合地基的承载力就比原来天然地基的承载力大，沉降量也比天然地基小，从而提高了地基的整体稳定性和抗破坏的能力。在荷载作用下，由于复合地基中桩体的变形模量和强度较大，基础传给地基的附加应力会随着桩和桩间土发生等量的变形而逐渐集中到桩体上，使桩承担较大部分的应力，而土所负担的应力则相对减少。其结果与天然地基相比，复合地基的承载力得到了提高，其沉降量也有所减小。由于砂石桩桩体材料较松散，要依赖桩间土的侧向约束力使桩传递垂直荷载，桩体的模量较低，当桩长超过一定限度如1.5~2.0

倍基础宽度时，即使桩下端接触相对硬层，应力向桩的集中程度并不比桩下端不接触相对硬层时大，桩的端承作用也很小，承载力提高不大。复合地基与天然地基相比，地基承载力增大率与沉降量的减小率均和置换率成正比关系。置换率很大时，复合地基的作用主要起垫层的应力扩散和均布作用，从而提高地基承载力，减小沉降量。

成桩过程中，由于振动力和侧向挤压力的作用，对饱和的软黏土，特别是灵敏度高的淤泥或淤泥质黏土会产生剧烈的扰动，发生触变。如上覆硬土层较薄，则形成砂石桩后，会使地面隆起，而且由于桩间土的侧限作用较小，使桩体砂石不易密实。对此种地基应在施工工艺和施工设备上做些调整。例如，采用较大直径的桩管，不宜用扩大直径的桩头，以减小扰动；或采用隔行跳打施工顺序，在先打过的桩间插打，从而增大桩间土的约束力，以利于成桩和孔隙水压力消散；或砂石料用含水量较小的干料等，仍然可以取得较好的效果。有的研究者认为，当黏性土的不排水抗剪强度 $C_u < 15$kPa 时，由于桩间土的强度不能平衡砂石料的挤入力，砂石料就以较松散的状态挤入并散布在周围的土中，从而不能形成桩和土共同发挥作用的复合地基，这时形成的地基为类似砂石垫层的人工地基。因此，建议 C_u 值不小于20kPa作为黏性土形成复合地基的控制条件。

（2）排水作用

水是影响黏性土性质的主要因素之一，黏性土地基性质的改善在很大程度上取决于其含水量的减小。因此，在饱和黏性土地基中，砂石桩体的排水通道作用是砂石桩法处理饱和软弱黏性土地基的主要作用之一，比之在砂土地基中的排水作用显著。由于砂石桩缩短了排水距离，从而可以加快地基的固结沉降速率。

总之，砂石桩作为复合地基的加固作用，除了提高地基承载力、减少地基的沉降量外，还可用来提高土体的抗剪强度，增大土坡的抗滑稳定性。

三、石灰桩

石灰桩是指用人工或机械在土体中成孔，然后灌入生石灰块，经夯压后形成的桩体。桩身还可掺入其他活性与非活性材料，例如掺入粉煤灰的称“二灰桩”，掺入砂子的称“石灰砂桩”等。

石灰桩加固地基的机理包括成孔挤密作用、吸水作用、膨胀挤密作用、反应热作用、离子交换作用、胶凝作用和桩身置换作用等。一般认为在软土中石灰桩的置换作用和吸水膨胀作用是主要的，而在杂填土中置换和挤密起着同样重要的作用。

用石灰加固软弱地基在我国已有约两千年的历史，这主要是指石灰掺填法。而石灰桩的应用和研究却起始于20世纪50年代。1952年天津大学首先用石灰短桩处理食堂的局部软基，以后又在水上公园、新港船厂等处做了石灰桩试验。1959年建工部地基基础研究所也在舟山软土中试验了石灰短桩和石灰砂短桩。范恩锟把用石灰短桩加固的土层看成是人工硬壳，与下卧软弱土层构成双层地基。由于桩身“软心”问题未获解决，研究工作和工程应用曾一度中断。20世纪70年代中期重新恢复了石灰桩的试验研究。1975～1976年铁道部科学研究院对塘沽软土路基进行六种不同处理方法的效果对比试验，以石灰桩的加固效果为最好。20世纪80年代初，同济大学等在浙江湖州做了等长度（3m）的砂桩、碎石桩、石灰桩、混凝土灌注桩的复合地基承载力对比试验，也是石灰桩复合地基的承载力最高。接着江苏（1981）、浙江（1982）、湖北（1983）、山西（1985）、天津（1985）相继开展了石灰桩的课题研究，并大量用于工程实践。目前全国有十余个省市已应用过石灰桩，应用范围主要是多层民用建筑、部分工业厂房和个别9～12层高层建筑物的地基加固，结构形式有砌体承重结构、框架结构和排架结构等。此外，石灰桩还用于烟囱、油罐、贮仓、设备基础的地基加固，以及基坑围护、路基加固、市政管线工程和房屋托换工程中。

石灰桩适用于杂填土、素填土、一般黏性土、淤泥质土和淤泥、湿陷系数不大的黄土类土，以及透水性小的粉土，在解决盐土的盐胀和膨胀土的胀缩性土上也有尝试，但后者用的是搅拌法。石灰桩不适用于砂土和透水性大的砂质粉土。是否选用石灰桩还需考虑一些别的因素。例如杂填土中包含大量有机生活垃圾，或者软土的含水量过分高，用石灰桩解决不了问题；当地下水渗流量很大或者含酸量过高时，石灰桩桩身的形成和强度均受影响，也不宜使用石灰桩。在某些情况下，例如在渗透系数较大的填土和透水量中等的夹薄透水层的黏土中，以及在雨季施工时，应采取止水和降水等措施。

1. 石灰桩应用前的勘察和调查

石灰桩加固工作的目的是要判断石灰桩法在技术上和经济上的可行性，并提供石灰桩设计所需要的参数，因此勘察工作和调查研究很重要应包括以下内容：

(1) 建设场地的地形和环境、场地土层的分布、类型和物理力学性质；地下水和地表水状况。分析是否适合采用石灰桩法，以及可能会遇到的问题和预防措施。石灰桩法需要的土工指标见表3-7。

石灰桩法需要的土工指标　　表3-7

调查项目		常用试验方法	适用工程范围			调查目的
类别	测定指标		基础地基	道路	临时性	
土粒性质	土粒相对密度 d_s	比重瓶法、查表法	○	○	○	方法适用性
粒径级配组成		筛分法、比重计法	○	○	○	方法适用性
稠度	液限 w_L	圆锥法、液塑限联合测定法	○	○	○	方法适用性 施工性能
	塑限 w_P	搓条法、液塑限联合测定法	○	○	○	
	缩限 w_S	收缩皿法	△	△	△	
密度	天然密度 ρ	环刀法	○	○	○	设计资料 加固效果
	干密度 ρ_d	由 γ，w 计算				
	孔隙比 e	由 γ，w，d_s 计算				

续表

调查项目		常用试验方法	适用工程范围			调查目的
类别	测定指标		基础地基	道路	临时性	
含水量	含水量 w 饱和度 S_r	烘干法 由 e，w，d_s 计算	○	○	○	设计资料 施工性能 加固效果
力学指标	不排水强度 τ_u 内摩擦角 φ 黏聚力 c	直剪试验、三轴试验 无侧限压缩试验 现场十字试验	○	○	○	设计资料 加固效果
	标贯击数 N 轻便触探 N_{10} 静力触探 q_s	标贯试验 轻便触探试验 静力触探试验	○	○	○	设计资料 效果检验
	压缩曲线和 α_{1-2}、E_s	压缩试验	○	—	—	变形计算
其他指标	塑性指数 I_p 灵敏度 S_t 渗透吸收 k	$I_p = w_L - w_P$ 无侧限压缩试验 渗透试验、固结试验	○ ○ △	○ ○ △	○ ○ △	方法适用性 施工性能
	地基承载力 f_k	载荷试验、公式计算、 承载力值、原位测试	○	—	—	设计资料

注：○—一般应该提供的资料；△—需要时才提供的资料。

（2）建筑物类型、等级和荷载的种类大小，估计需要增加的地基承载力和需要减少的地基变形值，以及石灰桩法是否能满足这些要求。

（3）本地区使用石灰桩的经验和工程档案分析。

（4）季节和气候条件对采用石灰桩法的可能影响。

（5）生石灰和掺加材料的种类、来源和质量分析，选择合适的材料。

（6）本地区石灰桩的施工条件：人员素质和经验、机具设备、质量检测手段等，以及现场施工条件。

(7) 粉尘和石灰溶解造成污染的可能性和防止污染的措施。

(8) 与其他可行的地基处理方法作技术经济比较。

2. 置换率

石灰桩置换率有两个概念，一是由施工时桩管或桩孔面积确定的置换率 m；二是由石灰桩吸水膨胀后的桩身截面积确定的置换率 m'。$m'=\varepsilon \mathrm{m}$，其中膨胀率 ε 应根据试验开挖检查确定，当无试验资料时，可按表 3-8 估值，当桩身约束力大时取小值。

不同掺合料的石灰桩膨胀率 ε 的参考值 **表 3-8**

纯石灰桩	粉煤灰:生石灰 2:8	粉煤灰:生石灰 3:7	火山灰:生石灰 2:8	火山灰:生石灰 3:7
1.2~1.5	1.15~1.40	1.10~1.35	1.10~1.35	1.05~1.25

置换率 m 与桩径 d（未膨胀时）、桩距 l 的关系为：

$$\left.\begin{array}{ll}\text{正三角形网格布桩} & m=0.7854\left(\dfrac{d}{l}\right)^2 \\ \text{正方形网格布桩} & m=0.907\left(\dfrac{d}{l}\right)^2\end{array}\right\} \quad (3\text{-}6)$$

第三节　散体桩加固机理小结

建筑渣土桩及灰土桩的加固机理，其共同之处是对桩间土的挤密作用，但两者又有所不同，现分述如下：

1. 建筑渣土桩（即孔内深层强夯）挤密地基

湿陷性黄土属于非饱和的欠压密土，具有较大的孔隙率和偏低的干重度，这是其产生湿陷性的根本原因。试验研究及工程实践证明，若土的干重度或其压实系数达到某一标准时，即可消除其湿陷性。建筑渣土桩挤密法正是利用这一原理，向土层中挤压成孔，迫使桩孔内的土体侧向挤出，从而使桩周一定范围内的土体受到压缩、扰动和重塑，若桩周土被挤压到一定的干重度或压实系数时，则沿桩孔深度范围内土层的湿陷性就会消除。

在单个桩孔外围，孔壁附近土的干重度 γ_d 接近甚至超过 γ_{dmax}，压实系数 $\lambda_c \approx 1.0$，依此向外，γ_d 逐渐减小，直至其值逐渐趋于自然土的情况。若以桩孔中心为原点，“挤密影响区”即塑性区的半径约为1.5~2.0d（d 为桩孔直径）；但当以消除土的湿陷性为标准时，通常以 $\gamma_d \geqslant 15\text{kN/m}^3$ 或 $\lambda_c \geqslant 0.9$ 划界，确定出满足工程实用的“有效挤密区”，其半径约为1.0~1.5d。因此，合理的桩孔中心距离常为2.0~3.0d 范围内。群桩挤密效果试验表明，在相邻桩孔挤密区交接处的挤密效果相互叠加，桩间中心部位土的干重度会有所增大，并使桩间土的干重度变得较为均匀。图3-35为同一场地不同桩距的挤密试验结果，由图3-35中可以看出，桩距愈近叠加效应愈显著，γ_d 曲线变化愈平缓。

影响成孔挤密效果的主要因素是地基土的天然含水量（w）

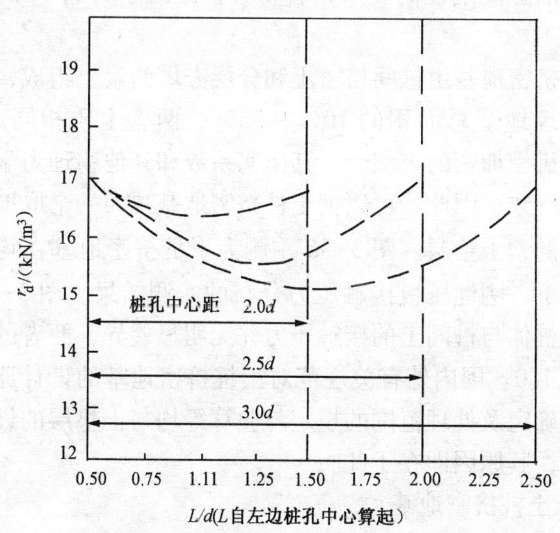

图3-35 同一场地不同桩距的挤密效果

注：1. 场地土的 $\gamma_{d0} = 17\text{kN/m}^3$，$w = 21\%$；

2. L 自左边桩孔中心算起，d 为桩孔直径。

及干重度（γ_{d0}）。当土的含水量接近其最优含水量时，土呈塑性状态，挤密效果最佳，成孔质量良好。当土的含水量偏低 $w<(12\%\sim14\%)$ 时，土呈半固体状态，有效挤密区缩小，桩周土挤压扰动而难以重塑，成孔挤密效果较差，且施工难度较大。当土的含水量过高 $w>23\%$ 时，由于挤压引起的超孔隙水压力短时期难以消散，桩周土仅向外围移动而挤密效果甚微，同时桩孔容易出现缩孔、回淤等情况，有的甚至不能成孔。土的天然干重度越大，有效挤密区半径越大；反之，则挤密区缩小、挤密效果较差。如有两个场地土的天然干重度 γ_{d0} 分别为 13.6kN/m^3 和 12.5kN/m^3，而桩孔间距均采用 2.5d，并同样按等边三角形布桩。成孔挤密试验实测结果是：前者有效挤密半径为 1.5d，而后者仅为 1.0d；前者桩间挤密土的平均干重度 $\overline{\gamma}_{d1}=16.0$kN/m^3，而后者 $\overline{\gamma}_{d1}=14.0$kN/m^3。显然，在同一桩距情况下；后一场地未能满足消除湿陷性的要求，若将其桩距减小为 2.0d 时，方可满足。

土桩挤密地基由桩间挤密土和分层夯填的素土组成，土桩面积约占处理地基总面积的 10%～23%，两者土质相同或相近，且均为被机械加密的重塑土，其压实系数和其他物理力学性质指标也基本一致。因此，可以把土桩挤密地基视为一个厚度较大和基本均匀的素土垫层。图 3-36 左侧为土桩挤密地基在均匀荷载分布作用下，刚性压板接触压力分布的实测结果。图 3-36 中显示，土桩桩体与桩间土的接触压力并无明显差异，两者的应力分担比接近 1.0。国内外有关规范对土桩挤密地基的设计原则，如承载力的确定及处理范围的规定与验算等均与土垫层的设计原则基本相同，其原因即在于此。

2. 灰土桩挤密地基

(1) 灰土的基本性质

石灰是一种最常用的气硬性胶凝物质，也是一种传统的建筑材料。但当熟石灰与土混合之后，将发生较为复杂的物理化学反应，其主要反应及生成物包括：离子交换作用、凝硬反应并生

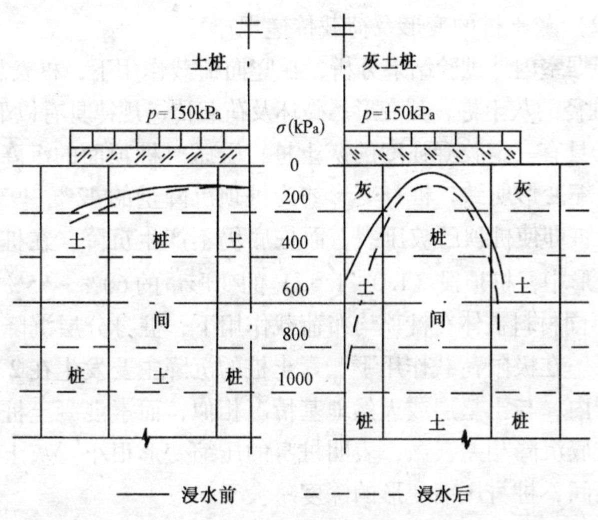

图 3-36　土桩及灰土桩挤密地基基底接触压力的分布

成硅酸钙及铝酸钙等水化物，以及部分石灰的碳化与结晶等。由此可见，灰土的硬化既具有气硬性，同时又具有水硬性，而不同于一般建筑砂浆中的石灰，灰土的力学性质决定于石灰的质量、土的类别、施工及养护条件等多种因素。用作灰土桩的灰土，其无侧限抗压强度不宜低于 500kPa。灰土的其他力学性质指标与其无侧限抗压强度 f_{cu} 有关，抗拉强度约为（0.20～0.29）f_{cu}，抗剪强度约为（0.20～0.40）f_{cu}，抗弯强度约为（0.35～0.40）f_{cu}。灰土的水稳定性以软化系数表示，其值一般为 0.54～0.90，平均约为 0.70。若在灰土中掺入 2%～4% 的水泥时，软化系数可提高到 0.80 以上，能充分保证灰土在水中的长期稳定性，同时灰土的强度也可提高 50%～85%。灰土的变形模量为 40～200MPa，但其值随应力的增高而降低。据试验分析，灰土桩顶面的应力在设计荷载下一般为（0.40～0.90）f_{cu}，超过了灰土强度的比例界限，有的甚至已达到极限强度，这是灰土桩工作的主要特点。

（2）灰土桩的变形及荷载传递规律

根据室内外试验结果分析，在竖向荷载作用下，桩长超过6～10倍桩径的灰土桩，其变形、破坏及荷载传递规律具有以下特征：

①具有一定胶凝强度的灰土桩，受压时桩顶面的沉降主要是桩身压缩变形所致，桩身变形约为桩顶沉降量的42%～93%，有的灰土桩即使桩顶已被压裂，而桩底仍不产生沉降。在桩身的总压缩变形中，桩顶段（1.0～1.5d）的变形量的60%～85%。图3-37为不同材料桩体在桩顶均布荷载作用下，桩身分层沉降量的实测结果。在极限荷载作用下，素土桩的沉降主要发生在2～3d深度范围内，与土垫层或天然地基情况相似；而素混凝土桩顶面沉降与桩底沉降相差甚微，表明桩身的压缩变形很小。灰土桩介于二者之间，桩身压缩变形的深度略大于6d。

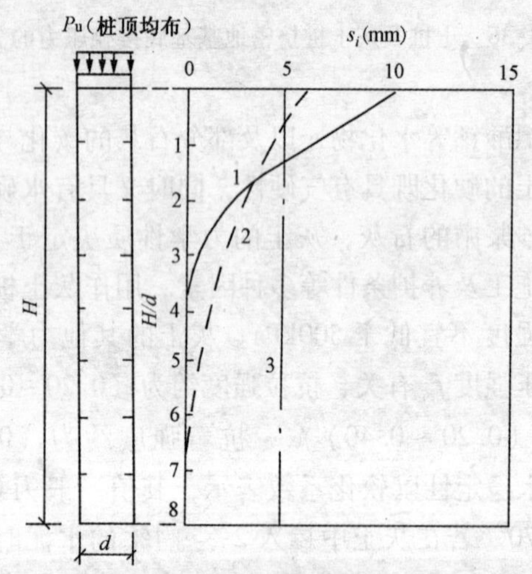

图3-37　各类材料桩体在极限荷载下的分层沉降量

1—素土桩；2—灰土桩；3—混凝土桩

②长度超过6～10d的灰土桩，在竖向荷载作用时发生破坏的部位多数在桩顶下1.0～1.5d范围内，裂缝呈竖向拉裂或斜向剪切，属脆性破坏。现场试验表明，当局部桩顶压裂后，它仍具

有由灰土块体间咬合力和摩擦力构成的剩余强度，因而仍可与桩间挤密土协同工作，同时由于桩顶破损的深度有限，复合地基仍可维持整体稳定性。由此可见，灰土桩的实际工作应力相对于其极限强度是比较高的，介于屈服强度与极限强度之间，灰土桩体及灰土桩挤密地基的承载力主要取决于桩身灰土的强度。

③灰土桩的荷载传递规律。图 3-38 为灰土桩在竖向荷载作用下，桩身分段与桩周摩擦阻力的测试结果。由图 3-38 可看出，由于灰土桩受荷时的变形特性，桩身的荷载压力急剧衰减，$3d$ 深度处的荷载仅为桩顶荷载的 1/6 左右，$6 \sim 10d$ 深度以下桩身荷载已逐渐趋于零，桩身应力与桩间土的应力接近一致。桩周摩擦阻力主要产生于上部 $6d$ 的范围内，最大摩阻力位于 $2 \sim 3d$ 桩段，其值高于一般混凝土桩。灰土桩在 $6 \sim 10d$ 深度内桩的平均摩擦阻力亦略高于混凝土桩。试验结果表明，灰土桩传递荷载的深度是有限的，其传递荷载的有效深度约为 $6 \sim 10d$。有效荷载传递的深度与桩径及灰土的强度成正比，而与桩周土的摩擦阻力成反比。在有效荷载传递深度以下，灰土桩的主要作用不再是分

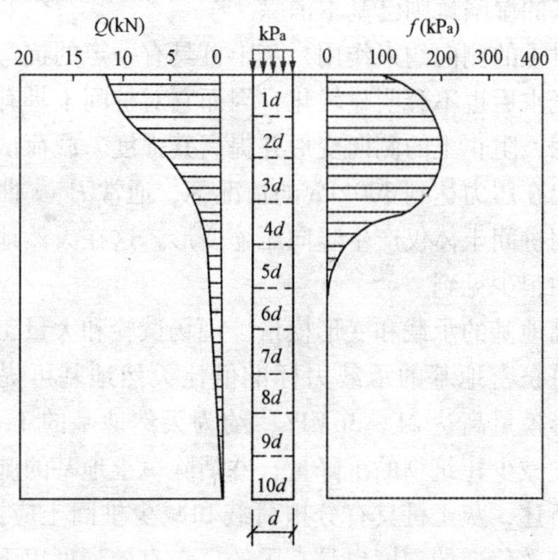

图 3-38　灰土桩桩身的分段荷载及桩周摩擦阻力的分布图

担较大的荷载，但对地基仍有加固作用，如提高下层土的强度和变形模量等。

(3) 灰土桩在挤密地基中的作用

①分担荷载 降低上层土中应力灰土桩的变形模量高于桩间土数倍至数十倍，因此在刚性基础底面下灰土桩顶的应力分担比相应增大。图 3-36 右侧所示为灰土桩挤密地基接触压力的分布情况，灰土桩上的应力 σ_p 已超过 600kPa，而桩间土的应力 σ_s = 50 ~ 100kPa，应力比 $\sigma_p/\sigma_s = 6 \sim 12$；浸水后比值进一步增大。若基底平均压力增大时，桩土应力比将有所降低并趋于稳定。由于占基底面积约 20% 的灰土桩承担了总荷载的一半左右，其余一半荷载由占基底面积约 80% 的桩间土分担，从而使土的应力降低了 30% 左右。基底下一定范围（约 2.0 ~ 4.0m）内桩间土的应力降低，可使主要持力层内地基土的压缩变形显著减少，并可能部分或全部消除其湿陷性。某场地浸水载荷试验表明，在桩间土挤密效果较差，黄土的湿陷性尚未完全消除的情况下，土桩挤密地基在 200kPa 压力下的浸水湿陷量仍超过 200mm，而灰土桩挤密地基的湿陷量则已基本消除。

②桩对土的侧向约束作用 灰土桩具有一定的抗弯和抗弯刚度，即使浸水后也不会明显软化，因而它对桩间土具有较强的侧向约束作用，阻止土的侧向变形并提高其强度。载荷试验结果表明，桩间土在压力达到 300kPa 的情况下，通常 $P \sim s$ 曲线仍呈直线型，说明桩间土体仅产生竖向压缩变形，这在天然地基或土桩挤密地基中很少见到。

③提高地基的承载和变形模量 现场试验和大量工程经验证明，灰土桩挤密地基的承载力标准值比天然地基可提高一倍左右；其变形模量高达 21 ~ 36MPa，约为天然地基的 3 ~ 5 倍，因而可大幅度减少建筑物的沉降量，并消除黄土地基的湿陷性。

综上所述，灰土桩具有分担荷载和减少桩间土应力的作用，但其荷载有效传递的深度也是有限的，在有效深度以下桩土应力趋于一致，两者不再产生相对位移，而灰土桩加固地基的其他作用仍然存在。图 3-39 为灰土桩挤密地基分层桩土应力分布示意图，约在 6～10d 深度以下，桩土应力已基本一致，其结果与一般垫层已无差异。因此，在确定灰土桩挤密地基的处理范围时，也可按垫层原理进行计算。

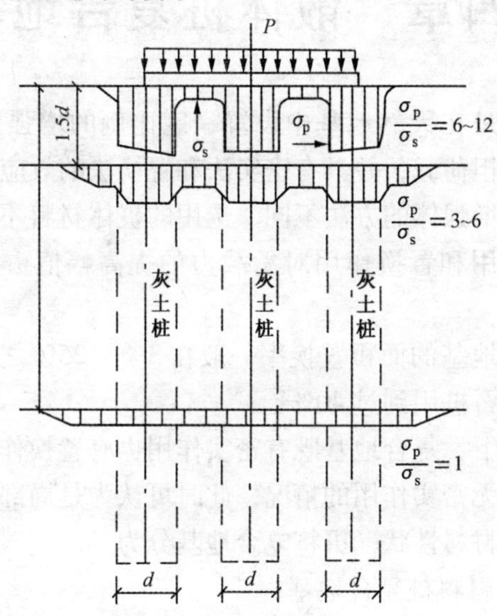

图 3-39　灰土桩挤密地基的分层应力分布示意图

总之，孔内深层强夯形成的建筑渣土桩与灰土桩均属散体桩，其基本性状有相似之处，也有不同之处，需根据上质情况，加以分析处理。

第四章　散体桩复合地基

复合地基是在天然地基中设置一定比例的增强体（桩体），使桩土共同承担荷载，并具有密实法和置换法的效应。

由于打设增强体的方法不同、选用的桩体材料不同，复合地基法的密实作用和置换作用对承载力的提高幅值占的比例也不相同。

通常复合地基的面积置换率一般在3%～25%之间变化，个别方法，如碎石桩用到过40%。

一般情况下，复合地基既有密实作用也有置换作用，也有只有置换作用而无密实作用的情况，此时可认为是局部置换。

根据桩体材料性状，可将复合地基分为

（1）散体材料桩复合地基；

（2）一般粘结强度桩复合地基；

（3）高粘结强度桩复合地基。

与其他方法相比，复合地基是我国自20世纪70年代以来发展最快的一种方法。不同桩型的复合地基，承载力和变形特性明显不同。了解不同桩型承载特性的共同点以及它们之间的差异，对合理选择复合地基中的桩型具有重要意义。

第一节　复合地基理论的研究现状

复合地基是指天然地基在地基处理过程中部分土体得到增强或被置换，或在天然地基中设置加筋材料，加固区是由基体（天然地基土体）和增强体两部分组成的人工地基，复合地基中增强体和基体是共同承担荷载的。

自20世纪60年代，国际上首次使用“复合地基”（Composite Foundation）一词以来，复合地基理论已成为许多地基处理方法的理论分析及公式建立的基础和根据。且被大量运用到如碎石桩、水泥土搅拌桩、旋喷桩、石灰桩和灰土桩等加固地基的理论分析中。近年来，水泥粉煤灰碎石桩（CFG桩）、树根桩及疏桩基础也被引入复合地基理论范畴。复合地基理论的研究已得到国内外岩土工程界和学术界的重视。

复合地基的出现虽然才40多年，但其工程应用却有着长远的历史。天津市在修建公园时曾在清代道台衙门的旧址下，挖出长300～500mm的石灰桩。复合地基理论是地基处理技术的理论升华。地基处理技术是伴随着人类文明的起源而兴起的。但现代地基处理技术起源于欧洲。1835年法国工程师设计了最早的砂石桩。设计桩长2m，直径20cm，每根桩的承载力为10kN。后来德国S. Steuerman在1930年提出采用振冲法加密砂性土原理。1933年，德国J. Keeller制成了第一台振冲器，并于1935年在纽伦堡用于加固松散粉砂地基。后来在美国、欧洲、日本等地得到应用。1960年左右在英国开始将振冲法应用于加固黏性土地基。不久，在德国、美国和日本也用于加固软黏土地基。1976年下半年，南京水利科学研究所和交通部水运规划设计院共同研究振冲法加固软填土地基技术，1977年试制出我国第一台13kW的振动水冲器，1977年9月首先用于南京船厂船体车间软黏土地基加固，加固深度13～18m。20世纪80年代末由中国建筑科学研究院地基所开发了CFG桩复合地基成套技术，1992年通过了建设部组织的专家鉴定，并在国内得到了广泛的应用。

当前复合地基理论研究的最新发展表现为：（1）多元复合地基的出现和大量应用；（2）施工前、施工中、施工后地基处理方式的灵活应用；（3）一次性施工与工后加固方式的有机结合；增强承载力与减少沉降相结合，对于不同的目的采用不同的思路。

第二节　散体桩复合地基的分类

散体桩复合地基可以根据增强体的方向分为竖向增强体复合地基和水平向增强复合地基。

竖向增强体习惯上称为桩，竖向增强体复合地基通常也被称为桩体复合地基。桩体复合地基根据竖向增强体的性质又可分为三类：散体材料桩复合地基、柔性桩复合地基和刚性桩复合地基。水平向增强体复合地基主要包括由各种加筋材料，如土工聚合物、金属材料格栅等形成的复合地基。

散体材料桩复合地基的桩体是由散体材料组成的，桩身材料没有粘结强度，单独不能形成桩体，必须依靠周围土体的围箍作用才能形成桩体。散体土类桩复合地基的承载力主要取决于散体材料的内摩擦角和周围地基土体能够提供的桩侧阻力。柔性桩复合地基的桩体刚度较小，但具有一定的粘结强度。柔性桩复合地基的承载力由桩体和桩间土共同承担，其中绝大多数情形为桩体的置换作用。刚性桩复合地基主要是通过桩体的置换作用来提高地基的承载能力，由于桩体本身强度较高，所以承载能力比散体桩、柔性桩复合地基提高很多。中国建筑科学研究院地基基础研究所于 1992 年开发成功的 CFG 桩复合地基即为中国最早的刚性桩复合地基。

根据复合地基工作机理可将复合地基作下述分类：

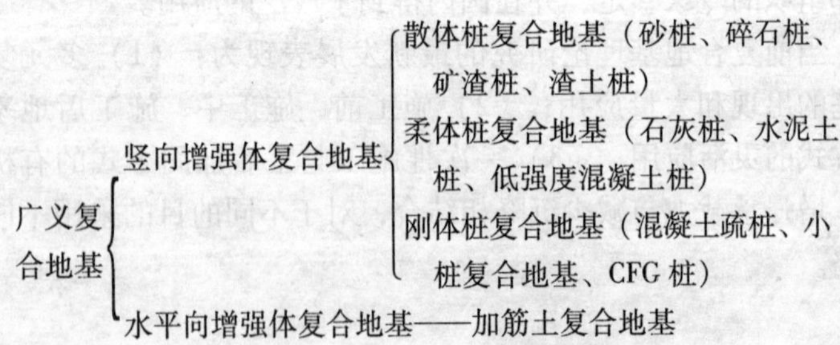

对低强度散体桩复合地基的传统的分类是按成桩的材料来分类的，例如碎石桩、砂桩、灰土桩、石灰桩、水泥土桩、水泥粉煤灰碎石桩（CFG 桩）、渣土桩、旋喷桩、树根桩、疏桩等。

随着对地基处理经验的积累和人们认识的加深，发现这种分类未触及事物的本质。更科学的方法是结合复合地基的承载原理，将低强度桩复合地基分为以下三类。

1. 散体桩复合地基

散体桩复合地基的桩体是由散体材料组成的，在成孔以后灌散体材料或在成桩过程中在桩孔中灌入散体材料的桩，都属于该种类型。例如，砂桩、碎石桩、石灰桩等，这类桩桩身材料没有粘结强度，单独不能形成桩体，只有依靠周围土体的围箍作用，才能形成桩体。散体桩复合地基的承载力主要取决于散体材料的内摩擦角和周围地基的土体能够提供的桩侧侧阻力。散体桩复合地基的加固机理主要是：（1）挤密作用：减小原地基土的空隙率；（2）置换作用：相对强度更高的桩替代了相对强度较低的土体；（3）排水固结作用：在成桩过程中加速了土中液相水的排放。

2. 柔性桩复合地基

柔性桩复合地基主要形式有灰土桩、CFG 桩、水泥土桩、渣土桩等，其中水泥土桩按工艺又分为高压旋喷桩和深层搅拌桩，柔性桩的桩身材料有一定的抗压强度，虽然桩的强度较低，但由于桩径大因而桩的承载力较高。柔性桩的加固机理主要是置换作用。柔性桩的破坏形式以刺入破坏为主，有时会出现桩身破坏。

3. 刚性桩复合地基

刚性桩复合地基的桩体通常以水泥为主要胶结材料，有时由混凝土与其他掺和料构成，桩身强度较高，为保证桩土共同工作，通常在桩顶设置一定厚度的褥垫层。刚性桩复合地基的主要形式有树根桩、疏桩等，也有桩基础由于某种原因，当桩承载能力相差不太多且对桩间土的承载力进行挖潜时，可考虑和利用复合地基的有利因素而采用的刚性桩复合地基。

第三节 散体桩、低强度桩复合地基承载能力计算的基本方法

目前工程界共同认可的复合地基的计算方法是：先计算出桩体承载力以及桩间土的承载力，然后判断复合地基在破坏时，究竟是桩体先破坏还是桩间土先破坏，如果是桩先发生破坏，则应估算此时桩间土的强度到底发挥到什么程度，而后进行叠加。

在下卧层存在软弱层时，还需要对复合地基下卧层的承载力进行验算。

需要指出的是，本章中几个承载力的概念应该严格区分，否则将引起误会，即桩体承载力、单桩复合地基承载力、群桩复合地基承载力，以及桩间土承载力、天然地基承载力、下卧层承载力。其中，桩体承载力指的是桩体本身受荷载作用下的承载力，如图4-1（a）所示；单桩复合地基承载力表示在一个复合地基中取单桩影响范围进行分析求得的单桩复合地基的承载力，如图4-1（b）所示；群桩复合地基的承载力就是指以群桩为研究对象得到的复合地基承载力，也称为复合地基承载力，如图4-1（c）所示；桩间土承载力就是指形成复合地基加固后桩体之间土体的承载力，桩间土受到桩体的约束，受到成桩过程中的加固或成桩后的再固结，其承载力比原始承载力要大；天然地基承载力是指未经过地基处理加固的地基的天然承载力；下卧层承载力是指复合地基中加固区以下土体的承载力。

1. 利用荷载试验确定散体桩、低强度桩复合地基的承载能力

利用荷载试验确定低强度桩复合地基承载力是最直接的方法，这里需要注意的问题是：

（1）合理确定试验单元。一般来说试验单元应为计算单元，它包含一根低强度桩及四周的桩间土，桩间土的范围是相邻桩的中心线所包围的范围，例如，当桩距横向为 l_1，纵向为 l_2 时，试

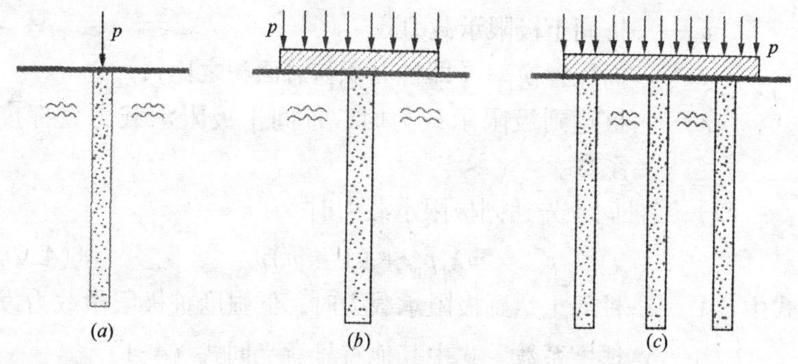

图 4-1　几种承载力示意图

（*a*）桩体承载力；（*b*）单桩复合地基承载力；（*c*）群桩复合地基承载力

验单位为边长 l_1 及 l_2 组合的矩形。

（2）为确保该试验范围的复合地基均匀受力，建议浇筑面积为 $l_1 \cdot l_2$ 的混凝土墩体，其厚度应满足混凝土墩抗冲切的要求。当试验量较多时，为节省也可用型钢制作受力架代替混凝土墩，以重复使用。

（3）其他试验要点可参照《建筑地基基础设计规范》（GB 50007—2002）附录 Q 单桩竖向静荷试验要点。

（4）试验结果得出的是单元复合地基的极限承载力，除以安全系数 2 后的地基的竖向承载力特征值 R_a。

2. 设计计算的方法

公式计算的思路是分别确定桩间土和桩体的极限承载力，再根据一定的原则叠加这两部分承载力得到复合地基的极限承载力。

公式计算法要结合工程经验，首先判断是低强度桩先达到极限承载力，还是桩间地基土先达到极限承载力。

（1）当低强度桩先达到极限承载力时

$$p_{cj} = mp_{pj} + \lambda_s(1 - m)p_{sj} \quad (4\text{-}1)$$

式中　p_{cj}——复合地基极限承载力；

p_{pj}——低强度桩极限承载力；

p_{sj}——桩间土极限承载力；

m——面积置换率（即桩面积与总面积之比）；

λ_s——桩达到极限承载力时，桩间土极限承载力发挥度系数。

（2）当桩间土先达到极限承载力时

$$p_{cj} = m\lambda_p p_{pj} + (1 - m)p_{sj} \quad (4\text{-}2)$$

式中 λ_p——桩间土达到极限承载力时，低强度桩极限承载力发挥度系数。式中其他符号意义同式（4-1）。

根据工程经验采用低强度桩复合地基大多数是桩先达到极限承载力，因而常采用式（4-1）进行计算。

低强度桩的极限承载力一般由单桩静荷载试验得到，桩间土的极限承载力可以通过荷载大板试验得出。

将式（4-1）或式（4-2）计算出的复合地基承载力极限值除以安全系数 2 后即可得到复合地基承载力特征值 p_c。

第四节 复合地基理论的工程应用

从图 4-2 复合地基 $P \sim s$ 曲线中可以看出，地基加固处理后，复合地基的承载力比天然地基高 3 ~4 倍；比散体桩单桩的承载力高 1.5 ~2 倍；比桩间土高 1 ~1.5 倍，说明采用复合地基理论效果显著，可以节省工程造价。

1. 散体桩复合地基承载力计算

桩体复合地基承载力的计算思路通常是先分别确定桩体的承载力和桩间土的承载力，然后根据一定的原则叠加这两部分承载力得到复合地基的承载力。复合地基的极限 P_{cf} 可表示为

$$p_{cf} = k_1\lambda_1 m p_{pf} + k_2\lambda_2(1 - m)p_{sf} \quad (4\text{-}3)$$

式中 P_{pf}——单桩极限承载力（kPa）；

P_{sf}——天然地基极限承载力（kPa）；

k_1——反映复合地基中桩体实际极限承载力与单桩极限

承载力不同的修正系数；

k_2——反映复合地基中桩间土实际极限承载力与天然地基极限承载力不同的修正系数。

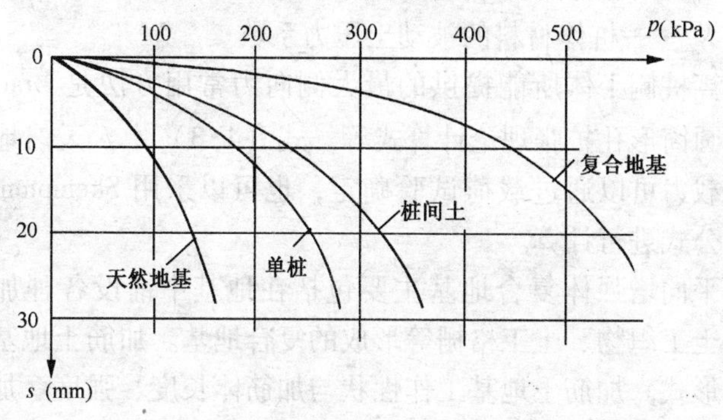

图4-2 复合地基 $P\sim s$ 曲线

（1）为复合地基破坏时，桩体发挥其极限强度的比例，称为桩体极限强度发挥度；（2）为复合地基破坏时，桩间土发挥其极限强度的比例，称为桩间土极限强度发挥度；m 为复合地基置换率，$m=A_p/A$，其中 A_p 为桩体面积，A 为对应的加固面积。

复合地基的容许承载力 p_{cc} 计算式为

$$p_{cc}=\frac{p_{cf}}{K} \tag{4-4}$$

式中 K——为安全系数。

当复合地基加固区下卧层为软弱土层时，按复合地基加固区容许承载力计算基础的底面尺寸后，尚需对下卧层承载力进行验算。

式（4-3）中，桩体极限承载力可通过现场试验确定。如无试验资料，对刚性桩和柔性桩的桩体极限承载力可采用类似摩擦桩的极限承载力计算式估算。散体材料桩桩体的极限承载力主要取决于桩侧土体所能提供的最大侧限力。

散体材料桩在荷载作用下。桩体发生鼓胀，桩周土进入塑性状态，可通过计算桩间土侧向极限应力计算单桩极限承载力。其

一般表达式可表示为

$$p_{pk} = \sigma_{ru} K_p \tag{4-5}$$

式中　σ_{ru}——桩侧土体所能提供的最大侧限力（kPa）;

K_p——桩体材料的被动土压力系数。

计算桩侧土体所能提供的最大侧向力常用方法是 Brauns 计算式，圆筒形孔扩张理论计算式等。式（4-3）中，天然地基的极限承载力可以通过载荷试验确定，也可以采用 Skempton 极限承载力公式进行计算。

水平向增强体复合地基主要包括在地基中铺设各种加筋材料，如土工织物、土工格栅等形成的复合地基。加筋土地基是最常用的形式。加筋土地基工作性状与加筋体长度、强度、加筋层数以及加筋体与土体间的黏聚力和摩擦系数等因素有关。水平向增强体复合地基破坏可具有多种形式，影响因素也很多。到目前为止，水平向增强体复合地基的计算理论尚不成熟，其承载力可通过载荷试验确定。

2. 复合地基中稳定分析

在复合地基设计时有时还需要进行稳定分析。如路堤下复合地基不仅要验算承载力，还需要验算稳定性。稳定性分析方法很多，一般可采用圆弧分析法计算。圆弧分析法计算原理如图 4-3 所示。

在圆弧分析法中，假设地基土的滑动面呈圆弧形。在圆弧滑动面上，总剪切力记为 T，总抗剪力记为 S，则沿该圆弧滑动面发生滑动破坏的安全系数 K 为

$$K = \frac{S}{T} \tag{4-6}$$

取不同的圆弧滑动面可得到不同的安全系数值，通过试算可以找到最危险的圆弧滑动面，并可确定最小的安全系数值。通过圆弧分析法即可根据要求的安全系数计算地基承载力，也可按确定的荷载计算地基在该荷载作用下的安全系数。

在圆弧分析法计算中，假设的圆弧滑动面往往经过加固区和

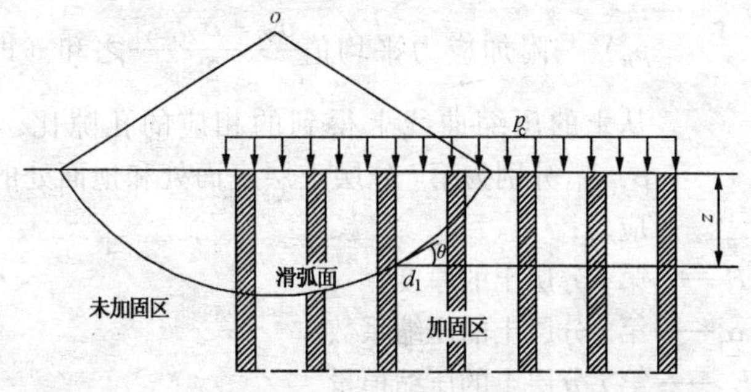

图 4-3　圆弧分析法

未经过加固区。地基的强度应分区计算。加固区和未经过加固区土体应采用不同的强度指标。未加固区采用天然土体强度指标。未加固区土体强度指标可采用复合土体综合强度指标，也可分别采用桩体和桩间土的强度指标计算。

复合地基加固区复合土体的抗剪强度 τ_c 可用下式表示

$$\begin{aligned}\tau_c &= (1-m)\tau_s + m\tau_p \\ &= (1-m)[c + (\mu_s p_c + \gamma_s Z)\cos^2\theta\tan\varphi_s] \\ &\quad + m(\mu_p p_c + \gamma_p Z)\cos^2\theta\tan\varphi_p \end{aligned} \tag{4-7}$$

3. 复合地基沉降计算

下卧层压缩量 s_2 的计算常采用分层总和法，即

$$s_2 = \sum_{i=1}^{n}\frac{e_{1i}-e_{2i}}{1+e_{1i}}H_i = \sum_{i=1}^{n}\frac{\alpha_i(p_{2i}-p_{1i})}{1+e_i}H_i = \sum_{i=1}^{n}\frac{\Delta p_i}{E_{si}}H_i \tag{4-8}$$

式中　e_{1i}——根据第 i 分层的自重应力平均值 $\frac{\sigma_{ci}+\sigma_{c(i-1)}}{2}$（即 p_{fi}）从土的压缩曲线上得到的相应的孔隙比；σ_{ci} 和 $\sigma_{c(i-1)}$ 分别为第 i 分层土层底面处和顶面处的自重应力；

e_{2i}——根据第 i 分层的自重应力平均值 $\frac{\sigma_{ci}+\sigma_{c(i-1)}}{2}$（即

p_{fi}）与附加应力平均值$\frac{\sigma_{Zi}+\sigma_{Z(i-1)}}{2}$之和（即 p_{2i}）从土的压缩曲线上得到的相应的孔隙比，σ_{zi}和$\sigma_{z(i-1)}$分别为第 i 分层土层底面处和顶面处的附加应力；

H_i——第 i 分层土的厚度；

α_i——第 i 分层土的压缩系数；

E_{si}——第 i 分层土的压缩模量。

在计算下卧层压缩量 s_2 时，作用在下卧层上的荷载是比较难以精确计算的。目前在工程应用上，常采用下述几种方法计算：

（1）应力扩散法

这是工程上应用较多的方法。如图 4-4 所示，设复合地基上作用荷载为 p，作用宽度为 B，长度为 D，加固区厚度为 h，压力扩散角为 θ，则作用在下卧层上的荷载 p_b 为

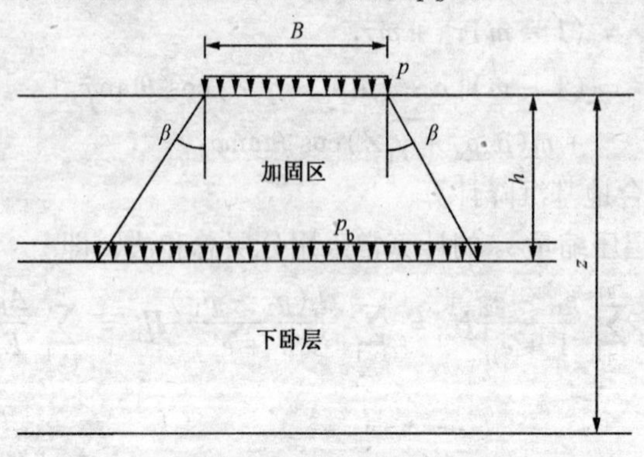

图 4-4 应力扩散法

$$p_b=\frac{DBp}{(B+2h\tan\theta)(D+2h\tan\theta)} \tag{4-9}$$

对平面应变情况，式（4-9）简化为

$$p_b=\frac{Bp}{B+2h\tan\theta} \tag{4-10}$$

(2) 等效实体法

当桩距较小时，多采用此法。如图 4-5 所示，将复合地基加固区视为一等效实体，作用在下卧层上的荷载作用面与作用在复合地基上的相同。设复合地基上荷载为 P，作用宽度为 B，长度为 D，加固区厚度为 h, f 为等效实体侧摩阻力，则作用在下卧层上的荷载 p_b 为

$$p_b = \frac{BDp - (2B + 2D)kf}{BD} \tag{4-11}$$

对平面应变情况，式（4-11）可简化为

$$p_b = p - \frac{2h}{B}f \tag{4-12}$$

在各类实用计算方法中，通常把复合地基沉降量分为两部分，复合地基加固区压缩量和下卧层压缩量，如图 4-5 所示。图中 h 为复合地基加固区厚度，Z 为荷载作用下地基压缩层厚度。复合地基加固区的压缩量记为 s_1，地基压缩层厚度内加固区下卧层厚度为（$Z-h$），其压缩量记为 s_2。于是，在荷载作用下复合地基的总沉降量 s 可表示为这两部分之和，即：

$$s = s_1 + s_2 \tag{4-13}$$

复合地基加固区土层的压缩量 s_1 的计算方法主要有下述三种：复合模量法（E_c 法）、应力修正法（E_S 法）和桩身压缩量法（E_p 法）。三种方法中复合模量法应用较多。加固区下卧层土层压缩量 s_2 的计算常采用分层总和法计算。在工程应用上，作用在下卧层上的荷载常采用下述三种方

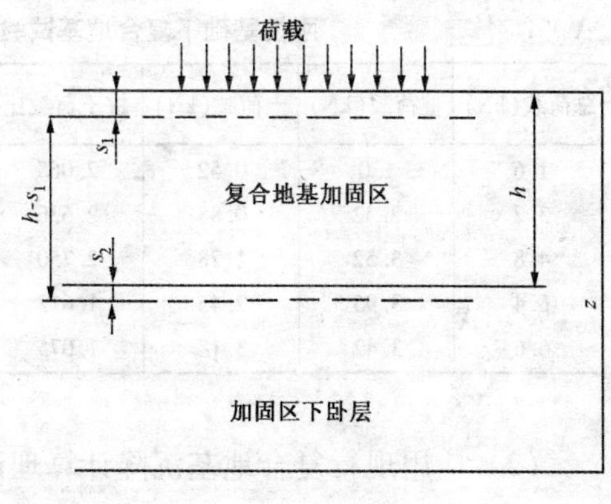

图 4-5　等效实体法

法计算：压力扩散法、等效实体法和改进 Geddes 法。

复合地基的沉降计算也可采用有限单元法。在几何模型处理上大致上可以分为两类：①把单元分为增强体单元和土体单元两类，增强体单元如桩体单元、土工织物单元等，并根据需要在增强体单元和土体单元之间设置或不设置界面单元；②可以把单元分为加固区复合土体单元和非加固区土体单元两类，复合土体单元采用复合体材料参数。

4. 复合地基沉降变形理论在不同刚度基础下的应用

复合地基沉降变形理论，是基于桩土变形一致的刚性基础下的复合地基建立的，在桩土变形不一致的柔性基础中应用时，误差较大，为此通过模型试验成果及实际工程的实测值与理论计算值进行比较，分析误差及原因，并就解决办法进行介绍。

（1）模型试验应用结果

就不同刚度基础下复合地基性状进行过模型试验。淤泥质黏土中，采用静压成孔、分层回填法，制作直径 120mm、长 2m、水泥掺入量 18% 的模型桩，桩底、桩身、桩头埋没测试元件与设备，用铁板上加荷模拟刚性基础、用相同底面积正方形木斗、内装砂法模拟柔性基础，置换率采用 15%，分别进行了四组试验，主要成果见表 4-1、表 4-2。

刚性基础下复合地基试验结果　　表 4-1

总荷载(kN)	桩荷载(kN)	土荷载(kN)	桩土荷载比	桩土应力比	计算变形(mm)
1.6	1.0	0.52	2.065	11.75	0.72
3.2	2.32	0.88	2.636	15.00	1.25
4.8	3.52	1.28	2.750	15.65	1.95
6.4	3.95	2.45	1.612	9.17	4.90
6.6	3.42	3.18	1.075	6.12	10.00

（2）应用现行复合地基沉降计算理论，对上述试验结果进行计算，计算结果见表 4-3、表 4-4。

柔性基础下复合地基试验结果　　表 4-2

总荷载(kN)	桩荷载(kN)	土荷载(kN)	桩土荷载比	桩土应力比	计算变形(mm)
1.6	0.36	0.124	0.290	1.65	1.38
2.3	0.47	0.183	0.257	1.46	2.00
3.0	0.57	0.243	0.190	1.08	2.94
3.65	0.62	0.303	0.205	1.17	3.92
4.25	0.69	0.358	0.193	1.10	5.82

刚性基础下复合地基模型试验计算结果　　表 4-3

荷载（kN）	桩土应力比	复合模量法（mm）	应力修正法（mm）	实测值（mm）
0.160	11.75	0.62	0.87	0.72
0.320	15.00	1.23	1.55	1.25
0.480	15.65	1.85	2.28	1.95
0.640	9.17	2.47	3.87	4.90
0.660	6.12	2.54	4.71	10.00

柔性基础下复合地基模型试验计算结果　　表 4-4

荷载（kN）	桩土应力比	复合模量法（mm）	应力修正法（mm）	实测值（mm）
0.160	1.65	0.62	1.66	1.38
0.230	1.46	0.89	2.44	2.00
0.300	1.08	1.16	3.33	2.94
0.365	1.17	1.41	4.01	3.92
0.425	1.10	1.64	4.71	5.82

(3) 实测资料分析

上三线 K29 +129 号段是一级汽车专用公路沿海大通道浙江段的重要组成部分。第五合同段第 K29 + 129 号段采用桩径 500mm，桩长 15，置换率为 20% 的水泥搅拌桩复合地基对软土地基进行处理。根据模型试验取桩土应力比为 5。上三线第五合同段土层的基本情况汇总于表 4-5。

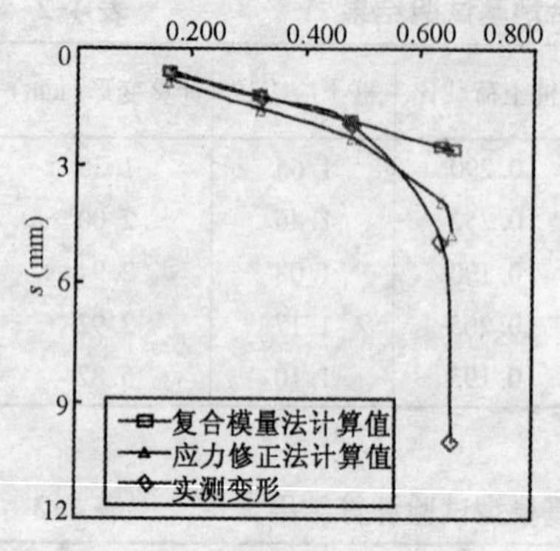

图 4-6 刚性基础计算结果与实测结果比较

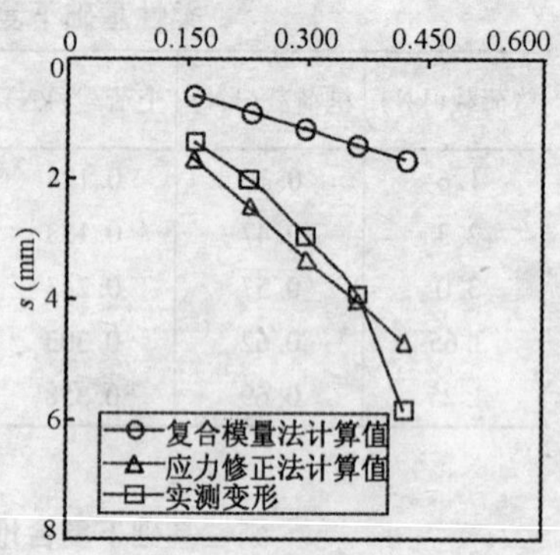

图 4-7 柔性基础计算结果与实测结果比较

上三线第五合同段土层基本情况　　表 4-5

层次	名　称	层厚（m）	γ（kN/m）^{3}	ω	E_s（MPa）
Ⅰ1	亚黏土	2.5	19.4	27.4	7.23
Ⅱ2	淤泥质黏土	10	17.3	46.3	3.20
Ⅲ3	亚黏土	2.5	19.4	26.6	4.18
Ⅳ1	黏　土	5	19.4	25.6	10.10

应用现行复合地基沉降理论结合上述工程进行计算，见表 4-6。

K29 + 129 号段复合地基计算结果与实际沉降比较　　表 4-6

填土高度（m）	实际沉降（mm）	复合模量法（mm）	土应力比法（mm）
1.15	44	28.1	73.2
1.72	80	42	109.5
1.74	82	42.5	110.9
2.62	150	63.9	166.9

计算沉降与实际沉降比较见图 4-8。

(4) 试验结果与实测资料对比分析

从现行复合地基沉降变形理论在上述模型试验及工程实例中的应用结果看，在刚性基础下，当荷载不超过复合地基的承载力标准值时，复合模量法得到的计算值能够较好地接近试验结果，并且在荷载水平不超过1.5倍复合地基的承载力标准值时，两者的差距随荷载水平的增长始终能够保持在可以接受的范围内。因此对荷载水平不超过复合地基承载力1.5倍的情况时，现有的复合地基沉降的计算公式在刚性基础下是可行的。

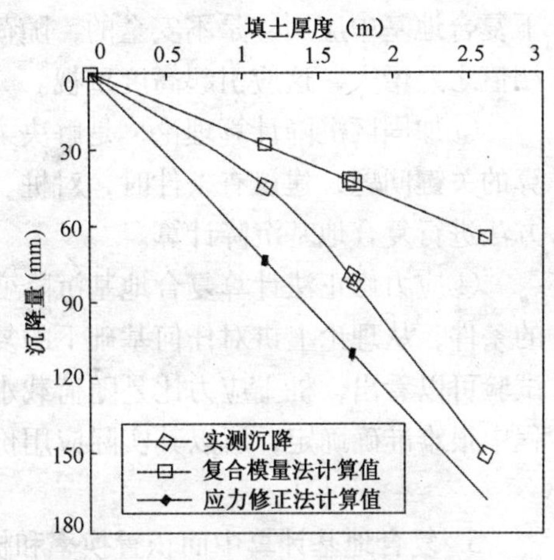

图4-8　K29+129号段计算沉降与实际沉降比较

现有复合地基沉降变形理论在柔性基础下复合地基中应用时，即使在荷载水平较低时理论值也小于实际值，且随着荷载水平的增加，两者的差距扩大。可见该理论在柔性基础下复合地基中的应用是不合理，不安全的。

出现上述情况的原因是因为：复合模量的表达式认为桩和土的变形，并且利用弹性力学平面问题理论将桩土的模量按面积加权综合考虑，这样就充分考虑了桩强度的发挥，这些假设比较符合刚性基础下复合地基变形的实际情况，因此复合模量法用在刚性基础中能够取得比较好的结果。而在柔性基础下，桩和土的变形有不协调的趋势，桩有相对刺入柔性基础中的趋势，桩的强度并不能充分发挥，这与复合模量法计算假设相差较大，因此会造成实测值比理论值大得多的情况。

(5) 小结

①现行复合地基沉降变形理论，在荷载水平不大的刚性基础

下应用时，是安全可靠的；但荷载水平超过复合地基承载力标准值1.5倍时，应考虑其安全性。

②现行复合地基沉降变形理论，在以公路为代表的柔性基础下复合地基中应用，是不安全的，随荷载水平增加，计算值与实测值之差增大，这应引起高度重视。

③加固区沉降计算理论，是解决柔性基础下复合地基沉降计算的关键问题，建议有条件时，对桩、土、基础三者采用有限元方法进行复合地基沉降计算。

④应力修正法计算复合地基沉降变形时未采用桩土变形一致的条件，从理论上讲对任何基础下的复合地基均适用，但从模型试验可以看出，桩土应力比是随荷载水平变化而变化的，实际工程中很难准确确定，所以其实际应用价值很低。

（吴慧明、陈洪、候涛）

5. 复合地基计算中面积置换率和桩土应力比

(1) 面积置换率

复合地基置换率（replacement ratio of composite foundation）

复合地基置换率概念应用于桩体复合地基，是指桩体的横断面积与该桩体所对应（或所承担）的复合地基面积的比值。

竖向增强体复合地基中，竖向增强体习惯上称为桩体，基体称为桩间土体。若桩体的横截面积为 A_p，该桩体所承担的加固面积为 A，则复合地基面积置换率的定义为

$$m = \frac{A_p}{A_s} \tag{4-14}$$

实际工程中，由于地基土性质的变化、上部结构荷载的不均匀性以及基础平面尺寸等因素的影响，不可能在整个基础下都是等间距布桩。对只在基础下布桩的复合地基，桩的截面面积之和与基础总面积相等的复合土体面积之比，称为平均面积置换率。

桩体在平面上的布置形式最常用的有三种：正方形布置、等边三角形布置和矩形布置。三种布置形式如图 4-9 所示。

若桩体为圆形，直径为 d，则对等边三角形布置、正方形布

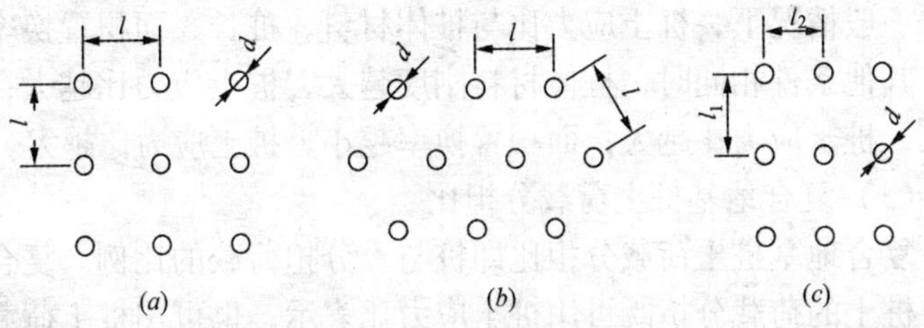

图 4-9 桩体平面布置形式

（*a*）正方形布置；（*b*）等边三角形布置；（*c*）长方形布置

置和矩形布置的情形，复合地基面积置换率分别为：

$$m = \frac{\pi d^2}{2\sqrt{3}s^2}\text{(等边三角形布置)} \tag{4-15}$$

$$m = \frac{\pi d^2}{4s^2}\text{(正方形布置)} \tag{4-16}$$

$$m = \frac{\pi d^2}{4s_1 s_2}\text{(长方形布置)} \tag{4-17}$$

上三式中 s——等边三角形布桩和正方形布桩时的桩间距；

s_1、s_2——长方形布桩时的行间距和列间距。

（2）复合地基桩土应力比

桩土应力比（pile-soil stress ratio）

复合地基加固区桩体的竖向应力和桩间土的竖向应力之比。

对某一复合土体单元，在荷载作用下，假设桩顶应力为 σ_p，桩间土表面应力为 σ_s，则桩土应力比 n 为

$$n = \sigma_p / \sigma_s \tag{4-18}$$

实际工程中，即使是单一桩型的复合地基，由于桩处在基础下的部位不同或桩距不同，桩土应力比 n 也不同。将基础下桩的平均桩顶应力与桩间土平均应力之比定义为平均桩土应力比。

基础下的平均桩土应力比是反映桩土荷载分担的一个参数，当其他参数相同时，桩土应力比越大，桩承担的荷载占总荷载的百分比越大。此外，桩土应力比对某些桩型（例如碎石桩）也是复合地基的设计参数。

一般情况下，桩土应力比与桩体材料、桩长、面积置换率有关。其他条件相同时，桩体材料刚度越大，桩土应力比越大；桩越长，桩土应力比越大；面积置换率越小，桩土应力比越大。

（3）复合地基桩土荷载分担比

复合地基桩土荷载分担比即桩与土分担荷载的比例。复合地基中桩土的荷载分担既可用桩土应力比表示，也可用桩土荷载分担比 δ_p、δ_s 表示：

$$\delta_p = p_p/p \tag{4-19}$$

$$\delta_s = p_s/p \tag{4-20}$$

上两式中 p_p——桩承担的荷载；

p_s——桩间土承担的荷载；

p——总荷载。

当平均面积置换率 m 已知后，桩土荷载分担比和桩土应力比可以相互表示。

当测得了桩土荷载分担比 δ_p、δ_s 后，可求得桩顶平均应力

$$\sigma_p = \frac{p\delta_p}{A_p} = \frac{p\delta_p}{mA} \tag{4-21}$$

桩间土平均应力为

$$\sigma_s = \frac{p\delta_s}{A_s} = \frac{p\delta_s}{(1-m)A} \tag{4-22}$$

桩土应力比为

$$n = \frac{\delta_p}{\sigma_s} = \frac{(1-m)\delta_p}{m\delta_s} \tag{4-23}$$

式（4-23）为用桩土荷载分担比来表示桩土应力比的表达式。

同样，当测定了桩土应力比后，可求得桩土荷载分担比。用桩土应力比表示的任一荷载时的力平衡方程为

$$\frac{p}{A} = [1 + m(n-1)]\sigma_s$$

$$\sigma_s = \frac{p}{A[1 + m(n-1)]}$$

$$\sigma_p = n\sigma_s = \frac{np}{A[1 + m(n-1)]}$$

$$p_p = \sigma_p A_p = \frac{mnp}{1 + m(n-1)}$$

$$\delta_p = \frac{p_p}{p} = \frac{mn}{1 + m(n-1)} \tag{4-24}$$

$$p_s = \sigma_s A_s = \frac{p(1-m)}{1 + m(n-1)}$$

$$\delta_s = \frac{p_s}{p} = \frac{1-m}{1 + m(n-1)} \tag{4-25}$$

式（4-24）、式（4-25）即为用桩土应力比表示的桩土荷载分担比。

（4）复合模量

复合模量表征复合土体抵抗变形的能力，数值上等于某一应力水平时复合地基应力与复合地基相对变形之比。通常复合模量可用桩抵抗变形能力与桩间土抵抗变形能力的某种叠加来表示。计算式为

$$E_{sp} = mE_p + (1-m)E_s \tag{4-26}$$

式中 E_p——桩体压缩模量；

E_s——桩间土压缩模量；

E_{sp}——复合模量。

式（4-26）是在某些特定的理想条件下导出的，其条件为：①复合地基上的基础为绝对刚性；②桩端落在坚硬的土层上，即桩没有向下的刺入变形。

上式的缺陷在于不能反映桩长的作用和桩端阻效应。

实际工程中，桩的模量直接测定比较困难。通过假定桩土模量比等于桩土应力比，采用复合地基承载力的提高系数计算复合模量。

承载力提高系数 ζ 由下式计算

$$\zeta = \frac{f_{spk}}{f_{ak}} \tag{4-27}$$

ζ 也是模量提高系数，复合土层的复合模量为

$$E_{sp}=\zeta E_{s} \tag{4-28}$$

6. 竖向增强体复合地基承载力计算

竖向增强体复合地基又称为桩体复合地基。现有的桩体复合地基承载力计算公式认为复合地基承载力是由桩体的承载力和地基承载力两部分组成的。如何合理估计两者对复合地基承载力的贡献是桩体复合地基计算的关键。

复合地基在荷载作用下破坏时，一般情况下桩体和桩间土两者不可能同时达到极限状态。若复合地基中桩体先发生破坏，则复合地基破坏时桩间土承载力发挥度达到多少是需要估计的；若桩间土先发生破坏，复合地基破坏时桩体承载力发挥度达到多少也只能估计。复合地基中的桩间土的极限荷载与天然地基的是不同的。同样，复合地基中的桩所能承担的极限荷载与一般单桩也是不同的。

桩体复合地基中，散体材料桩、柔性桩和刚性桩的荷载传递机理是不同的。桩体复合地基上基础刚度大小、是否设置垫层、垫层的厚度等都对复合地基受力性状有较大影响，在桩体复合地基承载力计算中都要考虑这些因素的影响。因此，桩体复合地基的承载力计算比较复杂。

桩体复合地基承载力计算的两种方法：

（1）分别确定桩体的承载力和桩间土的承载力，根据一定的原则叠加两部分得到复合地基的承载力。

（2）将桩体和桩间土组成的复合地基作为整体来考虑，确定复合地基的极限承载力

$$p_{cf}=K_{1}\lambda_{1}mp_{pf}+K_{2}\lambda_{2}(1-m)p_{sf} \tag{4-29}$$

式中 p_{pf}——桩体极限承载力（kPa）；

p_{sf}——天然地基极限承载力（kPa）；

K_1——反映复合地基中桩体实际极限承载力与单桩极限承载力不同的修正系数，与地基土质情况、成桩方法等因素有关，一般大于1.0；

K_2——反映复合地基中桩间土实际极限承载力与天然地基极限承载力不同的修正系数，与地基土质情况、成桩方法等因素有关，可能大于 1.0，也可能小于1.0；

λ_1——复合地基破坏时，桩体发挥其极限强度的比例，也称为桩体极限强度发挥度；

λ_2——复合地基破坏时，桩间土发挥其极限强度的比例，也称为桩间土极限强度发挥度；

m——复合地基面积置换率。

系数 K_1 和 K_2 与工程地质情况、桩体设置方法、桩体材料等因素有关。由于复合地基种类很多，目前很难对各种不同的复合地基分别给出 K_1 和 K_2 值。这有待于理论研究和工程实践经验的积累。

若能有效地确定复合地基中桩体和桩间土的实际极限承载力，而且破坏模式是桩体先破坏引起复合地基全面破坏，则承载力计算式（4-29）可改写为

$$p_{cf} = mp_{pf} + \lambda(1 - m)p_{sf} \tag{4-30}$$

式中 p_{pf}——桩体实际极限承载力（kPa）；

p_{sf}——桩间土实际极限承载力（kPa）；

m——复合地基面积置换率；

λ——桩体破坏时，桩间土极限强度发挥度。

复合地基的容许承载力 p_{cc} 计算式为：

$$p_{cc} = \frac{p_{cf}}{K} \tag{4-31}$$

式中 K——安全系数。

采用承载力特征值表示，类似式（4-30）的复合地基承载力特征值 f_{spk} 可用下两式表示

$$f_{spk} = mf_{pk} + \beta(1 - m)f_{sk} \tag{4-32}$$

$$f_{spk} = m\frac{R_a}{A_p} + \beta(1 - m)f_{sk} \tag{4-33}$$

式中 f_{spk}——复合地基承载力特征值（kPa）;

m——复合地基面积置换率;

f_{pk}——桩体承载力特征值（kPa）;

f_{sk}——处理后桩间土承载力特征值（kPa）;

R_a——单桩竖向承载力特征值（kN）;

A_p——桩的截面积（m^2）;

β——桩间土承载力折减系数。

在上两式中，式（4-32）适用于散体材料桩和桩身强度较低的柔性桩复合地基，其中β通常可取1.0；式（4-33）适用于桩身强度较高的柔性桩和刚性桩复合地基，其中β通常小于1.0。

采用第二种方法计算复合地基极限承载力是将桩体和桩间土组成的复合土体作为整体来考虑，常用稳定分析法计算。

上述介绍的复合地基承载力的计算公式是一个概念公式，由于地基处理的各类散体桩、柔性桩的桩体材料和施工方法不同，复合地基的置换率、桩土应力比等有些修正。因此各种地基处理的复合地基承载力计算见本书第五章。

第五节　多元复合地基的计算

多元复合地基的概念、分类方法、承载力计算方法、沉降计算方法及检测方法，对多元复合地基设计施工中的若干问题进行了讨论，并列举了工程实例。实践表明，多元复合地基法具有较好的技术效果和经济效益。

1. 多元复合地基设计思路

近十多年来，地基处理技术得到很大发展。地基处理技术最新发展不仅反映在机械、材料、设计理论、施工工艺、现场监测技术以及地基处理新方法的不断发展等方面，而且反映在多种地基处理方法的综合应用方面。

鉴于竖向增强体复合地基中的三种类型桩（即散体材料桩、柔性桩和刚性桩）的承载能力和变形特性不同，每种地基处理方法都不是万能的，都有其适用范围和优缺点，现提出将竖向增强体复合地基中的三种类型桩中的两种甚至三种桩综合应用于加固软土地基，形成多元复合地基，以充分发挥各桩型的优势，大幅度提高地基承载力，减小地基沉降，从而取得良好的技术效果和经济效益。

在多元复合地基中，可将桩身强度较高的桩称为主桩，将强度较低的桩称为次桩。为此认为多元复合地基可分为两类：在第一类多元复合地基中，主桩的置换作用是复合地基承载力的主要部分，次桩起辅助作用；在第二类多元复合地基中，复合地基承载力的提高主要依靠次桩的作用，主桩仅布置在节点及荷载较大的承重墙下，达到减小沉降的目的，特别是对于深厚软土上的建筑物地基处理。工程实践表明，减小沉降的效果显著。

工程实践中曾经将石灰桩与深层搅拌桩联合应用于加固杂填土地基，将石灰桩与深层搅拌桩联合加固深厚软土，将 CFG 桩与石灰桩联合处理不均匀地基将粉煤灰混凝土桩与石灰桩联合应用于新回填土下卧深厚软土的复杂地质条件，将粉煤灰混凝土桩与深层搅拌桩联合应用于加固深厚软土，均取得了较好的效果。

2. 多元复合地基承载力的计算

根据面积加权原理，提出多元复合地基的承载力计算公式。根据多元复合地基种类不同，分别讨论其承载力计算方法。

(1) 第一类多元复合地基承载力计算

在第一类多元复合地基中，主桩的置换作用是复合地基承载力的主要部分，主桩作用为主，次桩及再次桩作用为辅。这一类多元复合地基中，多数由刚性桩、柔性桩（或散体材料桩）及土形成（如 CFG 桩和石灰桩），也可由柔性桩、散体材料桩及土形成（如石灰桩与碎石桩），也可由两种或两种以上刚度不同的柔性桩及土形成（如深层搅拌桩和石灰桩）。

计算公式是针对三元复合地基的，其他情形可类推，假设加固单元面积为 A，在加固单元内主桩和次桩的总截面积分别为 A'_{p1} 和 A'_{p2}，加固单元内桩间土的面积为 A_s，则

$$
\begin{cases}
m_1 = \dfrac{A'_{p1}}{A_e} \\
m_2 = \dfrac{A'_{p2}}{A_e} \\
A_s = A_e - A'_{p1} - A'_{p2}
\end{cases}
\tag{4-34}
$$

复合地基承载力共由三部分组成。

①当次桩为强度较高的柔性桩（如深层搅拌水泥土桩）时，采用下式计算复合地基承载力：

$$
f_{sp,k} = m_1 \frac{R_{k1}^{d}}{A_{p1}} + \beta_2 m_2 \frac{R_{k2}^{d}}{A_{p2}} + \beta(1 - m_1 - m_2) f_{sk} \tag{4-35}
$$

②当次桩为强度较低的柔性桩（如石灰桩、灰土挤密桩等）或散体材料桩（如碎石桩）时，采用下式计算复合地基承载力：

$$
f_{sp,k} = m_1 \frac{R_{k1}^{d}}{A_{p1}} + \beta_2 m_2 f_{pk2} + \beta(1 - m_1 - m_2) f_{sk} \tag{4-36}
$$

式中 m_1，m_2——主桩和次桩的面积置换率；

R_{k1}^{d}，R_{k2}^{d}——主桩和次桩的单桩承载力标准值（kN）；

A_{p1}，A_{p2}——主桩和次桩的单桩横截面积（m^2）；

$f_{sp,k}$——复合地基承载力标准值（kPa）；

f_{pk2}——次桩的桩体强度（kPa）；

f_{sk}——桩间土承载力标准值（kPa）；

β，β_2——桩间土和次桩承载力发挥度系数，一般小于1.0，与主桩、次桩类别、桩长及强度有关，也与桩间土及桩端土的类别及强度有关。

（2）第二类多元复合地基承载力计算

对于第二类多元复合地基，主桩的数量较少，仅布置在节点或荷载较大处，其主要目的是减小沉降，地基承载力提高主要依靠次桩的置换作用。实际工程中，可按以下两种情形考虑。

①第一种情形

考虑主桩分担一定的荷载，根据桩的类型及地质条件采用经验参数法计算单桩承载力，扣除主桩承受的荷载后，剩余荷载即由次桩形成的复合地基承担。显然，复合地基中的桩间土体强度由于次桩的加固作用面提高，在采用经验参数法计算单桩承载力时，采用规范表格中侧摩阻参数是偏于安全的。

②第二种情形

将主桩的承载作用作为安全储备，仅考虑次桩形成的复合地基承担上部结构荷载，此种情形即由三元复合地基蜕化为二元复合地基，复合地基承载力按通常的计算公式计算即可。

3. 多元复合地基沉降计算方法

以三元复合地基为例讨论其沉降，该方法可方便地推广到四元甚至更多元复合地基沉降计算中。

（1）第一类多元复合地基沉降计算方法

在第一类多元复合地基中，沉降计算分为两种情形考虑：第一种情况，主桩与次桩的桩长相等；第二种情况，主桩桩长大于次桩。第一种情形在工程中应用较少。由于主桩桩体强度比次桩桩体强度高，当主桩与次桩均为柔性桩时，主桩比次桩的临界桩桩长（如深层搅拌水泥土桩与石灰桩），为提高复合地基承载力和减小沉降，主桩比次桩的设计桩长应长一些；当主桩为刚性桩而次桩为柔性桩时（如粉煤灰混凝土桩和深层搅拌水泥土桩），由于主桩桩身强度高，可全桩长发挥桩的侧阻，桩端落在好土层也可很好地发挥端阻作用，因而单桩承载力高且沉降较小，在保证工程安全可靠的前提下，出于经济性考虑，次桩没有必要与主桩等长。下面分别给出两种情形下多元复合地基的沉降计算方法。

①第一种情形（主桩与次桩桩长相等）

由于主桩与次桩的桩长相等，因此加固区土层厚度即等于桩长，复合地基总沉降 s 由加固区沉降 s_1 和下卧层沉降 s_2 组成，即

$$s = s_1 + s_2 \tag{4-37}$$

加固区土层压缩量 s_1 可采用复合模量法计算。将多元复合地基中的主桩、次桩及地基土视为复合土体，采用复合压缩模量

E_{cs}来评价复合土体的压缩性，采用分层总和法计算复合地基加固区压缩量 s_1，其表达式为

$$s_1 = \sum_{i=1}^{n} \frac{\Delta p_i}{E_{csi}} H_i \tag{4-38}$$

式中 Δp_i——第 i 层复合土层上附加应力增量（kPa）；

H_i——第 i 层复合土层厚度（m）；

E_{csi}——第 i 层复合土层的复合压缩模量（MPa）。

建议 E_{csi} 值通过面积加权法计算，也可通过试验确定。对于三元复合地基，加权平均法计算 E_{cs} 的表达式为

$$E_{cs} = m_1 E_{p1} + m_2 E_{p2} + (1 - m_1 - m_2) E_s \tag{4-39}$$

式中 E_{p1}、E_{p2}——主桩、次桩桩体变形模量（MPa）；

E_s——土体压缩模量（MPa）。

多元复合地基加固区下卧土层压缩量 s_2 可采用分层总和法计算。在分层总和法计算中，对于主桩与次桩等桩长的情形，由于桩不是特别长，建议采用应力扩散法计算作用在下卧层土体上的附加应力。

②第二种情形（主桩比次桩的桩长长）

在此种情形，对于主桩或次桩为不同类型的桩，建议采用不同的计算方法。首先讨论加固区复合土层的压缩量 s_1 的计算方法。

若主桩和次桩均为柔性桩或主桩为柔性桩而次桩为散体材料桩，加固区土层压缩量 s_1 由两部分组成：

$$s_1 = s_1' + s_1'' \tag{4-40}$$

式中 s_1'——次桩桩长范围内加固土层的压缩量；

s_1''——次桩桩端至主桩桩端范围内加固土层的压缩量。

s_1' 的计算方法可采用分层总和法

$$s_1' = \sum_{i=1}^{n} \frac{\Delta p_i}{E_{csi}} H_i \tag{4-41}$$

式中符号含义同式（4-38），复合土层压缩模量 E_{cs} 采用面积加

权法，用式（4-39）计算。

s_1''的计算方法也可采用分层总和法，但其中复合土层压缩模量以采用下式计算：

$$E_{cs} = m_1 E_{pl} + (1 - m_1) E_s \tag{4-42}$$

若主桩为刚性桩，次桩为柔性桩，则复合地基加固区土层压缩量 s_1 亦由两部分组成：

$$s_1 = s_1' + s_1'' = \sum_{i=1}^{n_1} \frac{\Delta p_i}{E_{csi}} H_i + \sum_{i=n_1+1}^{n_2} \frac{\Delta \sigma_{nj}}{E_{csj}} H_j \tag{4-43}$$

式中 s_1'——柔性桩桩长范围内压缩量（m）；

s_1''——柔性桩桩端至刚性桩桩端范围内压缩量（m）；

n_1——柔性桩桩长范围内土的分层数；

n_2——整个加固区范围内土的分层数：

E_{csi}——第 i 层复合土层的复合压缩模量（MPa），用式（4-39）计算；

$\Delta\sigma_{nj}$——扣除刚性桩承担荷载后柔性桩和桩间土应力 σ_s 在加固区第 j 层土产生的平均附加应力（kPa）；

E_{csj}——第 j 层复合土层的复合压缩模量（MPa），用式（4-42）计算；

H_i——加固区第 i 层土的分层厚度（m）；

H_j——加固区第 j 层土的分层厚度（m）。

由于在第一类多元复合地基中，主桩的置换率较大，主桩起主要的置换作用，而且主桩较长，建议采用实体基础法计算作用在下卧土层上的附加应力，采用分层总和法计算下卧土层压缩量 s_2。

（2）第二类多元复合地基沉降计算方法

第二类多元复合地基中，由于主桩的置换率很小，主桩的置换作用较小，绝大部分荷载由次桩及桩间土承担，而主桩仅布置在节点或荷载较大处，因此第二类多元复合地基沉降计算方法与第一类多元复合地基沉降计算方法有较大区别，建议用下面两种计算方法。

①第一种计算方法：采用复合模量法计算加固区土层的压缩量 s_1，采用改进的 Geddes 法计算下卧土层的压缩量 s_2。

s_1 可采用式（4-38）计算，但下卧土层附加应力 p_b 应采用改进的 Ceddes 法计算。

S. D. Geddes 将长度为 L 的单桩在荷载 Q 作用下对地基土产生的作用力，视作桩端集中力 Q_p、桩侧均匀分布摩阻力 Q_r，和桩侧随深度线性增长的分布摩阻力 Q_t 三种形式荷载的组合。

S. D. Geddes 根据弹性理论半无限体中作用一集中力的 Mindlin 应力解积分，导出了单桩的上述三种形式荷载在地基中产生的应力计算公式。地基中的竖向应力 $\sigma_{z,Q}$ 可按下式计算：

$$\sigma_{z,Q} = \frac{Q_p K_p}{L^2} + \frac{Q_r K_r}{L^2} + \frac{Q_1 K_1}{L^2} \tag{4-44}$$

式中 K_p，K_r 和 K_t——竖向应力系数。

黄绍铭等建议采用下述方法计算下卧层土层中的应力。复合地基总荷载为 P，桩体承担荷载 P_p，桩间土承担荷载 $P_s = P - P_p$，桩间土承担的荷载 P_s 在地基中所产生的竖向应力 σ_{Z,P_s} 的计算方法和天然地基中的应力计算方法相同。桩体承担的荷载 P_p 在地基中所产生的竖向应力以采用 Geddes 法计算，然后叠加两部分应力得到地基中总的竖向应力

$$\sigma_z = \sum_{i=1}^{n} (\sigma_{z,Q_p^i} + \sigma_{z,Q_r^i} + \sigma_{z,Q_t^i}) + \sigma_{z,P_s} \tag{4-45}$$

②第二种计算方法为工程中的实用简化计算方法，即将总荷载扣除桩体承受的荷载后的剩余荷载作用在复合地基加固区上，其加固区土层和下卧层土层上的附加应力计算方法与天然地基中应力计算方法相同，复合地基加固区土层的复合压缩模量可用式（4-39）计算，也可采用下式计算：

$$E_{cs} = m_2 E_{p2} + (1 - m_2) E_s \tag{4-46}$$

显然，采用式（4-39）比采用式（4-46）会得到偏小的沉降量。

4. 多元复合地基检测方法

（1）多元复合地基中单桩检测

对于多元复合地基中的单桩桩身质量检测，可依照各类桩的检测法分别进行。刚性桩可采用低应变动力检测法检测桩身完整性，深层搅拌水泥土桩可采用轻便动力触探或抽芯检测，石灰桩可采用静力触探或轻便动力触探检测桩身强度和成桩质量，碎石桩可采用重型动力触探检测成桩质量。

（2）多元复合地基承载力检测直接法

①规范方法

对于一般的复合地基加固效果检测，《建筑地基处理技术规范》（JGJ 79—2002）规定采用复合地基静载荷试验。若为单桩复合地基静载荷试验，压板可采用圆形或方形，面积为单根桩承担的处理面积；多桩复合地基载荷试验的压板可采用方形或矩形，其尺寸按实际桩数所承担的处理面积确定。

在多元复合地基静载荷试验中，压板形状可采用方形或矩形，其尺寸根据实际桩数承担的处理面积确定。在确定多元复合地基承载力基本值时，当 Q-s 曲线上有明显的比例极限时，可取该比例极限所对应的荷载；当按相对变形值确定时，若属第一类多元复合地基，则以主桩复合地基的沉降比（规范规定值）确定，若属第二类多元复合地基，则以次桩复合地基的沉降比确定。例如，若 CFG 桩与石灰桩形成第一类多元复合地基，则沉降比 s/d 取 0.01；若 CFG 桩与深层搅拌水泥土桩形成第二类多元复合地基，则沉降比 s/b 或 s/d 宜取 0.004 ~ 0.01。

②平行四边形压板法

建议对于工程中有时采用矩形或方形压板难以准确合理地检测多元复合地基承载力时，在多元复合地基静载荷试验中可采用平行四边形压板法。

如图 4-10 所示，某条形基础布置 CFG 桩及深层搅拌水泥土桩，沿条基方向 CFG 桩与 CFG 桩、水泥土桩与水泥土桩之间的间距均为 1.5m，条基宽 1.2m。加固单元内包含 1 根 CFG 桩及 2

根深层搅拌水泥土桩，加固单元的面积为1.8m²，采用面积为1.8m²的平行四边形压板，如图4-10中虚线所示范围。若采用矩形或正方形压板，则难以选择合适的压板尺寸，使其面积为加固单元的面积。即使采用了1.5m×1.2m的矩形压板，面积正好为1.8m²，但压板下所压桩要么不能反映实际工作状态（压板包含了1根CFG桩和4根深层搅拌水泥土桩截面的一半，显然所得结果偏高），要么使加载时产生偏心（压板包含了1根CFG桩和2根深层搅拌水泥土桩，导致所得结果偏低）。

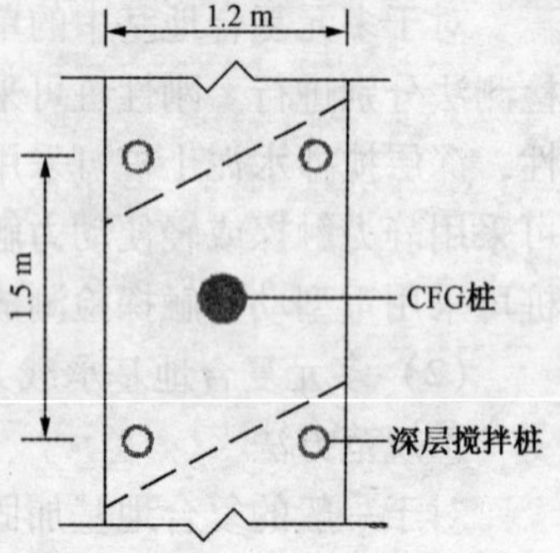

图4-10　多元复合地基静载荷试验

采用平行四边形压板时，应注意以下事项：①当按相对变形s/b取值时，b应取平行四边形中较短的一个高，或者取与平行四边形面积相等的正方形的边长；②平行四边形相邻边边长以及平行四边形相邻内角之差不宜过大，否则平行四边形的两锐角处容易产生应力集中而使土体过早产生挤出破坏；③由于平行四边形压板的平面尺寸比相同面积的方形板大，因此压板应具有较高刚度。

(3) 多元复合地基承载力检测间接法

除直接对多元复合地基进行静载荷试验检测外，也可采用间接法得到多元复合地基承载力。

所谓间接法就是分别对主桩或次桩进行单桩或复合地基静载荷试验，然后利用多元复合地基承载力计算公式计算出结果。

对于CFG桩与石灰桩形成的多元复合地基，可对CFG桩进行单桩静载荷试验，对石灰桩复合地基可进行单桩或多桩复合地基静载荷试验，然后按以下公式进行计算：

$$f_{sp,k} = m_1 \frac{R_k}{A_p} + f_{ck} \tag{4-47}$$

式中 $f_{sp,k}$——多元复合地基承载力标准值（kPa）；

m_1——CFG 桩面积置换率；

R_k——CFG 桩单桩承载力标准值（kN）；

A_p——CFG 桩（主桩）单桩截面积（m^2）；

f_{ck}——石灰桩（次桩）和桩间土的承载力之和（kPa），由下式计算

$$f_{ck} = m_2 f_{pk} + (1 - m_1 - m_2) f_{sk} \tag{4-48}$$

其中 m_2——石灰桩（次桩）面积置换率；

f_{pk}——石灰桩（次桩）的桩体强度（kPa）；

f_{sk}——桩间土承载力标准值（kPa）。

5. 工程实例

在 10 余项工程实践中选取 2 个典型的工程实例说明多元复合地基法的应用。其中工程实例 1 为第一类多元复合地基，工程实例 2 为第二类多元复合地基。

【工程实例 1】深层搅拌桩与石灰桩联合加固杂填土（1994 年）

某开发公司拟建 7 层砖混住宅楼，场地地质情况为：①杂填土，厚 4.5m，由水塘回填而成；②粉质黏土，厚 4.0m，f_k = 120kPa，E_s = 4.5MPa；③细砂，未钻穿，f_k = 160kPa，E_s = 6.8MPa。

共进行水泥粉喷桩、沉管灌注桩和开挖换填砂石三种方案的比选。水泥粉喷桩在杂填土中难以成桩，不易取得理想的加固效果；沉管灌注桩造价较高，且施工的振动和噪音会对四周紧邻的建筑物产生不良影响，亦不宜采用；换填砂石造价较高，垂直开挖深 5m 基坑会对相邻建筑物的安全构成威胁。

鉴于深层搅拌水泥土桩（浆喷法）加固杂填土成桩效果较好，且石灰桩具有较强的膨胀挤密桩间土的作用，采用深层搅拌水泥土桩与石灰桩形成多元复合地基，其中主桩（深层搅拌桩）起主要置换作用，次桩（石灰桩）起辅助作用，挤密杂填土，此多元复合地基属第一类多元复合地基。

本工程中深层搅拌水泥土桩桩径 500mm，桩长 5.5m，单桩

承载力标准值 100kN，石灰桩桩径 300mm，桩长 4. 0m。深层搅拌水泥土桩 240 根，石灰桩 286 根，复合地基承载力 180kPa。

工期 15d，进行了 3 组复合地基静载荷试验，复合地基承载力标准值 218kPa，满足设计要求。

该住宅楼竣工后 1 年，最大沉降 12mm，最大不均匀沉降 0. 8‰，该方案比沉管灌注桩方案和换填砂石方案节约造价 30%。

【工程实例 2】钻孔压灌混凝土桩与水泥粉喷桩联合加固深厚软土

(2000 年) 某学院拟建 7 层住宅楼，工程场地地质情况如下：①杂填土，厚 2. 0 ~ 3. 6m；②淤泥，厚 2. 2 ~ 4. 6m，f_k = 60kPa，E_s =2. 2MPa；③黏土，厚1. 5 ~3. 6m，f_k =195kPa，E_s = 8. 0MPa；④黏土，厚 1. 7 ~ 3. 0m，f_k = 145kPa，E_s = 5. 6MPa；⑤黏土，厚 8. 1 ~9. 8m，f_k =90kPa，E_s =3. 5MPa；⑥黏土，厚度未揭穿，f_k =150kPa，E_s =6. 0MPa。

设计考虑采用沉管灌注桩基础，由于施工振动和噪声的影响，经比较初步选用粉喷桩加固软土地基，但粉喷桩复合地基承载力难以提高，且存在软弱下卧层，建筑物沉降较大，最后采用多元复合地基，即粉煤灰混凝土桩与水泥粉喷桩与土体形成复合地基。喷粉桩桩径 500mm，桩长 6m，单桩承载力 80kN。粉煤灰混凝土桩桩径 350mm，桩长 16m，单桩承载力设计值 250kN。设计复合地基承载力 150kPa，共布置粉喷桩 916 根，粉煤灰混凝土桩 151 根。

此多元复合地基属第二类多元复合地基，即次桩（粉喷桩）的置换作用为主，主桩（粉煤灰混凝土桩）作为辅助桩，作减小沉降用。

9 组单桩及复合地基静载试验表明，承载力满足设计要求。该住宅楼已竣工半年，最大沉降 22mm，最大不均匀沉降 1. 3‰，该方案比沉管灌注桩基方案和单纯的粉煤灰混凝土桩（刚性桩）复合地基方案节约造价 30%。

6. 小结

（1）多元复合地基法在工程中能大幅度提高承载力，减小沉降，具有较好的经济性。

（2）多元复合地基中的竖向增强体可分为主桩和次桩，多元复合地基可分为第一类多元复合地基和第二类多元复合地基。

（3）根据面积加权原理，提出了第一类多元复合地基的承载力计算公式，同时，对于第二类多元复合地基给出了工程中实用的简化算法。

（4）对于第一类多元复合地基和第二类多元复合地基，可根据面积加权原理采用多元复合地基的复合压缩模量法计算沉降。

（5）多元复合地基除按规范选择矩形和方形压板进行复合地基静载荷试验外，还可采用平行四边形压板，除直接法外，可对多元复合地基承载力检测采用间接法。

（6）两类多元复合地基的工程实例表明，多元复合地基法技术效果较好，经济效益显著。

（郑俊杰、区剑华、吴世明、袁内镇）

第五章　复合地基计算

现有桩体复合地基承载力计算公式认为，复合地基承载力是由地基承载力和桩的承载力两部分组成的，一部分是桩的贡献，一部分是桩间土的贡献。如何合理估计两者对复合地基承载力的贡献是桩体复合地基计算的关键。

复合地基在荷载作用下破坏时，一般情况下桩体和桩间土两者不可能同时到达极限状态，或者说两者同时达到极限状态概率很小。通常认为复合地基中桩体先发生破坏，但也有例外。若复合地基中桩体先产生破坏，则复合地基破坏时桩间土承载力发挥度达到多少是需要估计的。若桩间土先产生破坏，复合地基破坏时桩体承载力发挥度多少也只能估计。另外复合地基中的桩所能承担的极限荷载与一般桩基中的也是不同的。因此，桩体复合地基承载力计算比较复杂。

桩体复合地基中，散体材料桩、柔性桩和刚性桩荷载传递机理也是不同的。桩体复合地基上基础刚度大小，是否铺设垫层，垫层厚度等都对复合地基受力性状有较大影响，在桩体复合地基承载力计算中都要考虑这些因素的影响。

复合地基工程实践积累较少，而且复合地基技术正在发展，不少新的复合地基型式得到应用，应该说复合地基承载力计算理论还很不成熟，需要加强研究、发展和提高。

第一节　承载力计算

桩体复合地基承载力计算思路是先分别确定桩体的承载力和桩间土承载力，再根据一定的原则叠加这两部分承载力得到复合地基的承载力。

桩体复合地基的极限承载力 p_{cf} 普遍表达式可用于下式表示：

$$p_{cf} = K_1 \lambda_1 m p_{pf} + K_2 \lambda_2 (1 - m) p_{sf} \quad (5\text{-}1)$$

式中 p_{pf}——单桩极限承载力（kPa）；

p_{sf}——天然地基极限承载力（kPa）；

K_1——反映复合地基中桩体实际极限承载力与单桩极限承载力不同时修正系数，一般大于1.0；

K_2——反映复合地基中桩间土实际极限承载力与天然地基极限承载力不同的修正系数；其值视具体工程情况确定，可能大于1.0，也可能小于1.0；

λ_1——复合地基破坏时：桩体发挥其极限强度的比例，可称为桩体极限强度发挥度；若桩体先达到极限强度，引起复合地基破坏，则 $\lambda_1 = 1.0$；若桩间土比桩体先达到极限强度，则 $\lambda_1 < 1.0$；

λ_2——复合地基破坏时，桩间土发挥其极限强度的比例，可称为桩间土极限强度发挥度；一般情况下，复合地基中往往桩体先达到极限强度，λ_2 通常在0.4～1.0之间；

m——复合地基置换率。

式（5-1）中系数 K_1 主要反映复合地基中桩体实际极限承载力与自由单桩载荷试验测得的桩体极限承载力的区别。复合地基中桩体实际极限承载力一般比由单桩载荷试验得到的更大。其机理是作用在桩间土上的荷载和作用在邻桩上的荷载两者对桩间土的作用造成了桩间土对桩体的侧压力增加，使桩体极限承载力提高。对散体材料桩，其影响效果更大。式（5-1）中系数 K_2 主要反映复合地基中桩间土实际极限承载力与天然地基极限承载力的区别。K_2 的影响因素很多，如：桩的设置过程中对桩间土结构的扰动，成桩过程中对桩间土的挤密作用；桩体对桩间土的侧限作用；某些桩体材料，如生石灰、水泥粉煤灰、碎石与桩间土的物理—化学作用，还有桩间土在荷载作用下固结引起土的抗剪强度的提高等。上述影响因素中除对土结构扰动将使土的强度降低为不利因素外，其他影响因素均能不同程度地提高桩土强度，提高地基土的极限承载力。总之，系数 K_1 和 K_2 与工程地质情况、桩体设置方法、桩体材料等因素有关，遗憾的是目前还不能分门别类给出其参考数值。值得高兴的是近年已有不少研究论文和工程实录报道在这方面的成果，较多的理论研究和工程实践积累将可能给出定量的意见。

若能有效地确定复合地基中桩体和桩间土的实际极限承载力，而且破坏模式是桩体先破坏引起复合地基全面破坏，则承载力计算式可改写为

$$p_{cf} = mp_{pf} + \lambda(1 - m)p_{sf} \tag{5-2}$$

式中 p_{pf}——桩体实际极限承载力（kPa）；

p_{sf}——桩间土实际极限承载力（kPa）；

m——复合地基置换率；

λ——桩体破坏时，桩间土极限强度发挥度。

复合地基的容许承载力 p_{cc} 计算式为

$$p_{cc} = \frac{p_{cf}}{K} \tag{5-3}$$

式中 K——安全系数。

采用承载力标准值表示，类似式（5-2）的复合地基承载力标准值 f_{ck} 可用下式表示：

$$f_{ck} = m\frac{R_{dk}}{A_p} + \lambda(1 - m)f_{sk} \tag{5-4}$$

式中 f_{sk}——桩间土承载力标准值（kPa）；

m——复合地基置换率；

R_{dk}——桩体竖向承载力标准值（kN）；

A_p——桩体横截面积（m^2）；

λ——桩间土承载力发挥度。

复合地基的极限承载力也可采用稳定分析法计算。稳定分析方法很多，一般可采用圆弧分析法计算，其原理是在圆弧分析法

中，假设地基土的滑动面呈圆弧形；在圆弧滑动面上，总剪切力记为 T，总抗剪切力记为 S，则沿该圆弧滑动面发生滑动破坏的安全系数 K 为

$$K = \frac{S}{T} \tag{5-5}$$

取不同的圆弧滑动面，可得到不同的安全系数值，通过试算可以找到最危险的圆弧滑动面，并可确定最小的安全系数值。通过圆弧分析法即可根据要求的安全系数计算地基承载力，也可按确定的荷载计算地基在该荷载作用下的安全系数。

在圆弧分析法计算中，假设的圆弧滑动面往往经过加固区和未加固区。地基上的强度应分区计算，加固区和未加固区土体应采用不同的强度指标。未加固区采用天然地基土体强度指标，加固区土体强度指标可采用复合土体综合强度指标，也可分别采用桩体和桩间土的强度指标计算。

复合地基加固区复合土体的抗剪强度 r。表达式可用下式表示：

$$\begin{aligned}\tau_c &= (1-m)\tau_s + m\tau_p \\ &= (1-m)[c + (\mu_s p_c + \gamma_s z)\cos^2\theta\tan\varphi_s] \\ &\quad + m(\mu_p p_c + \gamma_p z)\cos^2\theta\tan\varphi_p\end{aligned} \tag{5-6}$$

式中 τ_s——桩间土抗剪强度；

τ_p——桩体抗剪强度；

m——复合地基置换率；

c——桩间土黏聚力；

p_c——复合地基上作用荷载；

μ_s——应力降低系数，$\mu_s = 1/[1+(n-1)\mathrm{m}]$；

μ_p——应力集中系数，$\mu_p = n/[1+(n-1)\mathrm{m}]$；

n——桩土应力比；

γ_s，γ_p——分别为桩间土体和桩体的重度；

φ_s，φ_p——分别为桩间土体和桩体的内摩擦角；

θ——滑弧在地基某深度处剪切面与水平面的夹角；

z——分析中所取单元弧段的深度。

若 $\varphi_s=0$，则式（5-6）可改写为

$$\tau_c = (1-m)c + m(\mu_p p_c + \gamma_p z)\cos^2\theta\tan\varphi_p \qquad (5\text{-}7)$$

复合土体综合强度指标可采用面积比法计算。复合土体内聚力 c_c 和内摩擦角 φ_c 表达式可用下述两式表示：

$$c_c = c_s(1-m) + mc_p \qquad (5\text{-}8)$$

$$\tan\varphi_c = \tan\varphi_s(1-m) + m\tan\varphi_p \qquad (5\text{-}9)$$

式中　c_s、c_p——分别为桩间土和桩的黏聚力。

为了计算复合地基承载力，需要确定桩体极限承载力和地基土体极限承载力。桩体极限承载力和桩间土极限承载力除了通过原位试验测定外，各国学者还提出一些计算方法。在下面几节中将分别介绍桩体极限承载力和桩间土极限承载力的计算方法。

第二节　桩体极限承载力计算

1. 桩体刚度对荷载传递规律的影响

在荷载作用下，散体材料桩、柔性桩和刚性桩的荷载传递特性是不相同的。散体材料桩需要桩周土的围箍作用才能维持桩体的形状。如果桩周没有土体围箍，仅仅依靠散体材料桩自己本身连桩体形状都不能维持。散体材料桩在荷载作用下，桩体发生鼓胀变形，依靠桩周土提供的被动土压力维持桩体平衡，承受上部荷载的作用。散体材料桩桩体破坏模式一般为鼓胀破坏。柔性桩和刚性桩为黏结材料桩，在荷载作用下依靠桩周摩擦力和桩端端阻力把作用在桩体上的荷载传递给地基土体。研究表明桩体刚度的大小对黏结材料桩的荷载传递规律有较大的影响。

桩体刚度大小是相对地基土体的刚度比较而言的，也与桩体长径比有关。严格地说，应该采用桩体与地基土体的相对刚度的概念。以下简称为桩体相对刚度。若桩体的弹性模量为 E，桩间土的剪切模量为 G_s，可定义桩的柔性指数 λ_p 为

$$\lambda_p = \frac{E}{G_s} \tag{5-10}$$

桩体长度为 L，桩体半径为 r，则桩的长径比 λ_L 为

$$\lambda_L = \frac{L}{r} \tag{5-11}$$

有的学者建议桩体相对刚度定义如下：

$$K = \frac{\sqrt{\lambda_p}}{\lambda_L} = \sqrt{\frac{E}{G_s}}\frac{r}{L} = \sqrt{\frac{2E(1+\mu_s)}{E_s}}\frac{r}{L} \tag{5-12}$$

式中 E_s、μ_s——分别为桩间土弹性模量和泊松比。

可以用桩体相对刚度的大小来划分柔性桩和刚性桩的界限。研究分析桩体相对刚度对柔性桩荷载传递特性的影响对发展复合地基理论具有重要意义。

桩侧摩擦力的发挥依靠在荷载作用下桩土间存在的相对位移趋势或产生的相对位移。若桩土间不存在相对位移或相对位移趋势，则桩侧摩擦力等于零。桩端端阻力的发挥则依靠桩端向下移动或存在位移趋势，否则端阻力等于零。理论上，理想刚性的桩，在荷载作用下，如果桩体顶端产生位移 δ，则桩底端的位移 δ_b 也等于 δ，见图 5-1（a），对理想刚性桩，桩周各处摩擦力和桩端端阻力均可能得到发挥。若考虑地基土是均质的，且初始应力场也是均匀的，不考虑其随深度的变化，则桩侧摩擦力沿深度方向分布是均匀的，而且桩侧摩擦力和桩端端阻力是同步发挥的。现场实测试桩资料表明桩侧摩擦力和桩端端阻力并不是同步发挥的，桩侧摩擦力的发挥早于桩端端阻力的发挥。其原因是实际工程用桩都不是理论上的理想刚性桩，在荷载作用下桩体本身发生压缩，对于可压缩性桩桩底端位移 δ_b 小于桩顶端位移 δ。若桩体相对刚度较小，在荷载作用下，桩体本身的压缩量等于桩顶端的位移量，桩底端相对于周围土体没有相对位移产生，而且无产生相对位移趋势，则桩端端阻力等于零。对于桩体相对刚度较小的柔性桩，桩体四周桩土之间相对位移自上而下是逐步减小的。假设地基土是均质的，且初始应力场是均匀的，则桩侧摩擦

力也是自上而下逐步减小的。事实上，若桩体相对刚度较小，在极限荷载作用下，桩体一定长度内的压缩量已等于顶端位移，则该长度以下桩体与土体间无相对位移及位移倾向，故该长度以下桩体对桩的承载力没有贡献，于是产生了有效桩长的概念。

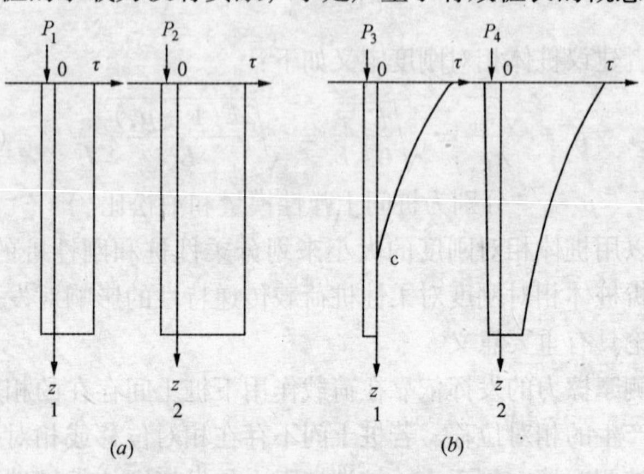

图 5-1　理想刚性桩和可压缩性桩

（a）理想刚性桩；（b）可压缩性桩

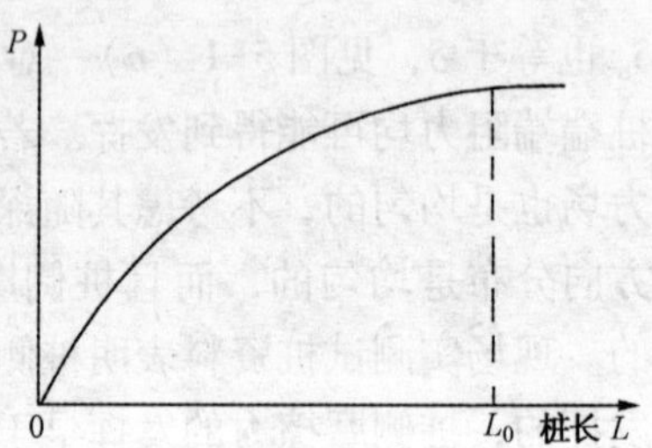

图 5-2　桩长与极限承载力关系示意图

有人采用数值分析研究了桩长与极限承载力的关系，在其他条件相同的条件下，随着桩长的增加，桩体极限承载力开始增加很快，后来增加幅度减小，最后趋于某一定值，如图 5-2 所示。也就是当桩长超过某一桩长 L_0 时，桩的极限承载力增加很小，桩长 L_0 称为有效桩长。根据学者的研究，有效桩长 L_0 与桩土模量比和桩径有关，其取值范围为

当 $E_p/E_s = 10 \sim 50$ 时，$L_0 = (8 \sim 20)d$

当 $E_p/E_s = 50 \sim 100$ 时，$L_0 = (20 \sim 25)d$

当 $E_p/E_s = 100 \sim 200$ 时，$L_0 = (25 \sim 33)d$

式中　d——桩径；

E_p——桩体模量；

E_s——桩间土模量。

有的学者对桩土相对刚度表达式（5-12）作了修正，并引进了有效桩长的影响，建议桩土相对刚度采用下式表示：

$$K = \sqrt{\frac{\rho E}{2G_s}\frac{r}{L}} \tag{5-13}$$

式中　$\rho = \ln[2.5L(1-\mu_s)/r]$；

L——当桩长小于有效桩长 L_0，L 为实际桩长，当桩长大于有效桩长 L_0 时，$L = L_0$。

其他符号同式（5-12）。

根据桩土相对刚度 K 与桩的沉降关系研究，建议柔性桩和刚性桩的判别准则为

$K < 1.0$　　　　　　（柔性桩）

$K > 1.0$　　　　　　（刚性桩）

上述判别准则是否合适有待进一步验证。事实上柔性桩与刚性桩是很难严格界限的，桩土相对刚度是连续变化的，其性状也是连续变化的。严格界限柔性桩和刚性桩也不一定合理，但桩土相对刚度大小对桩的荷载传递性状影响是明显的。

有的学者着重指出的是上述有效桩长的公式是根据单桩承载力的分析得出的，将上述公式应用于群桩可能是不合适的，将其用于变形分析也是不合理的。在复合地基优化设计中将谈到当软弱土层较厚时，增加增强体的长度可有效减小沉降。当然也不是无限增加长度，也存在有效长度问题。但是一定要搞清楚从承载力角度，从变形角度，对单桩，对复合地基，不同条件下桩体的有效长度是不同的。概念不同，数值也不同，绝对不能混淆。

2. 柔性桩极限承载力计算

桩体相对刚度较小的桩可称为柔性桩。柔性桩承载力计算理论尚不成熟，正处于发展之中。下面首先介绍目前工程上常用的

计算方法，然后介绍一种计算柔性桩桩侧摩擦力分布的计算方法，以加深对柔性桩荷载传递机理的认识，合理评价柔性桩的承载力。

目前工程上对水泥土桩等柔性桩根据下述两种情况计算确定桩的承载力：

（1）根据桩身材料强度计算承载力；

（2）根据桩侧摩擦力和桩端端阻力计算承载力。

二者中取较小值为桩的承载力。

根据桩身材料强度计算单桩极限承载力

$$p_{pf} = q \tag{5-14}$$

式中 q——桩体极限抗压强度。

根据桩侧摩擦力和桩端端阻力计算单桩极限承载力的表达式为

$$p_{pf} = [\Sigma f S_a L_i + A_p R]/A_p \tag{5-15}$$

式中 f——桩周土的极限摩擦力；

S_a——桩身周边长度；

L_i——按土层划分的各段桩长；

R——桩端土极限承载力；

A_p——桩身横断面积。

式（5-15）与刚性桩计算式是相同的；因此有时可能是不合理的。采用式（5-15）计算柔性桩承载力有时可能是偏不安全的。在应用式（5-15）时，当桩长超过有效桩长时，ΣL_i 应取有效桩长部分。对端阻力应折减，或不计，否则由式（5-15）确定的承载力是偏高的，不安全的。不少规程、规范采用式（5-15）计算，没有重视有效桩长问题，减小了安全储备。

根据柔性桩在荷载作用下桩侧摩擦力和端阻力的实际分布计算桩的承载力显然更为合理。然而，由于柔性桩载荷试验实测资料较少，特别是桩侧摩擦力分布情况的实测资料更少，理论上研究也很不够，至今尚未见到考虑柔性桩桩侧摩擦力实际分布情况的桩的承载力计算方法的报道。下面首先介绍某些学者提出的计算柔性桩桩侧摩擦力的计算方法，然后提出计算柔性桩承载力的新思路。

图 5-3 表示均质地基中单桩的计算简图。桩长（入土深度）为 L，桩体半径为 r_0，桩上作用竖向荷载 p，桩体材料的弹性模量为 E，桩周土剪切模量为 G_s。

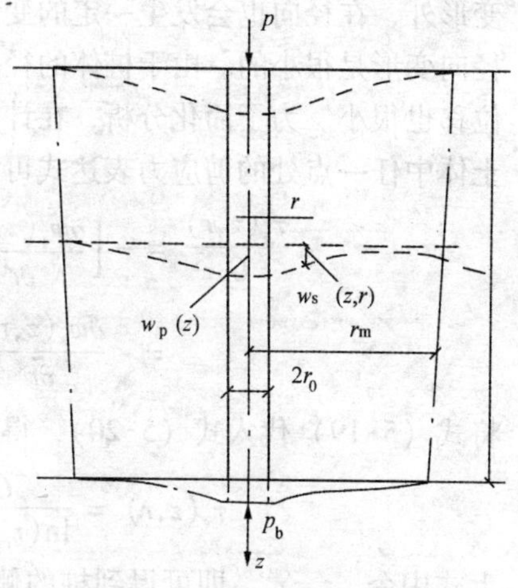

图 5-3　单桩计算简图

许多室内试验及现场观测资料表明，在轴向荷载作用下，桩体周围土体的竖向位移 w_s（z，r）是深度 z 和离开桩轴线的径向距离 r 的函数，并且随 r 的增大呈对数规律递减（Cooke，1974；Cook eet al，1979，1980；Frank，1975）。因而，可设

$$w_s(z,r) = f(z)\ln(r_m/r) \tag{5-16}$$

式中　f（z）——深度 z 的函数；

r_m——桩对周围土体的最大影响半径，当 $r \geqslant r_m$ 时，$w_s(z,r) = 0$。r_m 是深度 z 的函数，但变化不大，可取平均值或半桩长处最大影响半径。

考虑桩体侧表面处（$r = r_0$）土体位移与桩体位移协调，即有

$$w_s(z,r_0) = w_p(z) \tag{5-17}$$

由式（5-6）和式（5-7）可得

$$f(z) = \frac{w_p(z)}{\ln(r_m/r_0)} \tag{5-18}$$

将式（5-18）代回式（5-16），得

$$w_s(z,r) = w_p(z)\frac{\ln(r_m/r_0)}{\ln(r_m/r_0)} \tag{5-19}$$

对于土体中的桩体，在轴向荷载作用下，除了轴向发生压缩变形外，在径向也会发生一定的变形。与轴向变形相比，桩体的径向变形是很小的。由于桩体的径向位移很小，桩周土体的径向位移也很小。为了简化分析，在计算中略去径向位移的影响，则土体中任一点处的剪应力表达式可简化为下式表示：

$$\frac{\tau_s(z,r)}{G_s} = -\left[\frac{\partial w_s(z,r)}{\partial r} + \frac{\partial u_s(z,r)}{\partial z}\right]$$

$$= -\frac{\partial w_s(z,r)}{\partial r} \tag{5-20}$$

将式（5-19）代入式（5-20），得

$$\tau_s(z,r) = \frac{G}{\ln(r_m/r_0)}\frac{w_p(z)}{r} \tag{5-21}$$

上式中令，$r=r_0$，即可得到桩的侧摩擦力 τ（z）与轴向位移 w_p（z）之间的关系

$$\tau(z) = \frac{G_s}{\zeta r_0}w_p(z) \tag{5-22}$$

式中　$\xi=\ln(r_m/r_o)$。

根据桩体受力分析（图 5-4），轴向力 $p(z)$ 和侧摩擦力 $r(z)$ 之间关系为

$$\frac{\partial p(z)}{\partial z} = -2\pi r_0\tau(z) \tag{5-23}$$

另一方面，桩的轴向力 $p(z)$ 与轴向位移 $W_p(z)$ 之间存在下述关系：

$$\frac{\partial W_p(z)}{\partial z} = -\frac{p(z)}{EA_p} \tag{5-24}$$

式中　$A_P=\pi r_0^2$，为桩体横断面积。

结合式（5-23）和式（5-24），可得

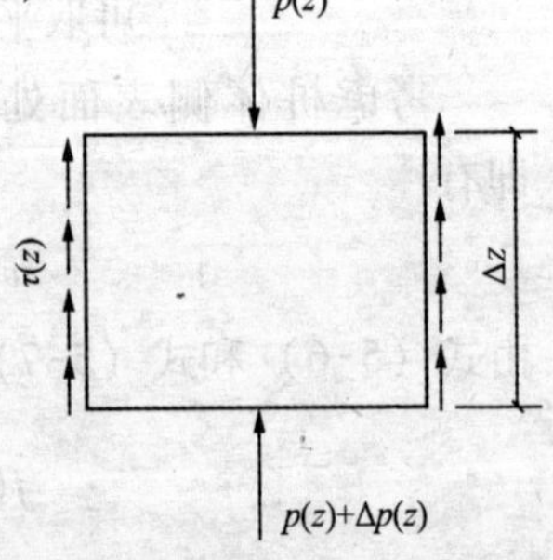

图 5-4　桩体受力分析简图

$$\frac{\partial^2 w_p(z)}{\partial z^2} = \frac{\partial}{E r_0}\tau(z) \tag{5-25}$$

将式（5-22）代入上式，可得

$$\frac{\partial^2 w_p(z)}{\partial z^2} = \mu^2 w_p(z) \tag{5-26}$$

式中　$\mu^2 = \frac{2}{\zeta\lambda_p}\frac{1}{r_0^2}$；$\lambda_p = E/GS$。

式（5-25）的解为

$$w_p(z) = C_1 e^{\mu z} + C_2 e^{-\mu z} \tag{5-27}$$

式中　C_1 和 C_2——积分常数，可由下述边界条件确定：

$$\left(\frac{\partial w_p(z)}{\partial z}\right)_{z=0} = -\frac{p}{EA_p} \tag{5-28}$$

$$w_p(L) = w_{pb} \tag{5-29}$$

式中　w_{pb}——桩底端竖向位移。若桩底端阻力为 p_b，根据 Boussinesq 理论可求出土体竖向位移，亦即桩底端竖向位移为

$$w_{pb} = \frac{p_b(1-\mu)}{4 r_0 G_s}\cdot\eta = n_b p_b \tag{5-30}$$

式中　$n_b = \frac{\eta(1-\mu)}{4 r_0 G_s}$；

η——考虑该处上覆土层对该处位移影响的桩端位移影响系数；一般说来，$\eta = 0.5 \sim 1.0$；

μ——土体泊松比。

根据式（5-28）、式（5-29）和式（5-27）可求出积分常数 C_1 和 C_2，再代回到式（5-27），可得

$$w_p(z) = \frac{1}{\mathrm{ch}\alpha}\left\{w_{pb}\mathrm{ch}(\mu z) + \frac{p}{EA_p\mu}\mathrm{sh}[\mu(L-z)]\right\} \tag{5-31}$$

式中

$$\alpha = \mu L = \sqrt{\frac{2}{\zeta\lambda_p}}\lambda_L \tag{5-32}$$

$$\lambda_L = L/r_0 \tag{5-33}$$

根据式（5-24）和式（5-31），可得

$$p(z) = \frac{1}{\mathrm{ch}a}\{P \cdot \mathrm{ch}[\mu(L-z)] - EA_p\mu w_{pb}\mathrm{sh}(\mu z)\} \tag{5-34}$$

当 $z = L$ 时，$P(z) = P_b$，由式（5-34）可得

$$P_b = P(L) = P(\mathrm{ch}a + n\mathrm{sh}a)^{-1} \tag{5-35}$$

式中　$n = EA_p\mu n_b$。

将式（5-30）和式（5-35）代入式（5-34）中，可得

$$P(z) = P_b[\mathrm{ch}(a\theta) + n\mathrm{sh}(a\theta)] \tag{5-36}$$

式中　$\theta = 1 - z/L$。

由式（5-23）、式（5-35）和式（5-36），可得

$$\tau(z) = \frac{pa[\mathrm{sh}(a\theta) + n\mathrm{ch}(a\theta)]}{F\mathrm{ch}a + n\mathrm{sh}a} \tag{5-37}$$

式中　$F = 2\pi r_0 L$；

$\theta = 1 - z/L$；

$\alpha = \sqrt{\frac{2}{\zeta\lambda_p}}\lambda_L$；

$n = EA_p\mu n_b$；

$n_b = \frac{\eta(1-\mu)}{4r_0 G_s}$；

$\mu = a/L$；

$\lambda_p = E/G_s$；

$\lambda_L = L/r_0$；

$A_p = \pi r_0^2$；

$\xi = \ln\ (r_m/r_0)$。

取 $r_w = 2.5L\ (1-\mu)$，$\eta = 0.85$，$\mu = 0.33$，代入式（5-37）计算，可得桩体侧摩擦力的一般分布形式，如图 5-5 所示。由图 5-5 中可以看出桩侧摩擦力随着深度的增大而减小，变化比较大。随着桩的刚度增大，桩侧摩擦力沿深度变化梯度减小。从承

载力角度，为了充分发挥桩侧摩擦力的作用，柔性桩不易设计得过长，桩体刚度不宜过小，以短而粗的桩体较为合适。但从以后分析可以看到，从减少复合地基沉降角度，复合地基中桩体较长较合理。在深厚软土地基中应用复合地基技术，控制沉降至关重要。

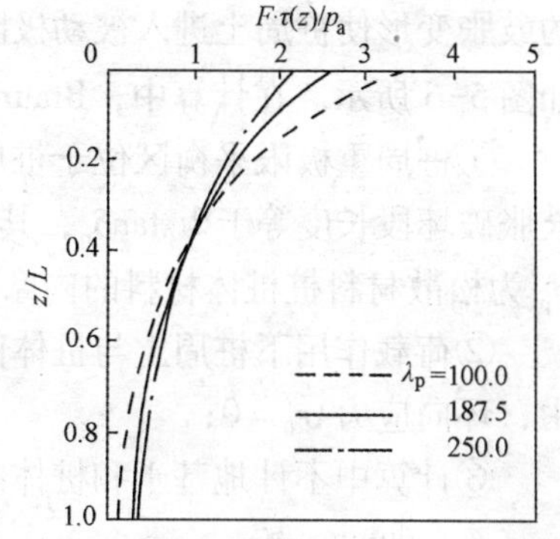

图 5-5　侧摩擦力的一般分布形式

3. 散体材料桩极限承载力计算

（1）一般表达式与柔性桩、刚性桩等黏结材料桩不同，散体材料桩是依靠周围土体的侧限阻力保持其形状并承受荷载的。散体材料桩的承载能力除与桩身材料的性质及其紧密程度有关外，主要取决于桩周土体的侧限能力。在荷载作用下，散体材料桩的存在将使桩周土体从原来主要是垂直向受力的状态改变为主要是水平向受力的状态，桩周土可能发挥的对桩体的侧限能力对散体材料桩复合地基的承载能力起着关键的作用。各国学者结合具体工程已提出了许多承载力计算方法，特别是对碎石桩极限承载力研究更多。除了通过载荷试验和经验的计算图表确定单桩承载力外，还可以通过计算桩间土侧向极限应力来计算单桩极限承载力。计算单桩承载力的一般表达式可用下式表示：

$$p_{pf} = \sigma_{ru} K_p \tag{5-38}$$

式中　σ_{ru}——桩侧土能提供的侧向极限应力；

K_p——桩体材料的被动土压力系数。

散体材料桩桩侧土所能提供的侧向极限应力 σ_{ru}。计算方法主要有：Brauns（1978）计算式、圆筒形孔扩张理论计算式、Wong，H. Y.（1975）计算式、Hughes 和 Withers（1974）计算式，以及被动土压力法等，下面分别加以介绍。

（2）Brauns（1978）计算式 Brauns（1978）计算式是为计

算碎石桩承载力提出的，其原理及计算式也适用于一般散体材料桩情况。Brauns 认为，在荷载作用下，桩体产生鼓胀变形。桩体的鼓胀变形使桩周土进入被动极限平衡状态，桩周土极限平衡区如图 5-6 所示。在计算中，Brauns 作了下述几条假设：

①桩周重极限平衡区位于桩周附近，滑动面成漏斗形，桩体鼓胀破坏段长度等于 $2r_0\tan\delta_p$，其中 r_0 为桩半径，$\delta_p = 45° + \varphi_p/2$，$\varphi_p$ 为松散材料桩桩体材料的内摩擦角；

②荷载作用下桩周土与桩体间摩擦力 $\tau_m = 0$，极限平衡土体中，环向应力 $\sigma_\theta = 0$；

③计算中不计地基土和桩体的自重。

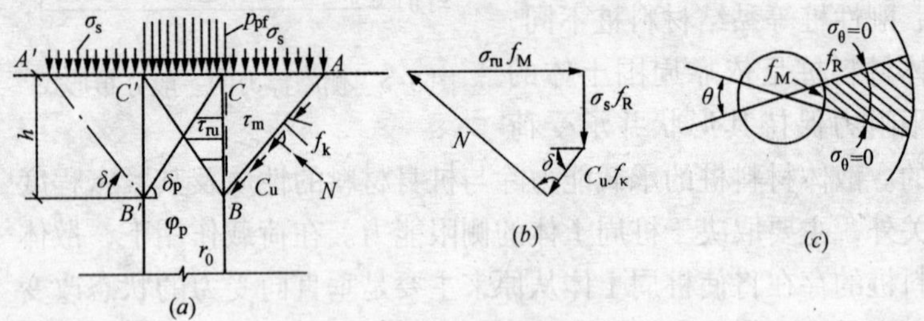

图 5-6　Brauns（1978）计算图式

在上述假设的基础上，作用在图 5-6（*c*）中阴影部分土体上力的多边形如图 5-6（*b*）所示。图中 f_M、f_k 和 f_R 分别表示阴影部分所示的平衡土体的桩周界面、滑动面和地表面的面积。根据力的平衡，可得到在极限荷载作用下，桩周土上的极限应力 σ_{ru} 为

$$\sigma_{ru} = \left(\sigma_s + \frac{2C_u}{\sin 2\delta}\right)\left(\frac{\tan\delta_p}{\tan\delta} + 1\right) \tag{5-39}$$

式中　C_u——桩间土不排水抗剪强度；

δ——滑动面与水平面夹角；

σ_s——桩周土表面荷载，如图 5-7 所示；

δ_p——桩体材料内摩擦角。

根据桩体极限平衡可得到桩体极限承载力为

$$p_{pf} = \sigma_{ru}\tan^2\delta_p = \left(\sigma_s + \frac{2C_u}{\sin2\delta}\right)\left(\frac{\tan\delta_p}{\tan\delta} + 1\right)\tan^2\delta_p \quad (5\text{-}40)$$

滑动面与水平面的夹角 δ 可按下式用试算法求出

$$\frac{\sigma_s}{2C_u}\tan\delta_p = -\frac{\tan\delta}{\tan2\delta} - \frac{\tan\delta_p}{\tan2\delta} - \frac{\tan\delta_p}{\sin2\delta} \quad (5\text{-}41)$$

当 $\sigma_s = 0$ 时，式（5-41）可改写为

$$p_{pf} = \frac{2C_u}{\tan\delta}\left(\frac{\tan\delta_p}{\tan\delta} + 1\right)\tan^2\delta_p \quad (5\text{-}42)$$

夹角 δ 可按下式用试算法求得

$$\tan\delta_p = \frac{1}{2}\tan\delta(\tan^2\delta - 1) \quad (5\text{-}43)$$

设桩体材料内摩擦角 $\varphi_p = 38°$（碎石桩内摩擦角常取为 38°），则 $\delta_p = 64°$，由式（5-43）试算得 $\delta = 61°$，代入式（5-42），可得$p_{pf} = 20.8C_u$。这就是计算碎石桩承载力的 Brauns 理论简化计算式。

（3）圆筒形孔扩张理论计算式在荷载作用下，散体材料桩桩体材料发生鼓胀变形，对桩周土体产生挤压作用。该法将桩周土体的受力过程视为圆筒形孔扩张问题，采用 Vesic 圆孔扩张理论求解。图 5-7 为圆孔扩张理论计算模式。土体在圆孔扩张力作用下，圆孔周围土体从弹性变形状态逐步进入塑性变形状态。随着荷载增大，塑性区不断发展。极限状态时，塑性区半径为 r_p，圆孔半径由 r_0 扩大到 r_u，圆孔扩张压力为 p_u。此时，散体材料桩的极限承载力为

$$p_{pf} = P_u\tan^2\left(45° + \frac{\varphi_p}{2}\right) \quad (5\text{-}44)$$

式中 P_u——桩周土体对桩体的约束力，即为圆孔扩张压力极限值；

φ_p——桩体材料内摩擦角。

现介绍 Vesic 圆孔扩张压力极限值求解方法。

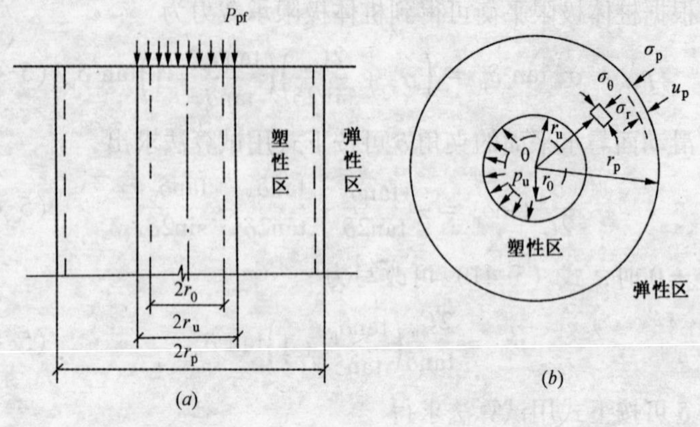

图 5-7　圆孔扩张理论计算模式

圆筒形孔扩张问题是平面变轴对称问题，采用极坐标比较方便（图 5-8）。考虑单元力系的平衡，可以得到平面应变轴对称问题的平衡微分方程为

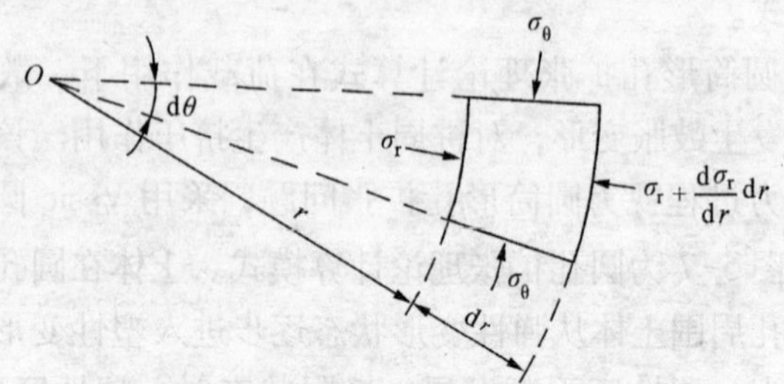

图 5-8　轴对称条件下单元应力状态

$$\frac{d\sigma_r}{dr} + \frac{\sigma_r - \sigma_\theta}{r} = 0 \tag{5-45}$$

弹性阶段本构方程为广义虎克定律

$$\begin{cases} \varepsilon_r = \dfrac{1-\mu^2}{E}\left(\sigma_s - \dfrac{\mu}{1-\mu}\sigma_\theta\right) \\ \varepsilon_\theta = \dfrac{1-\mu^2}{E}\left(\sigma_\theta - \dfrac{\mu}{1-\mu}\sigma_r\right) \end{cases} \tag{5-46}$$

屈服条件为莫尔一库仑条件

$$(\sigma_r - \sigma_\theta) = (\sigma_r + \sigma_\theta)\sin\varphi + 2C\cos\varphi \tag{5-47}$$

当 $\varphi=0$ 时，上式蜕化为

$$\sigma_r - \sigma_\theta = 2C \tag{5-48}$$

根据弹性弹论可得轴对称条件下弹性变形阶段径向位移表达式为

$$u = \frac{1+\mu}{E} r\sigma_r \tag{5-49}$$

式中 E、μ——分别为土体弹性模量和泊松比。

先讨论 $\varphi=0$ 情况：

将式（5-48）代入式（5-45），然后积分，并考虑边界条件，$r=r_u$ 时 $\sigma_r=p_u$，可得

$$\sigma_r = p_u + 2C\ln\frac{r}{r_u} \tag{5-50}$$

将上式代入式（5-48），可得

$$\sigma_\theta = p_u + 2C\left(\ln\frac{1}{r_u} + 1\right) \tag{5-51}$$

$\varphi=0$ 时，塑性体积应变等于零，忽略塑性区材料在弹性阶段的体积变化，即认为塑性区总体积不变，则圆筒形孔体积变化等于弹性区体积变化。由图 5-7，可得

$$\pi r_u^2 - \pi r_0^2 = \pi r_p^2 - \pi(r_p - u_p)^2 \tag{5-52}$$

式中 u_p——塑性区外侧边界的径向位移。

展开上式，略去的平方项及 r_0^2 项，得

$$2u_p\frac{r_p}{r_u^2} = 1 \tag{5-53}$$

弹塑性区交界处（$r=r_p$），$\sigma_r=\sigma_p$。由式（5-49）得

$$u_p = \frac{(1+\mu)}{E} r_p\sigma_p \tag{5-54}$$

在 $r=r_p$ 时，应力 σ_r 和 σ_θ。应满足屈服条件，即

$$\sigma_p - \sigma_\theta = 2C \tag{5-55}$$

而且

$$\sigma_\theta = -\sigma_r = -\sigma_p \tag{5-56}$$

结合式（5-55）和式（5-56），得

$$\sigma_p = C \tag{5-57}$$

结合式（5-53）和式（5-54），消去 u_p，得

$$\frac{2r_p^2}{r_u^2}\frac{(1+\mu)}{E}\sigma_p = 1 \tag{5-58}$$

将式（5-57）代入式（5-58），得

$$\frac{r_p^2}{r_u^2} = \frac{E}{2(1+\mu)C} \tag{5-59}$$

引进刚度指标 I_r，且 $C = C_u$，得

$$I_r = \frac{E}{2(1+\mu)C} = \frac{G}{C_u} \tag{5-60}$$

式中 G——土体剪切模量；

C_u——土体抗剪强度，即土体不排水抗剪强度。

于是有

$$\frac{r_p}{r_u} = \sqrt{I_r} \tag{5-61}$$

由式（5-50），可得

$$\sigma_p = p_u - 2C\ln\frac{r_p}{r_u} \tag{5-62}$$

结合式（5-57），式（5-61）和式（5-62），可得

$$p_u = C(\ln I_r + 1) = C_u(\ln I_r + 1) \tag{5-63}$$

将上式代入式（5-44）可得桩间土 $\varphi = 0$ 时散体材料桩极限承载力为

$$P_{pf} = C_u(\ln I_r + 1)\tan^2\left(45° + \frac{\varphi_p}{2}\right) \tag{5-64}$$

式中 C_u——桩间土不排水抗剪强度；

I_r——土的刚度指标，$I_r = G/C_u$；

φ_p——桩体材料内摩擦角。

对 $\varphi \neq 0$ 情况，推导的过程与 $\varphi = 0$ 情况是基本相同，不同的

是塑性区体积应变不等于零。圆孔扩张压力极限值表达式为

$$P_{u} = (q + C\cot\varphi)(1 + \sin\varphi)[I_{rr}\sec\varphi]^{\frac{\sin\varphi}{1+\sin\varphi}} - C\cot\varphi \tag{5-65}$$

式中 q——土体中初始应力；

I_{rr}——修正刚度指标。

修正刚度指标表达式为

$$I_{rr} = \frac{I_{r}(1 + \Delta)}{1 + I_{r}\sec\varphi \cdot \Delta} \tag{5-66}$$

式中 I_{r}——刚度指标；

Δ——塑性区平均体积应变。

刚度指标 I_{r} 表达式为

$$I_{r} = \frac{E}{2(1 + \mu)(C + q\tan\varphi)} = \frac{G}{S} \tag{5-67}$$

式中 S——土体抗剪强度，$S = C + q\tan\varphi$；

G——土体剪切模量；

q——土体中初始应力。

将式（5-65）代入式（5-44），可得桩周土（强度指标 C 和 φ，初始应力为 q）的散体材料桩极限承载力表示式

$$P_{pf} = \left\{(q + C\cos\varphi)(1 + \sin\varphi)[I_{rr}\sec\varphi]^{\frac{\sin\varphi}{1+\sin\varphi}} - C\cot\varphi\right\} \times \tan^{2}\left(45° + \frac{\varphi_{p}}{2}\right) \tag{5-68}$$

式中 φ_{p}——桩体材料内摩擦角；

I_{rr}——修正刚度指标。

修正刚度指标表达式中塑性应变体积在分析中是作为已知值引进的。实际上，塑性区体积应变 Δ 是塑性区内应力状态的函数，只有应力状态为已知值时，才有可能确定 Δ 值。为了克服这一困难，可采用下述迭代法求解：

①先假定一个塑性区体积应变平均值 Δ_{1}，由上述分析可得到塑性区内的应力状态。

②由步骤①计算得到的应力状态，根据试验确定的体积应变与应力的关系，确定修正的平均塑性体积应变Δ_2。

③用修正的平均体积应变Δ_2，重复步骤①和②，直至Δ_n值与Δ_{n-1}值相差不大。这样，就可得到满意的解答。然后根据Δ_n值以及其他数据，确定修正刚度指标I_{rr}值。

（4）Wong H. Y.（1975）计算式 Wong（1975）采用计算挡土墙上被动土压力的方法计算作用在桩体上的侧限压力，于是可得到桩的承载力计算式为

$$p_{pf} = (K_{ps}\sigma_{s0} + 2C_u\sqrt{K_{ps}})\tan^2\left(45° + \frac{\varphi_p}{2}\right) \tag{5-69}$$

式中 σ_{s0}——桩间土上竖向荷载；

φ_p——桩体材料内摩擦角；

K_{ps}——桩间土的被动土压力系数；

C_u——桩间土不排水抗剪强度。

（5）Hughes 和 Withers（1974）计算式 Hughes 和 Withers（1974）用极限平衡理论分析，建议按下式计算单桩的极限承载力p_{pf}：

$$p_{pf} = (p_0' + u_0 + 4C_u)\tan^2\left(45° + \frac{\varphi_p}{2}\right) \tag{5-70}$$

式中 p_0'，u_0——分别为初始径向有效应力和超孔隙水压力。

从原型观测资料分析认为$p_0' + u_0 = 2C_u$，故式（5-70）可改写为

$$p_{pf} = 6C_u\tan^2\left(45° + \frac{\varphi_p}{2}\right) \tag{5-71}$$

式中 C_u——桩间土不排水抗剪强度；

φ_p——桩体材料内摩擦角。

对碎石桩，一般取$\varphi_p = 38°$，则式（5-71）可进一步简化为

$$p_{pf} = 25.2C_u \tag{5-72}$$

Broms（1979）推荐上式计算碎石桩极限承载力。

（6）被动土压力法通过计算桩周土中的被动土压力计算桩周土对散体材料桩的侧限力。桩体承载力表达式为

$$p_{pf} = [(\gamma z + q)K_{ps} + 2C_u\sqrt{K_{ps}}]K_p \tag{5-73}$$

式中 γ——土的重度；

z——桩的鼓胀深度；

q——桩间土上荷载；

C_u——土的不排水抗剪强度；

K_{ps}——桩周土的被动土压力系数；

K_p——桩体材料被动土压力系数。

除上述计算式外，国内外学者还提出其他一些计算公式和经验曲线供设计参考，这里不再一一介绍。面对这么多计算公式，读者会问，哪个计算式比较符合工程实际？南京水利科学研究院应用上述计算方法分析了十几个碎石桩复合地基加固工程的测试结果后认为，上述散体材料桩极限承载力公式中很难说哪一个公式计算精度更高一些。有条件应通过载荷试验确定碎石桩复合地基的承载力，或采用几个方法进行计算用于综合分析。

第三节 桩间土极限承载力计算

1. 桩间土承载力影响因素

根据天然地基载荷板试验结果，或根据其他室内外土工试验资料可以确定天然地基极限承载力。复合地基中桩间土极限承载力与天然地基极限承载力密切相关，但两者并不完全相同。在地基中设置竖向增强体，使桩间土极限承载力不同于天然地基极限承载力。两者的差别随地基土的工程特性、竖向增强体的性质、增强体设置方法不同而不同。有的情况下两者区别很小，或者虽有一定区别，但桩间土极限承载力比天然地基极限承载力大，而且又较难计算时，在工程实用上，常用天然地基极限承载力值作为桩间土极限承载力。

使桩间土极限承载力有别于天然地基极限承载力的主要影响因素有下列几个方面：在桩的设置过程中对桩间土的挤密作用，采用振动挤密成桩法影响更为明显；在软黏土地基设置桩体过程中，由于振动、挤压、扰动等原因，使桩间土中出现超孔隙水压力，土体强度有所降低，但复合地基施工完成后，一方面随着时间发展原地基土的结构强度逐渐恢复，另一方面地基中超孔隙水压力消散，桩间土中有效应力增大，抗剪强度提高。这两部分的综合作用使桩间土承载力往往大于天然地基承载力。桩体材料性质有时对桩间土强度也有影响。例如石灰桩的设置，由于石灰的吸水、放热，以及石灰与周围土体的离子交换等物理—化学作用，使桩间土承载力比原天然地基承载力有较大的提高。又如碎石桩和砂桩等具有良好透水性的桩体的设置，有利于桩间土排水固结，桩间土抗剪强度提高，使桩间土承载力得到提高。以上影响因素大多是使桩间土极限承载力高于天然地基极限承载力。

2. 桩间土极限承载力计算方法

通常复合地基桩间土极限承载力取相应的天然地基极限承载力值，有时要考虑桩体设置造成的影响。天然地基极限承载力除了直接通过载荷试验，以及根据土工试验资料，查阅有关规范确定外，常采用 Skempton 极限承载力公式进行计算。Skempton 极限承载力公式为

$$p_{sf} = C_u N_c \left(1 + 0.2\frac{B}{L}\right)\left(1 + 0.2\frac{D}{L}\right) + \gamma D \qquad (5\text{-}74)$$

式中 D——基础埋深；

C_u——不排水抗剪强度；

N_c——承载力系数，当 $\varphi = 0$ 时，$N_c = 5.14$；

B——基础宽度；

L——基础长度。

桩体设置引起桩间土承载力的提高可以根据不同情况分别加以考虑。桩体设置引起桩间土极限承载力的提高也可通过原位测试来测定。当桩体设置完成后，可采用原位十字板试验或静力触探试验等原位测试手段来评价桩间土极限承载力的提高程度。

第四节　复合地基加固区下卧层承载力验算

当复合地基加固区下卧层为软弱土层时，按复合地基加固区容许承载力计算基础的底面尺寸后，尚需对复合地基下卧层承载力进行验算。要求作用在下卧层顶面处附加应力 p_0 和自重应力 σ_r 之和 P 不超过下卧层土的容许承载力 $[R]$，即

$$p = p_0 + \sigma_r \leqslant [R] \tag{5-75}$$

第五节　桩土荷载分担比和桩土应力比的影响因素

桩体复合地基中桩体和桩间土共同直接承担上部结构通过基础或垫层传递的荷载是复合地基的一个基本特征。通常将桩体承担的荷载与桩间土承担的荷载比称为桩土荷载分担比，将桩顶平均应力与桩间土平均应力之比称为桩土应力比，桩土荷载分担比和桩土应力比本质上是一致的，是反映复合地基工作状态的一个重要参数。

桩土荷载分担比和桩土应力比的影响因素很多。桩土相对刚度、荷载水平、复合地基置换率、荷载作用时间、垫层厚度、加固区下卧层土的刚度、桩间土的工程性质等因素对桩土荷载分担比和桩土应力比的大小都将产生影响。刚性基础下桩体复合地基垫层的影响将在下一节讨论。下面讨论上述其他因素对桩土应力比的影响。

近年来，人们对桩土应力比的确定及影响因素通过现场测试和理论分析开展了一系列研究工作。复合地基在均布荷载作用下，刚性承台下桩体顶面和桩间土上的应力都不是均匀分布的。图5-9（*a*）和图5-9（*b*）分别为碎石桩和水泥搅拌桩单桩带承台载荷试验所测得的承台下应力分布图。在复合地基理论分析中桩顶应力和桩间土应力是指作用在桩顶面上和桩间土上的平均应

力。桩土应力比是指两者的平均应力之比。

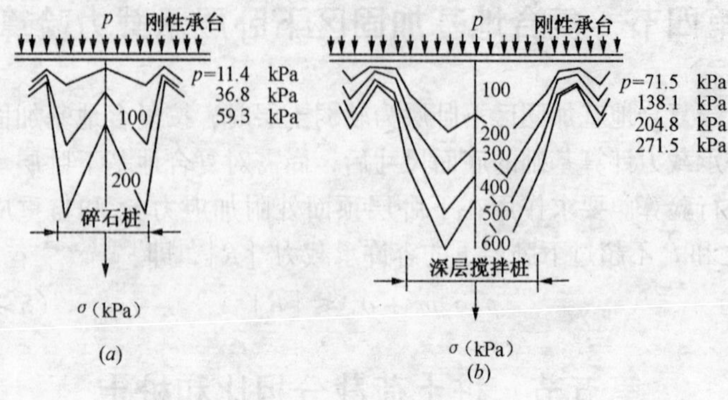

图 5-9 复合地基刚性承台下实测应力分布图
（a）碎石桩；（b）水泥搅拌桩

土的应力应变关系是非线性关系，大多数桩体材料的应力应变关系也是非线性的，两者的刚度相差又较大，随着荷载水平的提高，桩土应力比是变化的。图 5-10（a）和图 5-10（b）分别为由 9 个碎石桩复合地基工程和 70 组实测资料经整理得到的砂性土碎石桩复合地基和黏性土碎石桩复合地基桩土应力比随荷载水平提高而变化的情况。

$[R_s]$ 为天然地基容许承载力。由图 5-10 可见，对砂性土碎石桩复合地基，当 $p/[R_s]$ 值小于 1.0 时，n 值很分散，当 $p/[R_s]$ 值增大时，n 值逐渐趋于一致，其值约等于 2～3，平均值为 2.5。对黏性土碎石桩复合地基，桩土应力比 n 值随 $p/[R_s]$ 值增大而增大，约等于 3.5。图 5-10（c）和图 5-10（d）分别表示一微形钢筋混凝土桩复合地基和一水泥搅拌桩复合地基载荷试验所得到的桩土应力比 n 值随荷载水平提高而变化的情况。图 5-10（d）还表明，当荷载超过某一数值后，桩土应力比会通过峰值而减小。显然这与水泥搅拌桩的屈服有关。另外，还报道了水泥搅拌桩复合地基，桩土应力比随水泥土水泥掺合比的提高而增大，随桩长增长而增大的情况。它还报道了当水泥掺合比 $\alpha_w \leqslant$

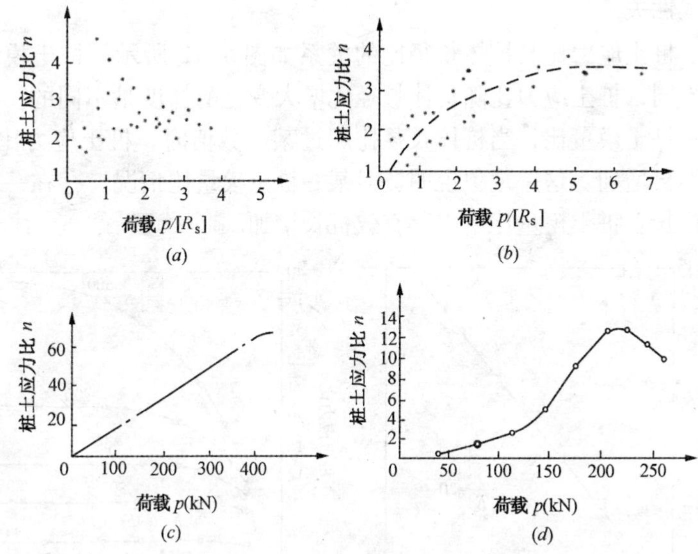

图 5-10　桩土应力比 n 与荷载水平关系曲线

（a）砂性土碎石桩复合地基；（b）黏性土碎石桩复合地基；（c）微形桩复合地基（引自周洪涛和叶书麟）；（d）水泥搅拌桩复合地基

10 时，桩土应力比随荷载水平提高而增大，且逐渐稳定，不会像图 5-10（d）中所示出现峰值的情况。水泥掺合比不同，水泥土的破坏模式不同。增强体破坏模式不同，桩土应力比 n 值的变化规律不同就很容易理解了。

由图 5-10 可以看出，对散体材料桩复合地基，桩土应力比变化幅度不是很大，特别是在使用荷载条件下；而对黏结材料桩特别是桩体刚度较大的桩，复合地基桩土应力比不仅数值大，而且变化幅度大。

桩土应力比 n 值是反映竖向增强体复合地基中桩体与桩间土协同工作的重要指标。桩土模量比对桩土应力比 n 值的大小有重要影响。图 5-11 表示通过有限单元分析得到的桩土相对刚度与桩土应力比的关系，在一定条件下，桩土应力比值 n 与 $\sqrt{E_p/E_s}$

呈线性关系。

桩土应力比与桩体长径比的关系如图 5-12 所示。桩土模量比不同，桩土应力比随桩体长径比增大变化的梯度是不同的。对某一桩土模量比，当桩体长径比超过某一数值时，桩土应力比 n 值不再增加。这一现象说明，对某一桩土模量比情况，存在一有效桩长。桩土模量比增大，有效桩长增加。

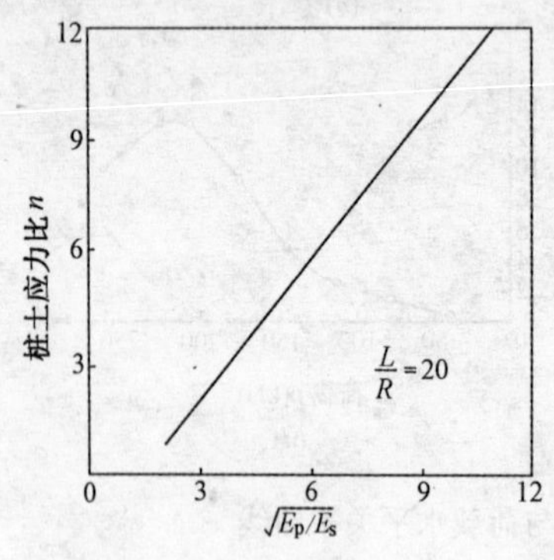

图 5-11　桩土应力比 n 值与 E_p/E_s 关系

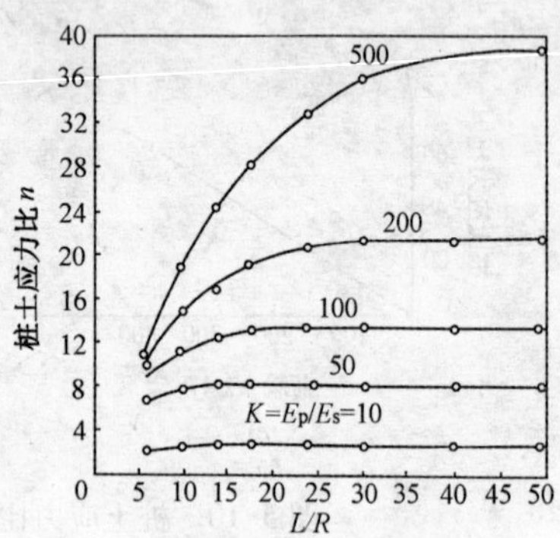

图 5-12　桩土应力比与桩体长径比关系

桩土应力比还与复合地基置换率有关。图 5-13 表示通过有限单元法分析得到的复合地基置换率与桩土应力比的关系。由图 5-13 可以看出，复合地基置换率增大，桩土应力比减小。在荷载作用下桩间土会发生固结和蠕变。桩间土的固结和蠕变会使荷载向桩体集中，桩土应力比随时间的延续可能增大。

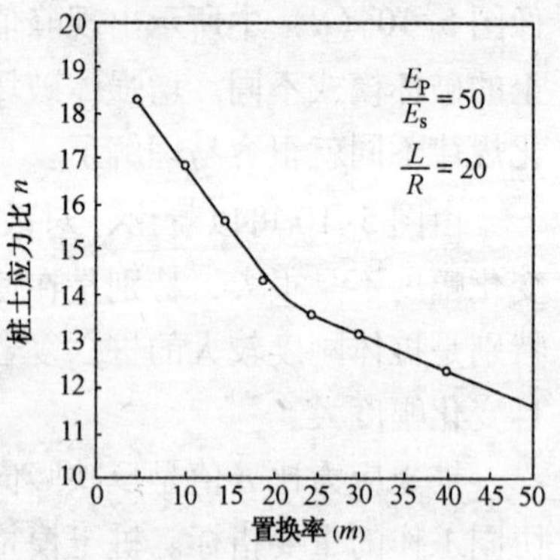

图 5-13　复合地基桩土应力比与置换率关系

桩土应力比的影响因素很

多，对桩土应力比的精确计算是很困难的。事实上，对桩土应力比的现场测试也是很困难的。复合地基中各个桩体，以及每个桩体的不同测点处，应力是不可能相同的，而是随着荷载水平变化而变化。不仅桩体如此，桩间土也如此，因此桩土应力比是很难测定的。桩土应力比难以测定，则桩土荷载分担比也是如此。因此桩土应力比是个定性的参数，用于定性分析比较合适，很难用它进行量化设计。

由图5-10可以看出，碎石桩复合地基桩土应力比变化范围不大，约在2.5～3.5之间。水泥土桩复合地基桩土应力比变化范围比碎石桩复合地基大，微形钢筋混凝土桩复合地基桩土应力比变化更大。采用桩土应力比作为设计参数对于黏结材料桩体复合地基，特别对刚度较大的桩体复合地基是比较困难的。因此近年来有人建议废弃用桩土应力比表示的有关复合地基的计算式，而只将桩土应力比用于复合地基性状分析。

第六节　刚性基础下桩体复合地基垫层的效用

这里讨论刚性基础下桩体复合地基垫层的效用，图5-14（a）和图5 14（b）的地基土物理力学性质、基础刚度、荷载、桩体复合地基均相同，唯一不同的是图5-14（a）中无垫层，图5-14（b）中在刚性基础和桩体加固区之间设一柔性垫层。该图用来讨论在荷载作用下垫层的效用。

不难看出，由于垫层作用，图5-14（a）中桩土应力比比图5-14（b）中大，垫层使桩顶的应力集中现象明显减弱，因此图5-14（a）桩体中轴向应力比图5-14（b）中大。垫层可减小桩土应力比，减小桩体中轴向应力。减小桩体轴力对桩体强度不是很大的低强度桩和柔性桩有很重要的意义；因为低强度桩和柔性桩在荷载作用下，桩体剪切破坏往往发生在浅部，减小轴力也就减小了桩体破坏的可能性。垫层减小桩土应力比，减小桩顶应力集中现象，也减小了基础底面应力集中现象，改善了基础底板的受力状态。数值分析表明垫层的存在使群桩复合地基边角处桩顶荷载大幅度减小，这对避免边角处桩体首先破坏起到很大作用，使复合地基能够更充分地发挥其承载能力。

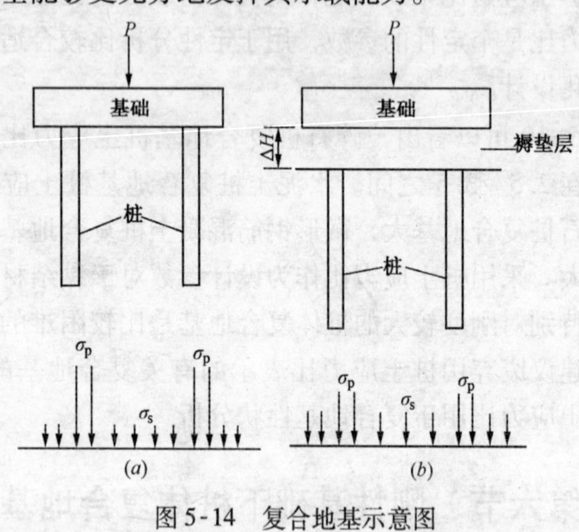

图 5-14　复合地基示意图

（*a*）无垫层；（*b*）有垫层

垫层使桩土应力比减小，桩间土中竖向应力增大，相应桩间土中水平方向应力也增大。桩间土中水平方向应力增大造成对桩体的侧压力增大。图 5-14（*b*）中桩体上端竖向应力比图 5-14（*a*）中小，而侧向压力图 5-14（*b*）中比图 5-14（*a*）中大。这样垫层的存在大大减小了桩体中的主应力差，有效改善了桩体的受力状态，减小了桩体上端被剪坏的可能性，这对低强度桩和柔性桩是非常有意义的。

数值分析还表明垫层的存在使桩体产生向上刺入变形，因此在桩体上端存在负摩阻区。桩体刚度越大，负摩阻区越长。负摩阻区的存在使桩身最大轴力不在桩顶，桩体模量越大，垫层越厚，最大应力点越深。

垫层对复合地基性状的影响主要在浅层，随着桩体刚度的增大，垫层的效用越明显。

垫层厚度与桩土应力比关系示意图如图 5-15 所示。随着垫层厚度增大，桩土应力比减小，最后趋向一定值。根据前面分析可知，通过调整垫层的模量和厚度可以调节桩土应力比；较好地发挥桩和土的承载力，达到降低工程造价的目的。工程上垫层一般采用碎石垫层或砂石垫层，厚度一般取 200~500mm。

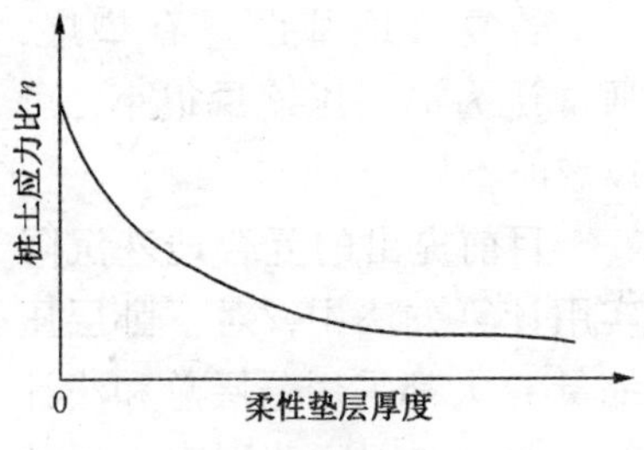

图 5-15　垫层厚度与桩土应力比关系示意图

第七节　复合地基沉降计算

采用复合地基技术可以提高地基承载力，减小地基沉降。在深厚软弱地基上应用复合地基技术具有良好的经济效益和社会效益，在深厚软弱地基上的建筑物的沉降控制也特别重要。深厚软土地基地区建筑工程事故不少是由于沉降过大，特别是不均匀沉降过大引起的。事实上人们不难发现，不少工程采用复合地基主要是为了减少沉降，因此复合地基沉降计算在复合地基设计中具有很重要的地位。但就目前认识水平，复合地基沉降计算水平远低于复合地基承载力的计算水平，也远远落后于工程实践的需要。目前，对各类复合地基在荷载作用下应力场和位移场的分布情况研究较少，实测资料更少，复合地基沉降计算理论还很不成熟，正在发展之中。

在各类实用计算方法中，通常把复合地基沉降量分为两部分，如图 5-16 所示。图 5-16 中 h 为复合地基加固区厚度，z 为荷载作用下地基压缩层厚度。复合地基加固区的压缩量记为 s_1，地基压缩层厚度内加固区下卧层厚度为 $z-h$，其压缩量记为 s_2。于是，在荷载作用下复合地基的总沉降量 s 表示为两部分之

和，即

$$s = s_1 + s_2 \tag{5-76}$$

若复合地基设置有垫层，通常认为垫层压缩量很小，可以忽略不计。

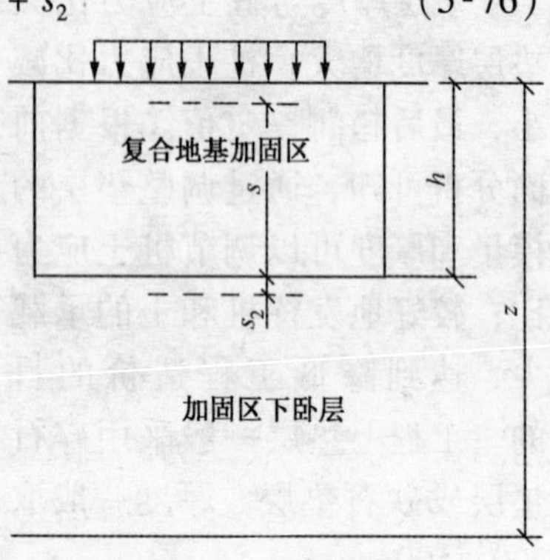

图 5-16　复合地基沉降

目前提出的复合地基沉降实用计算方法中，对下卧层压缩量 s_2 大都采用分层总和法计算，而对加固区范围内土层的压缩量 s_1 则针对各类复合地基的特点采用一种或几种计算方法计算。下面首先介绍计算加固区范围内土层压缩量 s_1 的几种主要计算方法，然后介绍下卧层压缩量 s_2 的计算方法。在介绍 s_2 的计算过程中，着重介绍加固区下卧土层作用荷载或下卧土层中附加应力的计算方法。

1. 加固区土层压缩量 s_1 的计算方法加固区土层压缩量 s_1 的计算方法主要有下述几种：

(1) 复合模量法（E_c 法）：将复合地基加固区中增强体和基体两部分归为一复合土体，采用复合压缩模量 E_{cs} 来评价复合土体的压缩性，并采用分层总和法计算加固区土层压缩量。在复合模量法中，将加固区土层分成 n 层，每层复合土体的复合压缩模量为 E_{csi}，加固区土层压缩量 s_1 表达式为

$$s_1 = \sum_{1}^{n} \frac{\Delta p_i}{E_{csi}} h_i \tag{5-77}$$

式中　Δp_i——第 i 层复合土上附加应力增量；

h_i——第 i 层复合土层的厚度。

竖向增强体复合地基复合土压缩模量 E_{cs} 通常采用面积加权平均法计算，即

$$E_{cs} = mE_{ps} + (1 - m)E_{ss} \tag{5-78}$$

式中 E_{ps}——桩体压缩模量；

E_{ss}——桩间土压缩模量；

m——复合地基置换率。

复合土体的复合模量也可采用弹性理论求出解析解或数值解，如图5-17所示。假设复合圆柱体上作用一轴向压力时，使桩和桩间土产生一个均匀的竖向压缩 ε_z，即桩体和桩间土压缩量相等而且 ε_z = 常数，因此属于广义平面应变问题。采用圆柱坐标，引进 Airy 应力函数 Φ，则应力分量为

$$\sigma_r = \frac{1}{r}\frac{d\Phi}{dr}, \sigma_\theta = \frac{d^2\Phi}{d\theta^2}, \tau_{r\theta} = \tau_{\theta r} = 0 \tag{5-79}$$

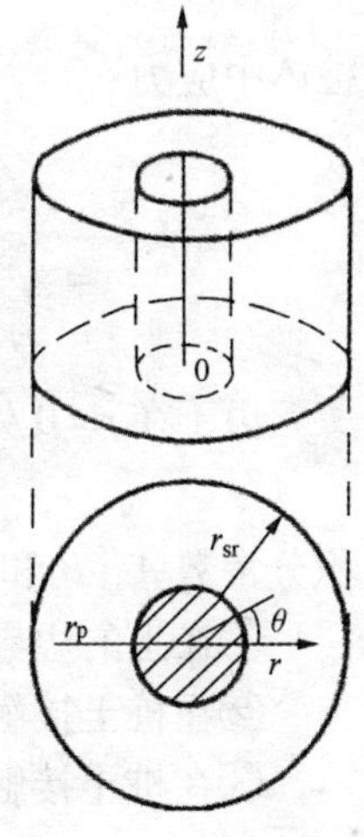

图5-17 计算简图

应力分量除满足平衡方程外，还应当满足下列双协调方程：

$$\left(\frac{d^2}{dr^2} + \frac{1}{r}\frac{d}{dr}\right)^2 \Phi = 0 \tag{5-80}$$

其通解为

$$\Phi = A\ln r + Br^2\ln r + Cr^2 + D \tag{5-81}$$

将式（5-81）代入式（5-79），可得

$$\begin{cases} \sigma_r = \dfrac{1}{r}\dfrac{d\Phi}{dr} = \dfrac{A}{r^2} + B(1 + 2\ln r) + 2C \\ \sigma_\theta = \dfrac{d^2\Phi}{dr^2} = -\dfrac{A}{r^2} + B(3 + 2\ln r) + 2C \\ \tau_{r\theta} = \tau_{\theta r} = 0 \end{cases} \tag{5-82}$$

由广义虎克定理，并根据在轴对称问题中，应变与位移的关系式比较可得：

$$\begin{cases} \sigma_r = \dfrac{A}{r^2} + 2C \\ \sigma_\theta = -\dfrac{A}{r^2} + 2C \end{cases} \tag{5-83}$$

由于复合地基由桩体和桩间土两部分组成，取土体和桩体的

应力分量常数分别为 A、B、C、D，则土中应力

$$\begin{cases}\sigma_{sr} = \dfrac{A}{r^2} + 2B \\ \sigma_{s\theta} = -\dfrac{A}{r^2} + 2B\end{cases} \tag{5-84}$$

桩体中应力：

$$\begin{cases}\sigma_{pr} = \dfrac{D}{r^2} + 2C \\ \sigma_{p\theta} = -\dfrac{D}{r^2} + 2C\end{cases} \tag{5-85}$$

由于在 $r=0$ 处，桩体应力为有限值，所以积分常数 $D=0$，故

$$\sigma_{pr} = \sigma_{p\theta} = 2C \tag{5-86}$$

积分常数 A、B 和 C 可由下列边界条件和连续性条件求得：

①在土的边界上 $r=r_{sr}$，$\sigma_{sr}=0$；

②在桩土接触面上 $r=r_p$，$\sigma_{sr}=\sigma_{pr}$；

③在桩土接触面上 $r=r_p$，$u_{sr}=u_{pr}$。

根据上述三个条件，可解得

$$\begin{cases}A = 2h_1 r_p^2 \varepsilon_z \\ B = -h_1 m \varepsilon_z \\ C = (1-m)h_1\varepsilon_z\end{cases}$$

其中 h_1 的表达式为

$$h_1 = \frac{(\mu_p - \mu_s)K_p K_s G_s}{[mK_p + (1-m)K_s]G_s + K_p K_s} \tag{5-87}$$

式中 μ_p、μ_s——分别为桩体和土体的泊松比；

m——复合地基置换率；

$$K_p = \frac{E_p}{2(1+\mu_p)(i-2\mu_p)};$$

$$K_s = \frac{E_s}{2(1+\mu_s)(i-2\mu_s)};$$

$$G_s = \frac{E_s}{2(1+\mu_s)};$$

E_p、E_s——分别为桩体和土体的杨氏模量。

将 A、B 和 C 值代入式（5-84）和式（5-85），可得到桩体应力和桩间土应力，并根据广义虎克定理可得到桩体和桩间土的应变值。

根据复合地基总的应变能等于桩体的应变能与桩间土的应变能之和，即

$$\frac{1}{2}\int_{\mu}\sigma_z\varepsilon_z \mathrm{d}v = \frac{1}{2}\int_{\mu_p}(\sigma_{pz}\varepsilon_{pz} + \sigma_{pr}\varepsilon_{pr} + \sigma_{p\theta}\varepsilon_{p\theta})\mathrm{d}\mu + \frac{1}{2}\int_{\mu_p}(\sigma_{sz}\varepsilon_{sz} + \sigma_{sr}\varepsilon_{sr} + \sigma_{s\theta}\varepsilon_{s\theta})\mathrm{d}\mu \tag{5-88}$$

将上述推导所得桩体和土体的应力和应变值代入上式，经化简可得复合模量的表达式

$$E_c = mE_p + (1-m)E_s + \frac{4(\mu_p - \mu_s)K_pK_sG_s(1-m)m}{[mK_p + (1-m)K_s]G_s + K_pK_s} \tag{5-89}$$

式（5-89）右边第一项和第二项表示面积加权之和，第三项可看成是桩体和桩间土在荷载作用下共同作用引起的复合模量的改变量。不难看出，式（5-88）右边第三项大于零，故

$$E_c \geqslant mE_p + (1-m)E_s \tag{5-90}$$

当桩体和桩间土压缩量相等且压缩均匀时，复合地基加固区土体的复合模量 E_c 总大于由桩体模量 E_p 和桩间土模量 E_s 的面积加权之和。

复合土体的复合模量也可以通过室内试验测定。可采用不同置换率的水泥土复合土样进行压缩试验得到置换率与复合模量的关系曲线。试验中满足桩体和桩间土均匀压缩条件。图 5-18 表示试验曲线和由式（5-78）、式（5-89）计算得到的曲线相互间的关系。从图 5-18 中可以看到由压缩试验得到的复合土体复合模量最大，由弹性理论分析式（5-89）计算得到的次之，由面积加权平均法公式式（5-78）计算得到的最小。因此，在工程上应用面积加权平均法公式式（5-78）计算是偏安全的。

（2）应力修正法（E_s 法）：在竖向增强体复合地基中，增强体的存在使作用在桩间土上的荷载密度减小。在采用应力修正法计算压缩量时，根据桩间土分担的荷载，按照桩间土的压缩模量，采用分层总和法计算加固区土层的压缩量。在计算分析中忽略增强体的存在。

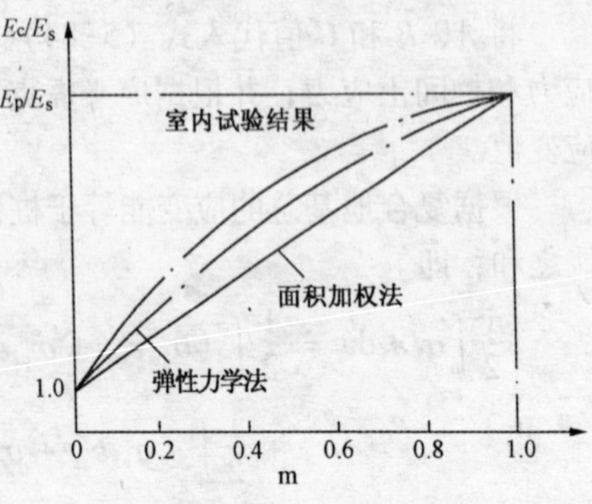

图 5-18 水泥土复合土体复合模量与置换率关系

竖向增强体复合地基中桩间土分担的荷载为

$$p_s = \frac{p}{1 + m(n-1)} = v_s p \tag{5-91}$$

式中 p——复合地基上平均荷载密度；

v_s——应力减小系数或称应力修正系数；

n、m——分别为复合地基桩土应力比和复合地基置换率。

复合地基加固区土层压缩量采用分层总和法计算，其表达式为

$$s_1 = \sum_{i=1}^{n} \frac{\Delta p_{si}}{E_{si}} h_i = v_s \sum_{i=1}^{n} \frac{\Delta p_i}{E_{si}} h_i = v_s s_{1s} \tag{5-92}$$

式中 Δp_i——未加固地基（天然地基）在荷载 P 作用下第 i 层土上的附加应力增量；

Δp_{si}——复合地基中第 i 层桩间土的附加应力增量；

s_{1s}——未加固地基（天然地基）在荷载 p 作用下相应厚度内的压缩量；

v_s——应力修正系数，$v_s = \dfrac{1}{1+m\ (n-1)}$。

但是在采用应力修正法计算存在下述问题：

式（5-90）形式很简单，但在设计计算中应力修正系数 v_s 是较难合理确定的。复合地基置换率 m 值是可由设计人员确定的，应该说是明确的，但桩土应力比 n 值如前面分析，其影响因素较多，很难选用合理值，特别是当桩土相对刚度较大时。

另外在设计计算中忽略增强体的存在将使计算值大于实际压缩量，采用该法计算压缩量往往偏大。

（3）桩身压缩量法（E_p 法）：在荷载作用下复合地基加固区的压缩量也可通过计算桩身压缩量来得到。设桩底端刺入下卧层的沉降变形量为 Δ，则相应加固区土层的压缩量 s_1 的计算式为

$$s_1 = s_p + \Delta \tag{5-93}$$

式中 s_p——桩身压缩量。

在桩身压缩量法中根据作用在桩体上的荷载和桩体变形模量计算桩身压缩量。竖向增强体复合地基桩体分担的荷载为

$$p_p = \frac{np}{1 + m(n-1)} = v_p p \tag{5-94}$$

式中 p——复合地基上平均荷载密度；

v_p——应力集中系数，$v_p = \dfrac{n}{1+m(n-1)}$；

n、m——分别为桩土应力比和复合地基置换率。

若桩侧摩擦阻力为平均分布，桩底端承力密度为 P_{b0}，则桩身压缩量为

$$s_p = \frac{(v_p p + p_{b0})}{2E_p} L \tag{5-95}$$

式中 L——桩身长度，也等于加固区厚度 h；

E_p——桩身材料变形模量。

若桩侧摩擦阻力不是均匀分布，则需先计算桩身应力沿深度 z 的变化情况，再进行积分，可得到桩身压缩量。计算中也可考虑桩身变形模量沿桩长方向的变化。压缩量 s 的表达式为

$$s_1 = s_p + \Delta = \int_0^L \frac{p_p(z)}{E_p(z,p)} dz + \Delta \tag{5-96}$$

式中 $p_p(z)$——桩身应力沿深度 z 变化的表达式；

$E_p(z,\ p)$——桩身变形模量，可以是深度 z 和桩身应力 p 的函数。

可以认为应用桩身压缩量法计算会遇到下述困难：

同应力修正法一样，对设计人员，置换率 m 是明确的，桩土应力比 n 值因影响因素多，很难选用合理值。

在应力修正法中，桩体刺入下卧层土中的刺入量也很难计算。另外，桩底端端承力的估计可能误差也会较大。

前面介绍了复合地基加固区压缩量的三种算法，相比较而言复合模量法使用比较方便，特别对于散体材料桩复合地基和柔性桩复合地基。总的说来，复合地基加固区压缩量数值不是很大，特别是在深厚软土地基中应用复合地基技术，加固区压缩量占复合地基沉降总量的比例较小。因此，可以认为加固区压缩量采用上述方法计算带来的误差对工程设计影响不会很大。

2. 下卧层土层压缩量 s_2 的计算常采用分层总和法计算，即

$$s_2 = \sum_{i=1}^{n} \frac{e_{1i} - e_{2i}}{1 + e_{1i}} h_i = \sum_{i=1}^{n} \frac{\alpha_i (p_{2i} - p_{1i})}{(1 + e_i)} h_i = \sum_{i=1}^{n} \frac{\Delta p_i}{E_{si}} h_i \tag{5-97}$$

式中 e_{1i}——根据第 i 分层的自重应力平均值 $\frac{\sigma_{ci} + \sigma_{c(i-i)}}{2}$（即 p_{1i}）从土的压缩曲线上得到的相应的孔隙比；

$\sigma_{ci} + \sigma_{c(i-i)}$——分别为第 i 分层土层底面处和顶面处的自重应力；

e_{2i}——根据第 i 分层自重应力平均值 $\frac{\sigma_{ci} + \sigma_{c(i-i)}}{2}$ 与附加应力平均值 $\frac{\sigma_{zi} + \sigma_{z(i-i)}}{2}$ 之和（即 p_{2i}），从土的压缩曲线上得到相应的孔隙比；

$\sigma_{zi} + \sigma_{z(i-i)}$——分别为第 i 分层土层底面处和顶面处的附加应力；

h_i——第 i 分层土的厚度；

α_i——第 i 分层土的压缩系数；

E_{si}——第 i 分层土的压缩模量。

在计算下卧层土层压缩量 s_2 时，作用在下卧层上的荷载是比较难以精确计算的。目前在工程应用上，常采用：

（1）压力扩散法：若复合地基上作用荷载为 p，复合地基加固区压力扩散角为 β，则作用在下卧土 p_b 上的荷载 p_b 可用式（4-9）计算，对平面应变情况，可改写为式（4-10）。但应注意复合地基中压力扩散角与双层地基中压力扩散角数值是不相同的。

（2）等效实体法：将复合地基加固区视为一等效实体，作用在下卧层上的荷载作用面与作用在复合地基上的相同，在等效实体四周作用有侧摩擦阻力，设其密度为 f，则复合地基加固区下卧层上荷载密度 p_b 可用式（4-11）计算，对平面应变情况，式（4-11）可改写为式（4-12）。

应用等效实体法计算困难在于侧摩擦阻力 f 值的合理选用。当桩土相对刚度较大时，选用误差可能较小，当桩土相对刚度较小时，f 值选用比较困难。桩土相对刚度较小时，侧摩擦阻力变化大，很难合理估计，选用不合理时误差可能很大。事实上，将加固体作为一分离体，两侧面上剪应力分布是很复杂的。采用侧摩擦阻力的概念是一种近似，对该法适用性应加强研究。

（3）改进 Geddes 法：有人建议采用下述方法计算复合地基土层中应力。复合地基总荷载为 p，桩体承担 p_p，桩间土承担 $p_s = p - p_p$。桩间土承担的荷载 p_s 在地基中所产生的竖向应力 $\sigma_{z,ps}$，其计算方法和天然地基中应力计算方法相同，应用布辛奈斯克解。桩体承担的荷载 p_p 在地基中所产生的竖向应力采用 Geddes 法计算。然后叠加两部分应力得到地基中总的竖向应力。再采用分层总和法计算复合地基加固区下卧层土层压缩量 s_2。

J. D. Geddes（1966）认为长度为 L 的单桩在荷载 Q 作用下对地基土产生的作用力，可近似地视作如图 5-19 所示的桩端集

中力 Q_p，桩侧均匀分布的摩擦阻力 Q_r 和桩侧随深度线性增长的分布摩擦阻力加重 Q_t 等三种形式荷载的组合。J. D. Geddes 根据弹性理论半无限体中作用一集中力的 Mindlin 应力解积分，导出了单桩的上述三种形式荷载在地基中产生的应力计算公式。地基中的竖向应力 $\sigma_{z,Q}$ 可按下式计算：

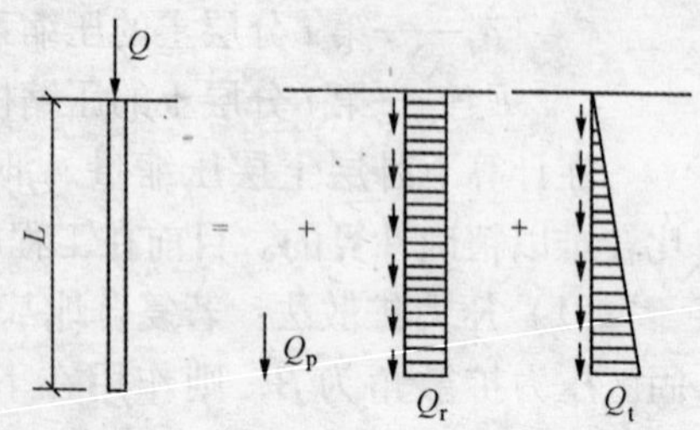

图 5-19　单桩荷载分解为三种形式荷载的组合

$$\begin{aligned}\sigma_{z,Q} &= \sigma_{z,Q_p} + \sigma_{z,Q_r} + \sigma_{z,Q_r} \\ &= Q_p K_p / L^2 + Q_r W_r K_r / L^2 + Q_t K_t / L^2 \end{aligned} \tag{5-98}$$

式中　K_p，K_r 和 K_t——竖向应力系数，其表达式较繁冗，详见文献［Geddes，1966］。

对于由 n 根桩组成的桩群，地基中竖向应力可对这 n 个根桩逐根采用式（5-98）计算后叠加求得。

由桩体荷载 p_p 和桩间土荷载 p_s 共同产生的地基中竖向应力表达式为：

$$\sigma_z = \sum_{i=1}^{n} (\sigma_{z,Q_{pi}} + \sigma_{z,Q_{ri}} + \sigma_{z,Q_{ti}}) + \sigma_{z,p_s} \tag{5-99}$$

根据式（5-98）计算地基土中附加应力，采用分层总和法可计算复合地基沉降。

采用改进 Geddes 法计算需要确定荷载分担比，另外需假定桩侧摩擦阻力分布，上述两项估计将给计算带来误差。特别是后者桩土相对刚度对其影响是很大的，建议进一步开展研究。

第八节　孔内深层强夯复合地基的计算

孔内深层强夯（DDC 法）加固地基的桩，用料除了建筑渣土以外，常采用石灰桩，特别是在西北黄土地区，现将（DDC

法）石灰桩复合地基的设计计算简述如下：

1. 适用范围及技术特点

根据我国的实际情况及技术水平，石灰桩法适用于加固杂填土、素填土，淤泥、淤泥质和黏性土地基，有经验时也可用于粉土，加固深度一般不宜超过 8m。（但孔内深层强夯法加固深度可达 25～30m），不适用于地下水位下的砂类土。

石灰桩法可以大幅度地提高软土地基的承载力，减少沉降量，提高稳定性，适用于以下工程：

（1）深厚软土地区多层或小高层住宅，一般软土地区 9 层以内的民用建筑物或相当的其他多层工业建筑物和构筑物；

（2）如配合箱基、筏基，在一些情况下，也可用于 20～25 层左右的高层建筑；

（3）有工程经验时，也可用于软土地区大面积堆载场地或大跨度建筑物独立柱基下的软弱地基加固；

（4）可用于设备基础和高层建筑深基开挖的支护结构中；

（5）适用于公路、铁路桥涵后填土，涵洞及路基软土加固；

（6）适用于危房地基加固。

孔内深层强夯法当采用石灰桩的技术特点归纳为：

（1）能使软土迅速固结的地基处理方法。即使是松散的新填土，在加固深度范围内成桩后 7～28d 即可基本完成固结；

（2）可大量使用工业废料、建筑渣土等，具有显著的社会效益；

（3）节约钢材、水泥，造价低廉。经统计，民用建筑每平方米建筑面积加固费用为 30～50 元；

（4）设备简单，可就地取材，便于推广；

（5）施工无振动和噪声，可在极狭窄的场地或室内施工；

（6）施工速度快；

（7）国内受设备能力的限制，大多采用 6m 以内的浅层加固。当加固深度大于 6m 时，孔内深层强夯法有保证桩体质量的经验和措施；

（8）石灰桩吸水使土产生自重固结，对超软土的固结特别有利，效果显著。

2. 设计参数及技术要点

（1）桩径：石灰桩设计桩径 d 一般为 ϕ300～400mm，实际桩径当排土成孔时，$d_1=(1.1\sim1.2)d+30(\text{mm})$；管内投料时，桩管直径视为设计桩径；管外投料时，应根据试桩情况测定实际桩径。

（2）桩长：根据上部结构及基础荷载，按桩底下卧层承载力及变形计算决定桩长。同时应考虑将桩底置于承载力较高时土层上，避免置于地下水渗透性大的土层。

（3）桩距和置换率：根据复合层承载力计算确定，桩中心距一般采用 $2\sim3d$，相应的置换率为 0.09～0.20，膨胀后实际置换率约为 0.13～0.28。

（4）桩土荷载分担：桩分担 35%～60% 的总荷载，桩土应力比在 2.5～5 之间，桩体抗压强度的比例界限值约为 300～450kPa。

（5）桩间土承载力：置换率、施工工艺和土质情况是影响桩间土承载力的主要因素，桩间土提高系数 α 数值大体在 1.1～1.5 之间。

（6）试验及大量工程实践证明，当施工质量有保证、设计无原则错误时，加固层沉降约 3～5cm，为桩长的 0.5%～1%。沉降主要来自于软弱下卧层，设计时应予重视。

（7）复合地基承载力标准值一般为 120～160kPa，不宜超过 180kPa。

（8）以载荷试验确定复合地基承载力时，沉降比 s/B 采用 0.015～0.02。

（9）一般情况下只在基础范围内布桩，不设围护桩。在施工需要隔水或加固超软土时，在基础外围加打 1～2 排围护桩。

（10）一般情况下桩顶不设垫层，需要考虑排水通道时，设 0.1～0.2m 厚的砂石垫层；需要减小基础面积时，通过计算可设厚度 0.5m 以上的垫层。

（11）大量的测试结果表明：由于上覆压力及孔底地下水或清孔影响，石灰桩桩体强度沿深度变化较大，中部强度最高，下次之，上部最差，其比例关系约为1∶0.8∶0.6。设计时应予考虑。

3. 孔内深层强夯法石灰桩复合地基的承载特性

石灰桩复合地基，桩与土的模量比一般情况于下小于10（$E_p/E_s<10$），具有共同工作的条件。图5-20为室内及现场测试的12组荷载试验桩土应力比与荷载关系图。荷载板底无砂垫层的8号、9号试桩，应力首先向桩上集中，随着荷载的增加，桩产生变形，桩土应力比陡降，应力向土上转移，桩土开始共同处于弹性压缩状态。其他10组荷载试验均在压板底设有砂垫层（厚10cm），此时土承受相对无垫层时较大的荷载，随着荷载的增加，土的变形加大，荷载迅速向桩上转移，桩土应力比陡增，继而桩发生变形，桩土应力比降低，桩土开始共同处于弹性压缩状态。以上阶段为桩土变形的调整阶段，这一阶段由于基础与地基接触面不平整，垫层密实不同等因素，使桩土应力比的变化较剧烈。此阶段变形微小，如图5-21中之OA段。

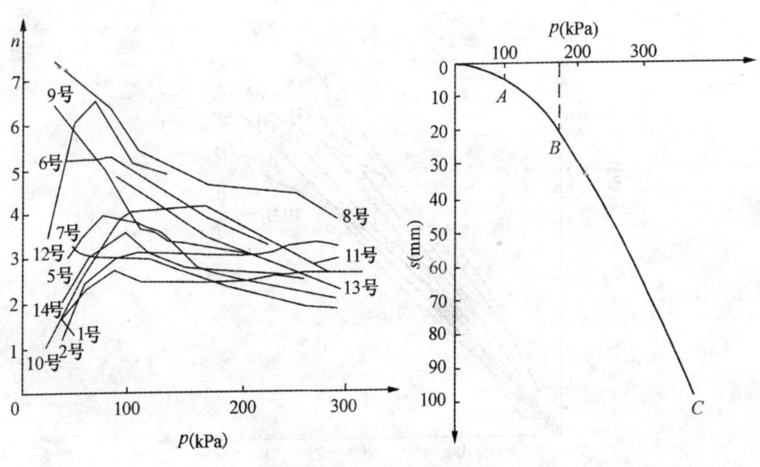

图5-20　桩土应力比—荷载关系图

图5-21　2号群桩载荷试验 p-s 曲线

随着荷载的继续增加，桩土应力比不断发生不大的调整。桩土的弹性变形不断增加，桩土应力比逐渐减小，一直持续到复合地基荷载达到比例界限，此阶段为弹性压缩阶段，其终了荷载接近复合地基的容许承载力。此阶段已产生可以容许的变形，如图5-21中之*AB*段。继续增加荷载，桩土应力比仅发生微小的调整，桩土应力比缓慢减小，接近某一定值。桩和土均产生塑性变形，基础周边发生局部剪切变形。由于桩体的作用，继续增加荷载时，基础下土体不会发生整体剪切破坏；同时，由于土对桩的围护作用，桩又不会发生脆性失稳破坏，基础下的桩和土继续同时被压实，基础呈冲切形式，不断下沉而不破坏。此阶段为塑性变形阶段，复合地基持续产生较大的塑性变形，如图5-21中之*BC*段。

从图5-22桩顶应力与荷载关系图中，可以看出在复合地基变形的三个阶段中，桩顶应力呈线性增长，说明可压缩的石灰桩在土的围护下具有持续向下传递荷载的能力，此时桩体发生压缩

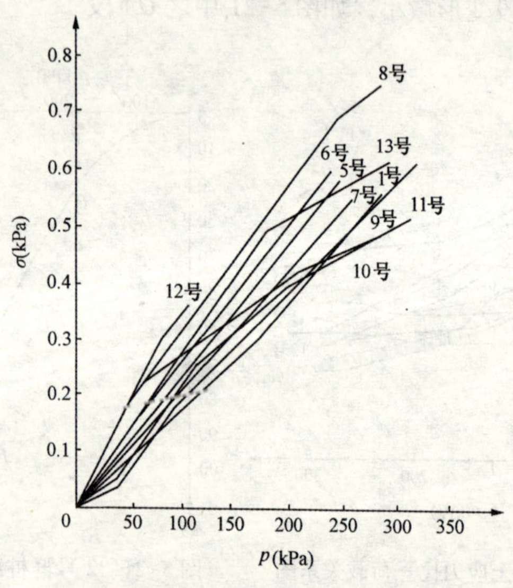

图5-22　桩顶应力—荷载关系图

及鼓胀变形，经测试桩体应力达到0.65MPa时，桩顶直径增加2.5%。随着荷载的增加，桩的塑性区不断向下延伸，桩体压缩量在压板荷载达到370kPa时为68.58mm，为桩长的4%，表现了石灰桩的可压缩特征。基础外的土不发生显著隆起，表明桩土自上而下具有较天然地基明显的压密效果，使桩和土的模量随深度发生不同的变化，应力大的上部，模量随荷载递减的速度小于下部。随着荷载的增加，桩土沿深度的变形接近线性（见图5-23），表明在荷载作用下，不同深度区段的变形相等，即各点应变相等，ε为定数，说明了荷载对复合地基自上而下的持续压实效应，此时的p-s曲线接近线性（参见图5-21），说明了石灰桩复合地基在荷载作用下的稳定性。

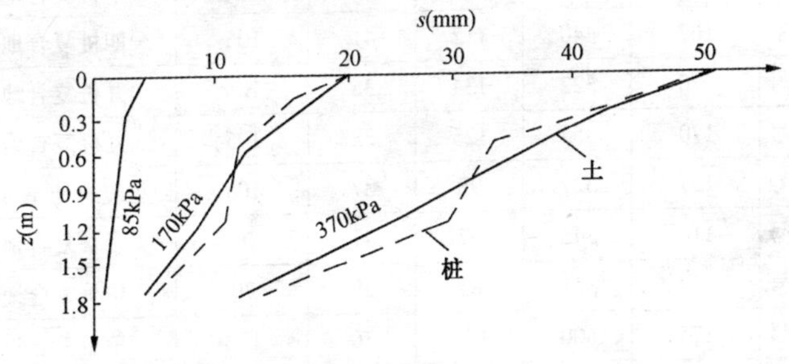

图5-23　2号桩土沿深度变形

以上分析，石灰桩复合地基在整个受力阶段，都是受变形所控制，因此其承载力问题的实质是变形问题。石灰桩复合地基中桩土具有良好的协同工作的特征，土的变形控制着复合地基的变形，所以复合地基的容许变形的标准应当与天然地基的标准相一致。根据大量的载荷试验分析，石灰桩复合地基的比例界限都在(0.15~0.02）B所对应的荷载附近。因此用沉降为（0.15~0.02）B的标准来控制石灰桩复合地基的承载力是适宜的。

表5-1统计了10组载荷试验实测的桩土荷载分担数值。表5-1中可以看出，当复合地基荷载达到其承载力标准值时，土的

接触压力高于天然土承载力，而略小于经加固后的桩间土的承载力。其原因是由于桩的存在，土中应力还通过桩向下传递，虽然土的接触压力小于加固后的桩间土承载力，但土下部的应力还略大于接触压力为桩间土承载力时在该处所产生的应力。实际上说明了经加固后的桩间土能发挥其承载作用。

桩土荷载分担表　　表 5-1

试验编号	复合地基承载力标准值（kPa）	桩应力（kPa）	土应力（kPa）	桩分担荷载比（%）	天然地基承载力标准值（kPa）	说　明
京模 8 号	170	504	109	46	105	单桩复合地基
京模 9 号	170	360	135	33	105	单桩复合地基
京模 6 号	167	440	112	41	105	四桩复合地基
京模 1 号	170	322	134	36	105	九桩复合地基
京模 2 号	170	354	125	38	105	九桩复合地基
京模 3 号	137	327	98	37	105	四桩复合地基（短桩）
汉模 2 号	110	345	67	47	55	三桩复合地基
襄轴 2 号	164	351	83	59	70	单桩复合地基
武蛋 1 号	175	500	147	36	130	单桩复合地基
汉模 1 号	150	426	98	49	70	单桩复合地基

图 5-24 和图 5-25 为两根石灰桩单桩载荷试验的 p-s 曲线和 s-$\lg t$ 曲线，图 5-24 中得出桩体比例界限荷载为 0.4MPa，结合表 5-2 及图 5-22 中北京模拟试验桩应力的实测结果，表明当复合地基荷载达到其承载力标准值时，桩顶应力也同时达到比例界限。

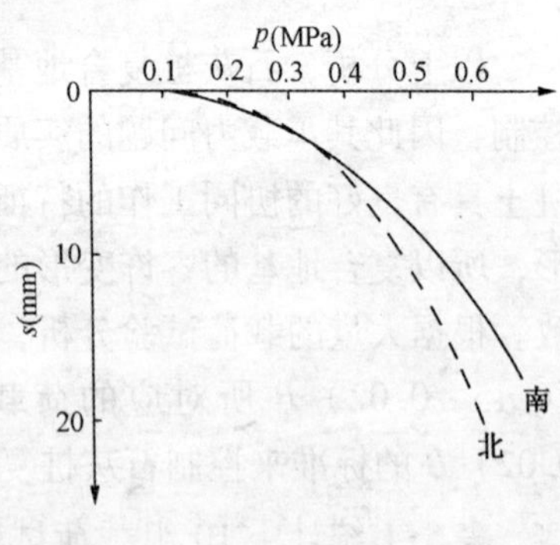

图 5-24　石灰桩单桩 p-s 曲线

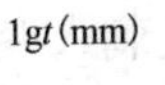

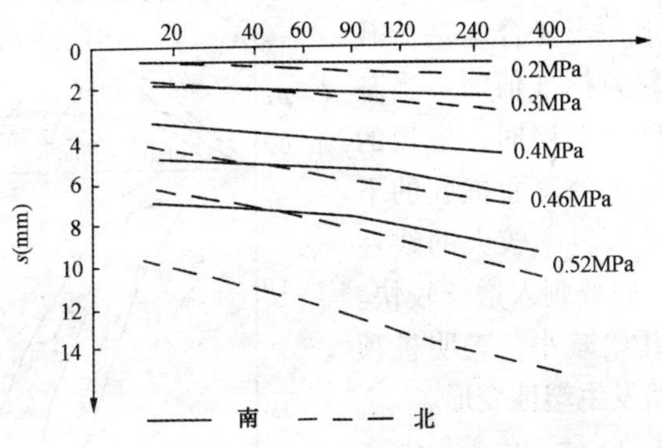

图 5-25　石灰桩单桩 s-lg$t$ 曲线

1 号、2 号复合地基和 3 号天然地基土的分层变形量（mm）

表 5-2

深度 / 荷载(kPa) / 区号	0 ~ −0.6m			−0.6 ~ −1.2m			−1.2 ~ −1.9m		
	110	170	230	110	170	230	110	170	230
1 号复合地基	3.91/52.6	9.22/42.5	14.37/32.1	0.93/12.5	3.77/17.3	9.42/21	1.1/14.0	4.01/18.5	11.23/25.1
2 号复合地基	4.52/54.0	10.6/44.9	14.9/36.7	1.17/14.0	3.91/17.4	8.30/20.4	1.53/10.3	4.62/20.6	9.36/23.0
3 号复合地基	8.46/47.6	12.88/34.22	17.48/28.8	4.85/27.3	11.32/30.1	17.12/28.2	3.11/17.5	9.30/24.7	18.29/30.1

深度 / 荷载(kPa) / 区号	−1.9 ~ 2.4m			−2.4m 以下			总沉降		
	110	170	230	110	170	230	110	170	230
1 号复合地基	0.79/10.6	2.71/12.5	5.57/12.4	0.71/9.5	2.06/9.5	4.19/9.4	7.44	21.71	44.78
2 号复合地基	0.63/7.5	2.56/11.4	5.57/13.7	0.52/6.2	1.28/5.7	2.48/6.1	8.37	22.43	40.62
3 号复合地基	0.59/3.3	2.02/5.4	4.05/6.7	0.775/4.4	2.11/5.6	3.79/6.2	17.79	37.63	60.73

注：表中分母为该级荷载下分层变形的百分比，压板尺寸为 1350mm × 1350mm，桩长 1.8m，ϕ200mm。

图 5-26 为桩顶、桩底刺入变形与荷载的关系图。从图 5-26 中可以看出，当复合地基荷载达到其承载力标准值时，当基础下设置砂石垫层时，桩顶的上刺入达最大值，而桩底的下刺入则刚进入斜率较大的线性变形阶段，底部刺入增长较快。顶部刺入开始减小，表明桩顶部分已开始发生塑性变形。

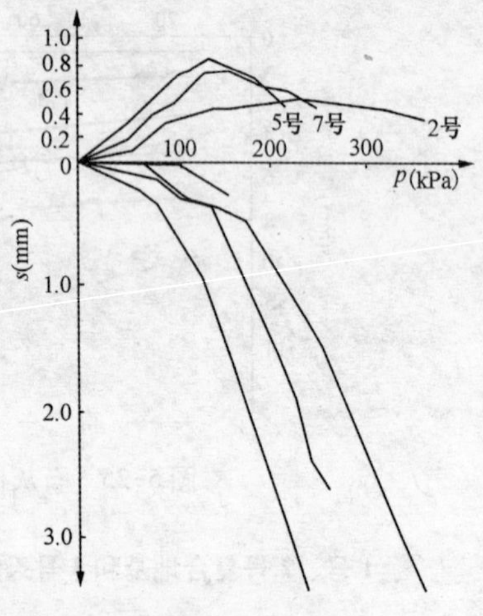

图 5-26 桩顶、桩底刺入变形-荷载关系图

在图 5-20 桩土应力比随压板荷载变化图中，当复合地基荷载接近其承载力标准值时(170kPa)，桩土应力比由刚加载时的陡升降，开始转为稳定的缓慢下降趋势，此时的桩土应力比在 2.5 ~ 5.0 之间，随着荷载的继续增加，桩土应力比趋于某一定值。

表 5-2 还列出了实测的桩土荷载分担比。在复合地基的使用阶段，土分担了总荷载的 40% ~65% 。

图 5-27 为压板下土的接触压力的分布图形。刚性压板下的土应力分布呈马鞍形。2 号压板刚度稍差，应力分布为中间大，两边小。在使用阶段压板下土应力变化不大，从实测的边中桩与角桩的分层沉降中看出边中桩与角桩的变形相差不大，因此压板下桩土的接触压力可按平均压力计算。

综上所述，当复合地基荷载达到其承载力标准值时，具有以下特征：

（1）土的接触压力接近达到桩间土承载力的标准值；

（2）桩顶接触压力达到桩体的比例界限；

（3）桩顶上刺入达最大值，底部刺入开始加大，桩顶出现塑性变形；

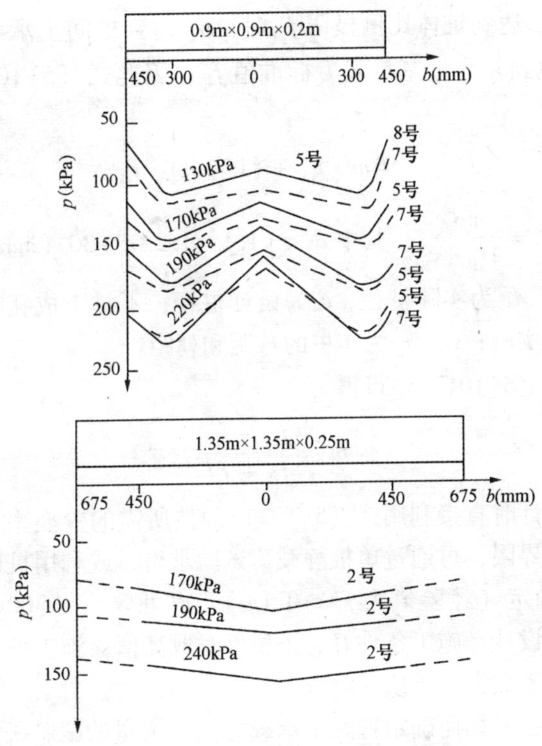

图 5-27 石灰桩复合地基压板底土应力分布

（4）桩土应力比趋于稳定，其值在 2.5～5.0 之间；

（5）土分担了总荷载的 40%～65%；

（6）桩、土的接触压力可采用平均应力进行计算。

4. 石灰桩复合地基的承载力计算

根据静力平衡条件可得

$$\sigma_{sp} = m\sigma_p + (1 - m) \cdot \sigma_s \tag{5-100}$$

式中 σ_{sp}——复合地基平均应力；

σ_p——桩顶平均接触应力；

σ_s——桩间土平均接触应力；

m——面积置换率。

当σ_p达到桩体比例极限f_{pk}时，σ_s达到桩间土承载力标准值f_{sk}即达到复合地基承载力标准值f_{sp}，因此式（5-100）可改写为

$$f_{sp} = m \cdot f_{pk} + (1 - m) \cdot f_{sk} \tag{5-101}$$

式中 $m = \dfrac{\pi d_1^2}{4s_1 \cdot s_2}$，其中$d_1 = (1.1 \sim 1.2)d + 30$（mm）（排土成孔时），$d_1$为实际桩径，$d$为设计桩径；不排土成孔时的实际桩径需要实测；$s_1$、$s_2$为布桩的行距和列距。

由式（5-101）还可得

$$m = \frac{f_{sp} - f_{sk}}{f_{pk} - f_{sk}} \tag{5-102}$$

在设计时直接利用式（5-102）预估所需的置换率。f_{pk}为桩体的比例界限，可通过单桩静载荷试验求得，或利用桩体静力触探p_s值确定（经验值为$f_{pk} \approx 0.1p_s$），也可取$f_{pk} = 300 \sim 450$kPa进行初步设计。施工条件好、土质好时取高值；施工条件差、地下水渗透系数大、土质差时取低值。

问题在于如何确定桩间土承载力f_{sk}，大量的试验研究结果说明了排土成孔时，桩周10cm（约$0.3d$）的桩边土具有明显的改良效果。经测试桩边土强度约为天然地基土的1.1～1.8倍，平均1.4倍，使用中按1.3～1.6倍考虑，天然土强度高或为粉土时取小值。此系数K_{ps}称桩边土加强系数。在正常情况下，桩边土以外的桩间土基本不显示加固效果。

根据上述分析，计算桩间土承载力，拟将桩间土分为桩边土（称加强区）及桩和桩边土以外的部分（称正常区）。加强区的范围为桩外$0.25d_1$厚的圆环，其面积为

$$A_g = \frac{\pi}{4} \times (1.5d_1 \times 2 - d_1^2) \approx d_1^2$$

正常区面积为

$$A_z = A - (A_p + A_g) = s_1 \cdot s_2 - 1.785d_1^2 \tag{5-103}$$

因此，桩间土承载力为

$$f_{sk} = \left(\frac{A_g \cdot K_{ps} + A_z \cdot 1)}{A - A_p}\right) \cdot \mu_s \cdot f_k$$

$$= \left[\frac{(K_{ps} - 1) \cdot d_1^2}{As} + 1\right] \cdot \mu_s \cdot f_k \qquad (5\text{-}104)$$

式中　$k_{ps} = 1.3 \sim 1.6$；

μ_s——成桩中挤压系数，排土成孔时 $\mu_s = 1$；

f_k——天然地基土的承载力标准值。

其他符号同前。

在确定桩间土承载力时，不排土成孔比较复杂。经统计及载荷试验分析，当桩间土为淤泥及饱和软黏土时，不显示成桩挤密效果，$\mu_s = 1$。当桩间土为一般黏性土或粉土时，$\mu_s = 1.05 \sim 1.10$。当桩间土为杂填土或大孔隙土时，需经原位测试确定。

当桩间土为淤泥时，考虑石灰桩施工后，地下水位的降低引起土的自重固结，f_{sk}应乘以 1.20 左右的系数。

得到f_{sk}后，即可按式（5-102）和式（5-104）计算复合地基的置换率及承载力。

令：桩间土承载力提高系数 $\alpha = \left[\frac{(k_{ps} - 1)\ d_1^2}{A_s} + 1\right]\mu_s$，桩间土承载力发挥度为$\beta$，则式（5-102）可改写为

$$f_{sp} = [1 + m(n - 1)] \cdot \alpha \cdot \beta \cdot f_k \qquad (5\text{-}105)$$

即为常用的复合地基承载力应力比计算公式。式中 n 为桩土应力比，$\beta = 1$，α 数值大体如下：

排土成孔时，$\alpha = 1.1 \sim 1.2$；对于淤泥等超软土，$\alpha = 1.3 \sim 1.5$。挤土成孔时，一般黏性土，$\alpha = 1.15 \sim 1.3$；饱和软黏土，$\alpha = 1.1 \sim 1.2$；杂填土、素填土、大孔隙土，α 应经原位测试确定。

在复合地基承载力计算时，尚应验算桩底以下土层承载力，按常规下卧层验算方法进行，以确定桩长。

5. 石灰桩复合地基的变形计算

（1）复合地基的变形场：湖北省建筑科学研究设计院、中国建筑科学院地基基础研究所在北京大型模型试验中，对单桩、多桩复合地基以及天然地基在荷载作用下的变形场进行了测试，取得了系统的资料。

图5-28表示两组9桩复合地基和一组天然地基的变形分布规律。三组试验的土质情况相同，压板尺寸为1.35m×1.35m，桩长1.8m，d_1=20cm。

图5-28中可以看出，石灰桩复合地基的变形规律和天然地基极其相似，所不同的是由于桩的存在减少了加固层的压缩性，使复合地基的变形小于天然地基。桩底以下土层的变形，当桩长大于1.5倍压板宽度时，相同荷载下复合地基与天然地基接近相等。表5-2统计了复合地基及天然地基的分层变形量，据以说明上述现象。

相同荷载下，复合地基板外地面的变形与天然地基相近。在使用阶段复合地基基本消除了0.6m以上的隆起现象，但地面以下的变形，由于桩将荷载向下传递，复合地基的变形随深度衰减较慢，变形小于天然地基，但差值不大，可以认为石灰桩对板外土的变形无显著影响。

复合地基及天然地基板内外变形规律的揭示，对石灰桩复合地基强度和变形的计算提供了依据。

（2）复合地基的变形特征：石灰桩复合地基的变形由桩长范围内的变形和桩底以下下卧层变形两部分所组成。这两部分的变形关系受桩、土模量、桩长、基础尺寸、荷载水平等因素的影响。

前述图5-26中可以看出复合地基的使用阶段，桩土变形相互协调，桩的刺入量为1.7mm，可忽略不计，土的变形等于桩的变形。

前述表5-1所列2号群桩，当压板荷载达到复合地基承载力标准值170kPa时，实测桩间土接触压力平均值为125.33kPa，略大于天然地基承载力标准值118kPa，接近桩间土经加固后的承载力。

1350
±0.00 断面
140kPa
(100kPa)
(120kPa)
(140kPa)
170kPa
1 号（有围护桩）
2 号（无围护桩）
3 号（天然地基）
(170kPa)
200kPa
230kPa
(200kPa)
(230kPa)
290kPa
s (mm)
(a)
−1.20 断面
(100kPa)
(120kPa)
170kPa
(140kPa)
200kPa
(170kPa)
230kPa
(230kPa)
290kPa
(b)
−2.40 断面
(c)

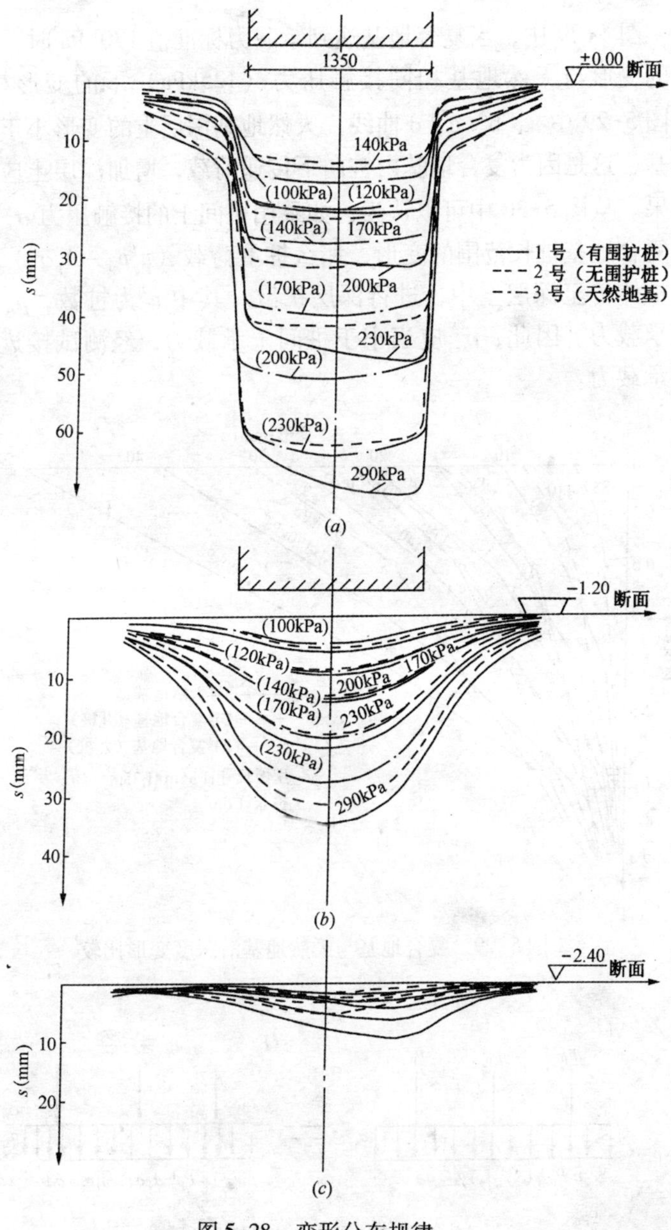

图 5-28 变形分布规律

图 5-29 中，当复合地基达到承载力标准值 170kPa 时，桩间土的变形与天然地基相同接触压力（125kPa）下的变形相近，见图 5-29 中 a、b、c、d 曲线。天然地基深层土的变形小于复合地基，这是因为复合地基内桩向下传递荷载，增加深层土应力的结果。从图 5-30 中可以认为，如果用桩间土的接触压力 σ_s 来计算复合地基桩长范围的变形，那么桩上荷载（$n'p_p - A_p\sigma_s$）则通过桩体传至深层土中，进行深层扩散。其中 n' 为桩数，p_p 为单桩承载力。因此，σ_s 应当小于桩间土承载力，经测试接近桩间土承载力。

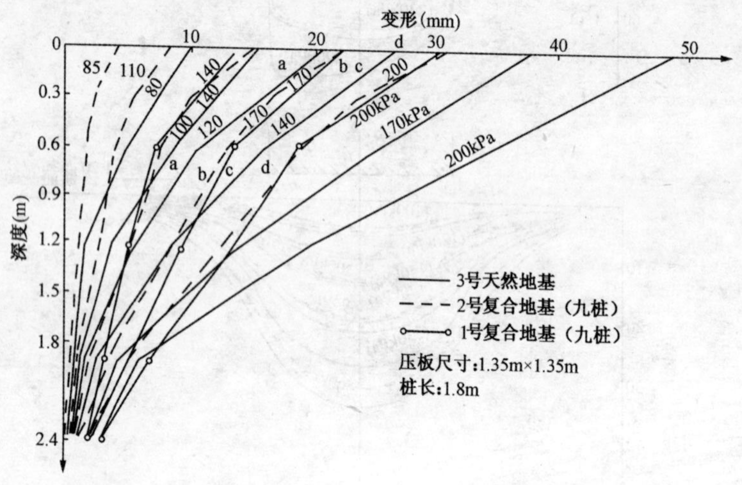

图 5-29　复合地基与天然地基沿深度变形比较

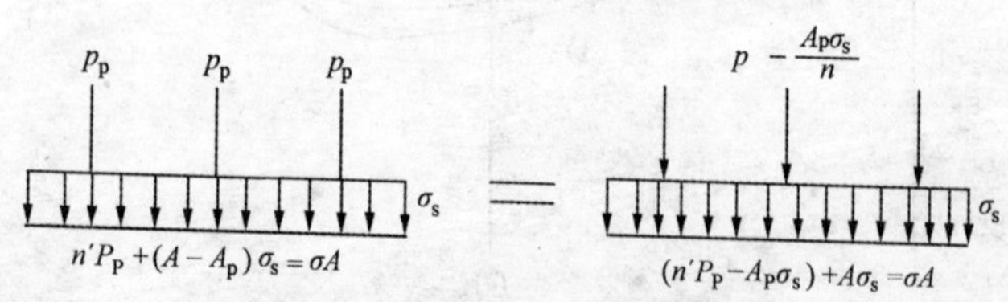

图 5-30　桩与土荷载分布

虽然复合地基中深层土的应力已超过天然地基在相同接触压力下的土应力，但由于复合地基上部压缩变形减小，加上桩间土的改良效果及桩体对桩间土的约束，其总沉降仍接近天然地基，因此，按桩间土实际分担的荷载计算复合地基加固层的变形是可行的。

表5-2列出了复合地基与天然地基在不同荷载下土的分层变形量，复合地基桩底（-1.9m以下）下卧层变形量在荷载为170kPa时平均为4.3mm，相同荷载下天然地基-1.9m以下变形量为4.13mm，二者基本相等。前述复合地基及天然地基板外变形情况，二者在相同荷载下板外地面变形基本相等，深层变形天然地基略大于复合地基。因此可以说明，由于石灰桩的存在没有过大影响板外土及下卧层土的变形规律，可以用复合地基总荷载来计算下卧层土的变形。

综上所述经过测试结果的分析得出以下结论：

①石灰桩复合地基桩土变形协调，桩与土之间无滑移现象，属可压缩性桩。基础下桩、土在相同荷载下变形相等。

②可以按桩间土分担的荷载 σ_s，用天然地基的计算方法计算复合地基加固层的沉降。

③可以按复合地基总荷载 σ，用天然地基的计算方法计算复合地基桩底以下下卧层的沉降。

（3）复合地基变形的计算方法

①等应变法：根据前述复合地基承载特性及变形特征得出的三个结论（桩土变形协调，桩和桩间土变形相等；可以按桩间土分担的荷载用天然地基的计算方法求得加固层变形；复合地基达到承载力标准值时，桩间土也达到承载力标准值，即桩间土承载力发挥度 β 为1），在计算使用阶段的加固层变形时，可以很简单的把桩间土承载力标准值作为荷载，以桩间土压缩模量用分层总和法来计算加固层变形。

问题在于如何求得极限状态以内任一荷载水平时桩间土的接触压力 σ_s。

图 5-31 表示了群桩载荷试验中测得的桩顶以下不同区段的桩体应力应变关系。同前述桩体强度在桩长范围内不均匀的情况相似，桩顶部及底部的变形模量小于桩中部，以桩顶部模量最小。图 5-31 中反映出石灰桩顶有一个初始结构强度 σ_0，应力超过此值后，在桩周土围压作用下，桩体应力应变呈线性关系。此时桩体的变形可用下式表示：

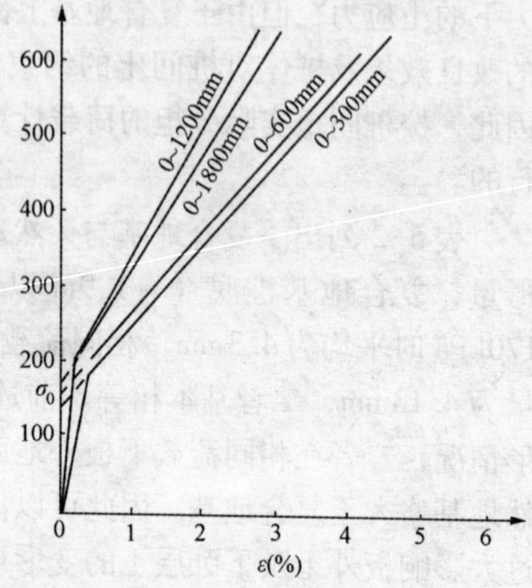

图 5-31　桩体应力—应变图

$$\varepsilon_p = \frac{\dfrac{p_p}{A_p} - \sigma_0}{E_p'}$$

土的变形为

$$\varepsilon_{s0} = \frac{\sigma_s}{E_{s0}'}$$

桩土变形协调

$$\frac{\dfrac{p_p}{A_p} - \sigma_0}{E_p'} = \frac{\sigma_s}{E_{s0}'}$$

令置换率 $m = \dfrac{A_p}{A}$，$n_1 = \dfrac{E_p'}{E_{s0}'}$

则

$$\sigma_s = \frac{\sigma - \sigma_0 m}{m(n_1 - 1) + 1} \tag{5-106}$$

$$n_1 = n - \frac{\sigma_0}{\sigma_s}$$

式中 σ——基础下总荷载强度；

σ_s——基础底面桩间土接触应力；

A——复合地基单元总面积；

A_p——复合地基单元中桩面积；

A_s——复合地基单元中土面积；

E_p'——桩变形模量；

E_{s0}'——桩间土变形模量；

σ_p——桩顶应力；

p_p——桩承受的荷载；

σ_0——桩顶的初始结构强度，限值130～180kPa，桩间土强度高时取大值，强度低时取小值；

n——桩土应力比；

ε_p、ε_{s0}——分别桩和桩间土的应变。

应用式（5-106）求桩间土应力 σ_s 时需注意以下几个问题：

因桩体模量随深度变化，因此，用载荷试验求桩体变形模量时，应取顶部及顶部以下0.6～0.8m处变形模量的当量值。或采用静力触探确定 E_p' 的经验值，即 $E_p'=4P_s$，P_s 为桩体静力触探比贯阻力在全桩长范围内的平均值。

E_{s0}' 值可用载荷试验求得，可近似地取 $E_{s0}'=\alpha E_{s0}$，α 为桩间土承载力提高系数，E_{s0} 为天然地基变形模量。

式（5-106）仅适用于桩顶应力大于 σ_0 的情况。

在设计时为预估加固层变形量，可令 $n_1=2\sim3$，用式（4-106）求算 σ_s。

按式（5-106）计算出 σ_s，从而算出桩分担荷载，结果与实测相符，见图5-32。

下卧层变形以总荷载按分层总和法求算。

②复合模量法：由于复合地基中桩土变形协调，因此，以复合地基的复合压缩模量来进行加固层的变形计算也是简单可行的。

为了实用，忽略桩顶初始结构强度 σ_0 的影响，并将桩、土、

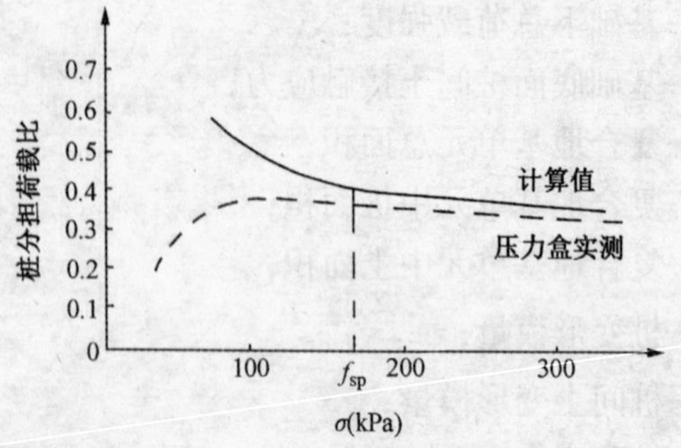

图 5-32　桩分担荷载与总荷载关系图

复合土层的模量一概视为压缩模量，则有

$$\frac{\sigma_p}{E_p} = \frac{\sigma_s}{E_s'}$$

$$E_{sp} = E_p m + (1 - m) E_s'$$

$$E_{sp} = [m(n - 1) + 1] E_s' \tag{5-107}$$

式中　E_{sp}——复合土层的复合压缩模量；

E_p——桩体压缩模量；

E_s'——桩间土压缩模量。

$$E_s' \approx \alpha \cdot E_{s0}$$

运用式（5-107）时，取经验值 $n = 2.5 \sim 5$，可能出现较大误差，较接近的办法是实测 E_p、E_{s0}'在不同深度取桩、土样进行压缩试验，求得桩和土的当量压缩模量。当桩底取样困难时可取基底以下 0.3m、0.8m 的桩、土样，压缩模量取其算术平均值。

求得 E_{sp} 后，即可按总荷载以分层总和法求算加固层及其以下压缩层范围内土的变形。

第九节　复合地基的计算公式

复合地基已成为土木工程建设中常用的基础形式之一。采用复合地基可以比较充分利用自然地基和增强体两者的潜能，并且

复合地基 f_{skp} 计算公式一览表 **表 5-3**

序号	地基处理方法	复合地基计算公式	备注及说明
1	碎石桩	1. 处理砂性土地基 $f_{spk}=[1+m(n-1)]f_{sk}$ 2. 处理黏性土地基 $f_{spk}=[1+m(n-1)]f_{sk}$	m—置换率；$m=\frac{d^2}{d_e^2}$；d—桩身平均直径； d_e——根桩分担的处理地基面积的等效圆直径； 等边三角形布桩 $d_e=1.05S$；正方形布桩 $d_e=1.13S$；矩形布桩 $d_e=\sqrt{S_1S_2}$； S、S_1、S_2 分别为桩间距、纵向间距、横向间距 n—桩土应力比 砂石桩复合地基桩土应力比 n（见下表）
2	砂石桩		
3	石灰桩	$f_{spk}=[1+m(n-1)]\alpha\beta\cdot f_{sk}$	n—桩土应力比；β—桩间土承载力发挥度，一般 $\beta=1$；m—置换率；$m=\frac{\pi d_1^2}{4S_1S_2}$；$d_1$—计算桩径，排土成孔时，$d_1=(1.1\sim1.2)\ d+30$mm；$d$—成孔桩径； α—桩间土承载力提高系数；排土成孔时，一般取 1.1～1.2，淤泥等超软土取 1.3～1.5，挤土成孔时，黏性土取 1.15～1.30，饱和软黏土取 1.1～1.2，杂填土、素填土、大孔隙土应经测试试验确定

砂石桩复合地基桩土应力比 n

桩类	桩间土类型	应力比 n
砂桩	砂土、粉土	1.5～2
	黏性土、素填土	2～3
	软塑粉性土	3～4
碎石桩	砂土、粉土	2～3
	填土	3～5

续表

序号	地基处理方法	复合地基计算公式	备 注 及 说 明
4	CFG（水泥粉煤灰碎石桩）	$f_{spk} = m\frac{R_a}{A_p} + \beta(1-m)f_{sk}$	m—面积置换率；R_a—单桩竖向承载力特征值（kPa）；A_p—桩的截面积（m^2）；β—桩间土承载力折减系数，宜按地区经验取值，如无经验时可取0.75~0.95，天然地基承载力较高时取大值；f_{sk}—处理后桩间土承载力特征值（kPa），宜按地区经验取值，如无经验时可取天然地基承载力特征值
5	渣土桩（孔内深层强夯）	$f_{spk} = mf_{pk} + (1-m)f_{sk}$ $m = \frac{d^2}{d_e^2}$	m—桩土面积置换率；d—夯后桩身平均直径（m），d_e——根桩分担的处理地基面积的等效圆直径（m）；等边三角形布桩 $d_e = 1.05S$；正方形布桩 $d_e = 1.13S$；S 为桩间距（m）；f_{pk}—处理后桩体单位截面积承载力特征值（kPa）；f_{sk}—桩间土承载力特征值（kPa），当场地土质为黄土、非饱和性粉土和砂土时，宜按1.5~2.5倍天然地基承载力取值；对淤泥、淤泥质土按经验取值

注：碎石桩与砂石桩复合地基为同一类型。

可以通过调整增强体的刚度、长度、和复合地基置换率等设计参数以满足地基承载力和控制沉降量的要求，具有较大的灵活性。因此复合地基具有一定的优势。展望复合地基的发展，在复合地基计算理论、复合地基形式、复合地基施工工艺、复合地基质量检查等方面都具有较大的发展空间，都有很多工作需要做。复合地基的发展需要更多的工程实践经验的积累，需要工程记录的研究，需要理论上的探索，需要设计、施工、科研和业主单位共同努力。现将碎石桩、砂石桩、石灰桩、CFG 桩（水泥粉煤灰碎石桩）、渣土桩（孔内深层强夯）的复合地基 f_{sp} 的计算公式汇总在表 5-3 中。

总之，今后对复合地基可以在以下几个研究方面应予以重视：①各类地基载荷规律，应力场和位移场特性；②各类复合地基承载力和沉降计算方法及计算参数研究；③按沉降控制复合地基设计理论；④各类复合地基优化设计理论；⑤动力载荷和周期载荷作用下各类复合地基性状；⑥复合地基测试技术等。同时，与竖向增强体复合地基相比较，水平向增强体复合地基的工程实践积累和理论研究相对较少。随着土工合成材料的发展，水平向增强体复合地基工程应用肯定会得到越来越大的发展，要积极开展水平向增强体复合地基的承载力和沉降计算理论的研究。展望复合地基技术的发展，可以相信最近几年在理论和工程实践两个方面我国都会有长足的发展。

第十节　孔内深层强夯（DDC 法）的承载性状与其他地基加固方法的比较

地基处理新技术—孔内深层强夯法是以高动能、超压强、强挤密的机理对地基进行动力固结处理，以强夯重锤 15 ~ 20 吨冲击成孔。从孔底深层开始分层填碎石强夯至地面，其噪声小、公害小，在重量大、压强高的重锤作用下，形成“糖葫芦”状的桩体。这种夯锤的锤高 h 远大于其夯锤直径 D（$h/D = 1.5 \sim 3$），它具有聚能作用，强夯时约 70% 的夯击能以压缩波的形式向深处传播加固地基，只有 30% 左右的夯击能以瑞利波形式向四周扩散，可使夯锤下的块石向下与向四周压实形成高压强区，直接加固深层的不良下卧层，这种自下而上的孔内深层强夯加固，深度可达 15 ~ 25m，而普通强夯法的有效加固深度一般不到 10m。

在加固的复杂地基中，桩体的强度要比桩间土的强度大 5 倍左右，在荷载作用下，桩体中的竖向应力将远远大于桩间土中的竖向应力。在夯击过程中，在桩周土侧面产生很大的动态被动压力，迫使碎石向桩周边挤出，而桩间土同时被挤密加固。

该方法具有 8000kN · m“强夯”所不具备的优点，通过锥形锤“超压强”冲击成孔，直至基岩或采用贯入控制至满足设计要求，其影响深度比 8000kN · m 强夯法大大加深，在复杂的地质条件下，既可以解决“强夯影响深度不够”的问题，又可以避免“橡皮土的出现”，还可以解决承载力低以及地基刚度不均的难题。由于柱锤冲扩桩法桩体由下而上的超压强的固结桩体及桩间土，所以它的桩型根据地基土层强度软硬而变，一般桩呈串珠状，地基越软则桩径越大，技术效果越好，通过有效使用“超压强”夯击，能使整个场地地基经过处理后，不但承载力高，变形模量大，而且刚度均匀，有效地控制了不均匀沉降，降低了工程造价，由于它的独特性对环境不造成任何污染，并可消纳渣土垃圾，这种具有绿色工程的专利技术，是其他方法所没有的。

孔内深层强夯（DDC 法）的复合地基承载力形状与其他地基加固方法的比较见图 5-33。

从图 5-33 可见，碎石桩复合地基承载性状最低；水泥粉煤灰桩加固的复合地基仅高于碎石桩复合地基；生石灰桩加固的复合地基高于水泥粉煤灰桩加固的复合地基，仅次于素混凝土桩加固的复合地基。而孔内深层强夯（DDC 法）的复合地基均高于上述各类地基加固的复合地基，说明地基处理新技术——孔内深层强夯加固处理地基的优点是非常突出的，应该在今后各类软弱地基和疑难地基的加固中推广应用。

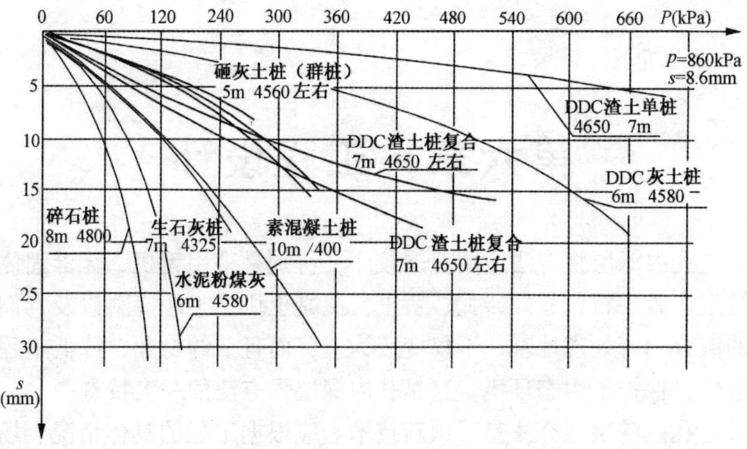

图5-33 孔内深层强夯（DDC法）与其他地基加固的复合地基 p-s 线比较图

第六章 工程设计

孔内深层强夯法适用范围较广，特别是采用无机、无毒固体的土、砂、石料、碎砖瓦、灰土、混凝土块、工业废料以及它们的混合物等处理地基，不仅变废为宝，而且节约材料，降低工程造价，保护了生态环境。这是孔内深层强夯法的一大特点。

孔内深层强夯法是一项新技术。应根据工程的具体情况、场地条件、使用要求、环境条件、地基处理要求等，确定地基处理设计方案。

孔内深层强夯法施工前的工程试桩是选定设计、施工参数的依据。在没有工程实例可参照的条件下，强调了工程试桩的重要性。当采用孔内深层强夯法处理地基制定处理方案时，应根据场地条件和工程设计要求等综合因素，确定成孔方式、设备选型。通过试验性施工后，调整设计、施工和工艺参数。

孔内深层强夯法处理地基除执行“孔内深层强夯法技术规程”（CECS197:2006）外，尚应执行国家现行有关标准。本书是桩基、复合地基处理技术的补充和新发展。

第一节 基本规定

1. 设计前期工作

（1）设计前应掌握详细的岩土工程勘察资料、上部结构及基础设计资料等。

（2）应根据工程要求，确定选用复合地基的目的、处理范围和处理后要求达到的承载力、工后沉降等各项技术经济指标。

（3）应结合工程情况，了解当地复合地基选用经验和施工条件，对于有特殊要求的工程，尚应了解其他地区的有关经验等。

（4）应掌握建筑物场地的环境情况，包括邻近建筑、地下工程和有关地下管线等情况。

2. 复合地基型式选用原则

（1）应根据上部结构对地基处理的要求和工程地质、水文地质条件，提出多种技术上可行的复合地基方案。经过技术经济比较，并考虑工期和环境保护要求，选用合理的复合地基型式。

（2）在选择复合地基型式时，应考虑上部结构、基础和复合地基的共同作用。

（3）对大型重要工程，宜通过现场试验对多个复合地基方案进行验证比较。

（4）复合地基方案选用宜按照下列步骤进行：

①根据结构类型、荷载大小及使用要求。结合工程地质和水文地质条件、上部结构和基础形式、施工条件，以及环境条件进行综合分析，提出几种可供考虑的复合地基方案。

②对初选的各种复合地基型式，分别从加固原理、适用范围、预期处理效果、耗用材料、施工机械、工期要求和对环境的影响等方面进行技术经济比较分析，选择一个或几个较合理的复合地基方案。

③对大型重要工程，应对已经选择的复合地基方案，在有代表性的场地上进行相应的现场试验或试验性施工，并进行必要的测试，以检验设计参数和处理效果。通过比较分析，选择和优化设计方案。

3. 在施工过程中应加强监测。监测结果如达不到设计要求时，应及时查明原因，修改设计参数或采取其他必要措施。

4. 大量的地基处理工程实践证明，建筑物上部结构的形状、刚度、荷载大小及场地工程地质条件等因素，对地基的承载力和变形有很大的影响。因此，本条规定对需要进行地基处理的工程，在选择地基处理方案时，应同时考虑上部结构、基础和地基的共同作用，选用能加强上部结构和处理地基相结合的设计方案，使其既可降低地基的处理费用，又能确保建筑物的安全。

5. 地基处理的技术效果与成孔条件有密切关系。孔内深层强夯工法的成孔技术特征既可优先采用钻孔、掏孔，还可采用重锤冲孔或交替进行，它的核心是达到引孔将强夯重锤放入孔中，以便填料强夯，进行深层的地基处理。

第二节　一般设计原则

渣土桩、砂石桩的设计内容包括桩位布置、桩距、处理范围、灌砂量及处理地基的承载力、稳定或变形验算。

1. 加固范围

地基处理宽度应根据桩型和地基处理的具体情况而定。对于柔性、半柔性的加固桩，布桩时要超出基础底面边缘一定范围，超出范围值可根据地基处理、工程类别、岩土特性而定。其目的在于增强地基土的整体稳定性，防止基底下被处理的土层在附加应力作用下产生侧向变形。原天然土层越软，加宽范围应越大。对于采用刚性桩处理的地基，可不超出基础以外范围。

渣土桩、砂石桩处理范围应大于基底范围，处理宽度宜在基础外缘扩大 1 ~ 3 排桩。对可液化地基，在基础外缘扩大宽度不应小于可液化土层厚度的 1/2，并不应小于 5m。

2. 桩位布置

渣土桩、砂石桩孔位布置应当根据基础形状以及荷载情况进行确定，一般采用正方形或等边三角形布置，但对于一些圆形基础常常采用放射形布置（图 6-1）。对于砂土地基，因靠砂石桩的挤密提高桩周土的密度，所以采用等边三角形更为有利，它使地基挤密较为均匀。

3. 桩长

渣土桩、砂石桩桩长可根据工程要求和工程地质条件通过计算确定：

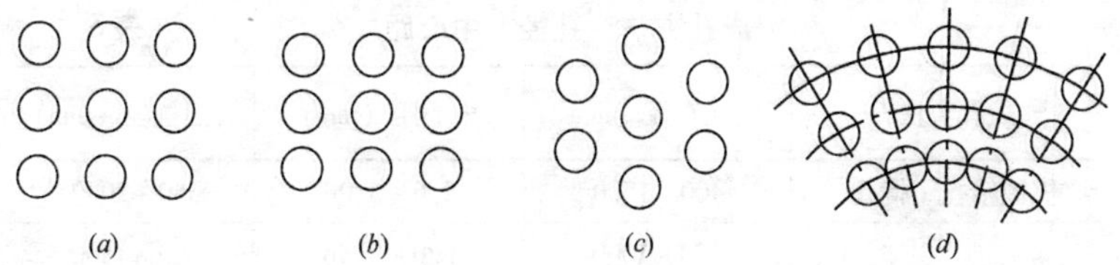

图 6-1　桩位布置

(*a*) 正方形；(*b*) 矩形；(*c*) 等边三角形；(*d*) 放射形

(1) 当松软土层厚度不大时，砂石桩桩长宜穿过松软土层。

(2) 当松软土层厚度较大时，对按稳定性控制的工程，砂石桩桩长应不小于最危险滑动面以下 2m 的深度；对按变形控制的工程，砂石桩桩长应满足处理后地基变形量不超过建筑物的地基变形允许值并满足软弱下卧层承载力的要求。

(3) 对可液化的地基，砂石桩桩长应当在 15m（天然地基）以内，并穿透可液化地基。

(4) 砂石桩的单桩载荷试验表明，在桩顶 4 倍桩径范围内将发生侧向膨胀，因此桩长一般不宜小于 4m。

4. 桩径

渣土桩、砂石桩直径的大小取决于施工设备桩管的大小和地基土的条件。小直径桩管挤密质量较均匀但施工效率低；大直径桩管需要较大的机械能力，工效高，过大的桩径，一根桩要承担的挤密面积大，通过一个孔要填入的填料多，不易使桩周土挤密均匀。对于软黏土宜选用大直径桩管以减小对原地基的扰动程度，同时置换率较大可提高处理的效果。

采用 30kW 振冲器成桩时，对于饱和软黏土，成桩直径一般为 0.7 ~ 0.9m；对粉性土或砂土，成桩直径一般为 0.6 ~ 0.8m；采用沉管法成桩时，碎（砂）石桩的直径一般为 0.3 ~ 0.7m。渣土桩的直径一般为 1 ~ 3m。

桩间距应根据设计要求确定。常用的成孔方法、孔径、中心距应按表 6-1 确定。

成孔方法、孔径、中心距　　　　　　　　表 6-1

<table>
<tr><th colspan="2">成孔方法</th><th>成孔直径（mm）</th><th>中心距（mm）</th><th>夯后桩径（mm）</th></tr>
<tr><td colspan="2">机械钻孔、掏孔</td><td>400 ~ 1500</td><td>2.0 ~ 3.0d</td><td>550 ~ 2000</td></tr>
<tr><td rowspan="3">冲击
成孔
夯锤重（t）</td><td>2 ~ 5t</td><td>500 ~ 1000</td><td>2.0 ~ 3.5d</td><td>600 ~ 1500</td></tr>
<tr><td>5 ~ 10t</td><td>1000 ~ 1400</td><td>2.0 ~ 3.5d</td><td>1500 ~ 2000</td></tr>
<tr><td>10 ~ 20t</td><td>1400 ~ 2000</td><td>2.0 ~ 3.5d</td><td>2000 ~ 3000</td></tr>
</table>

注：d—成孔直径。

表 6-1 是对成孔方法、孔径、桩径、桩间距的限定。它的成孔方法有钻孔、掏孔、挖孔及冲孔。无论哪种方法均可为地基处理造成一个深层强夯的通道，以达到孔内深层强夯的目的，成孔直径可大于锤径也可小于锤径。桩中心距的确定与地基处理的目的和地基土层的特征有关，尤其是夯后直径的大小，它不但与设计动能有关，而且与地基土的构造有关。在动能及填料相同时，其直径随天然地基土层的软硬变化而变化。天然地基强度越低则桩径越大，使桩型成一个不等径的类似糖葫芦串珠状，达到处理地基刚度均匀的目的。表 6-1 中四项技术特征都是相互关联的，夯后的桩径可达到成孔直径的 2.5 ~ 4.0 倍。

5. 材料

桩体材料可用碎石、卵石、角砾、圆砾、砾砂、粗砂、中砂或石屑等硬质材料，含泥量不得大于 5%。选用振冲法成桩时，填料粒径一般选用 20 ~ 50mm；沉管法成桩时，填料最大粒径不宜大于 50mm。

材料在桩孔内的填料量应通过现场试验确定，估算时可按设计桩孔体积乘以充盈系数 β 确定，β 可取 1.2 ~ 1.4。如施工中地面有下沉或隆起现象，则填料数量应根据现场具体情况予以增减。

6. 垫层

褥垫层是协调桩土共同作用，调整受力和沉降的构造层，在黄土地基上也可用灰土做褥垫层兼防渗层，其厚度根据设计而定，一般工程的厚度为300~500mm，对高层其厚度为500~1000mm。

渣土桩、砂石桩施工完毕后，应将基底标高下的松散层挖除或用碾压密实等方法进行处理，并在基础底面铺设0.3~0.5m厚度的碎（砂）石垫层，垫层应分层铺设，用平板振动器振实。垫层一方面可以作为排水通道将砂石桩或天然地基中的水从地面排走；另一方面，垫层可以有效地调整桩土的应力分配，充分发挥地基土的作用。另外，在不能保证施工机械正常行驶和操作的软弱土层上，也常常铺设施工用临时性垫层，其垫层厚度应根据土质情况决定。

孔内深层强夯法处理地基的用料广泛，凡是能填入孔内的材料，在高动能、超压强的夯锤作用下，均能达到设计目的。由于用料品种不一，其质量控制、测试方法，宜用两种检测方法确定，应根据不同的用料采用不同的方法测试。只要施工工艺控制严格，孔内深层强夯法的强夯机也是检测控制质量的好手段。

孔内深层强夯法可夯成各种桩体，根据孔内填料，如土桩、砂桩、碎石桩、灰土桩、三合土桩、水泥土桩、生石灰桩、粉煤灰桩、渣土桩等。表6-2对各种桩的用料、含水量、粒径、配比等仅作了原则的限定。还应根据设计和施工中地基处理的目的、岩土工程的特征，材料的供应、雨水的影响而定。

孔内深层强夯法既可夯造单组分的素土桩，也可夯造两种混合材料、三种或三种以上的混合材料的多组分的桩种。其粒径的限量是根据一般设备动能压强所定。在特殊条件下，只要孔径能放入所需的粒径，超压强动能锤可将其在孔内予以粉碎，砸入孔底，挤入桩周。配比的限定是根据工艺设备和成桩的技术特征而定，对活性材料是以装载机斗容量配合搅拌，只要按其配比，装载机几次翻搅和高动能的压强挤扩即可将材料粉碎搅拌均匀。含水量限定是达到活性材料胶化的一个重要因素，孔内深层强夯法对其低位和高位都作了限定。对于素土桩含水量应越低越好，渣土桩的含水量无论高低均可以使用。

填料的粒径、配比表　　表6-2

桩　型	填　料	填料粒径	配　比
素土桩	黄土、粉土、砂土、黏土、杂土	$\leqslant\left(\frac{1}{10}\sim\frac{1}{5}\right)$成孔直径	单组分、双组分或多组分的混合桩体
渣土桩	土、碎砖瓦、砂、石料、混凝土块、无害的工业废料及其混合物	$\leqslant\left(\frac{1}{10}\sim\frac{1}{3}\right)$成孔直径	单组分、双组分或多组分的混合桩体
碎石桩	碎石、石屑	$\leqslant\left(\frac{1}{10}\sim\frac{1}{5}\right)$成孔直径	碎石或碎石夹石屑
灰土桩	石灰、土	石灰：≤10~20mm 土：$\leqslant\left(\frac{1}{10}\sim\frac{1}{8}\right)$成孔直径	2:8、3:7
生石灰桩	生石灰块、粉煤灰	$\leqslant\left(\frac{1}{10}\sim\frac{1}{4}\right)$成孔直径	6:4、7:3
三合土桩	灰、土、渣土	$\leqslant\frac{1}{8}$成孔直径	1:1.5
粉煤灰桩	粉煤灰或粉灰、土		1:3
水泥土桩	水泥、土		1:(2~4)

注：1. 表中填料的有机物含量不应超过10%；

2. 对于细粒土的含水量应由最优含水量控制。

7. 桩孔内的填料应根据地基处理的目的和要求选用便于取得的材料。桩体质量应根据其强度采用动力触探或压实系数控制。当为素土或灰土桩时，压实系数不应小于0.95。触探击数按勘察规范评定。

8. 桩孔内填料、最优含水量应通过试验确定，也可按当地经验确定。填料的粒径、配比可参照表6-2确定。

9. 孔内深层强夯的桩端与一般桩基础一样，宜置于性状较好的土层上。该技术成桩时采用孔内强夯挤扩，对桩端土层有挤密加固的作用。当桩端没有较好的土层时，可采用孔内深层强夯法加固改良桩端土层，如置入干硬性混凝土、碎石、建筑垃圾等材料，通过夯击形成桩端加固土层作为桩端持力层。设计时应通过试夯和检测确定加固技术效果。

10. 根据该技术多年的实践经验和检测数据，其复合地基承载力特征值虽在工程实验中取得的数值更大些，但限定最高值在600kPa。如：灰土桩承载力特征值为3000kPa（$s=2.57$m），复合地基承载力特征值为1500kPa（$s=8.57$m）；素土桩承载力特征值为750kPa（$s=6.27$m）。一般桩端应置于密实土层或卵石层等承载性状好的土层上。对桩长的确定，当以消除地基土的湿陷性为主要目的时，可按现行国家标准《湿陷性黄土地区建筑规范》（GB 50025—2004）和《建筑抗震设计规范》（GB 50011—2001）2008年版确定。

第三节　确定单桩竖向承载力特征值

单桩竖向承载力特征值应遵照《孔内深层强夯法技术》（CECS197:2006）规程和参考有关部门国家现行标准进行估算，应按直桩、串珠和扩大头部分分别计算。计算参数应采用地质勘察报告的提供值或通过试验确定。

桩（扩大头、串珠）端阻力特征值 q_{pm}、q_{pb} 和侧摩阻力特征值 q_{sim}、q_{sib} 的取值均大于勘察报告提供值的2~3倍，主要是考虑孔内强夯施工工艺的特点，施工时对周围土体产生强挤密作用。挤密的范围一般为桩径的2~2.5倍，挤密后桩间土干重度 γ_d 为15~17kN/m^3，非饱和黄土、黏性土桩侧阻力可达80~140kPa。桩周围土性改良程度一般根据现场试验确定，当无现场资料时，可参考规程建议值估算。孔内深层强夯施工对侧摩阻力和端阻力的提高影响因素较多，如施工工艺、填料、地质情况，夯击能量等。应通过现场试验确定各种因素对侧摩阻力的端阻力影响而定。规程给出的提高系数就是在此基础上提出来的。随着工程不断的实践、经验不断的积累，此提高系数将会更接近实际。

复合地基承载力特征值、压缩模量、变形模量在方案设计阶段可按其经验公式估算，但应根据建筑物的重要性通过工程进行原位测试。尤其对渣土桩处理的杂填土地基，其复合地基压缩模量只能由原位测试得出变形模量，再换算压缩模量进行计算。

孔内深层强夯法可夯造的串珠、扩大头桩形的单桩承载力特征值，可根据桩周摩阻力和扩大头承载力，以及混凝土桩断面强度等通过公式进行设计估算取其小值。孔内深层强夯法的桩周摩阻力是天然地基土的2~3倍，这使桩长设计大大减小。

1. 确定砂石桩单桩极限承载力

作用于桩顶的荷载如果足够大，桩体会发生破坏。可能出现的桩体破坏形式有三种：鼓出破坏、刺入破坏和剪切破坏，如图6-2所示。由于碎（砂）石桩桩体均由散体土颗粒组成，其桩体的承载力主要取决于桩间土的侧向约束能力，绝大多数的破坏形式为桩体的鼓出破坏。

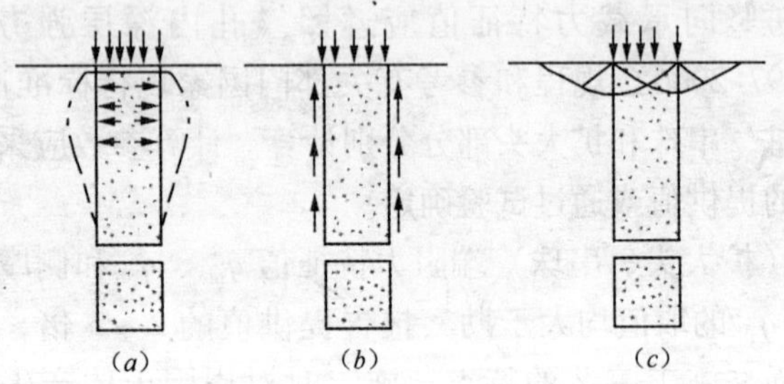

图6-2 桩体破坏形式

(*a*) 鼓出破坏；(*b*) 刺入破坏；(*c*) 剪切破坏

目前国内外估算碎（砂）石桩的单桩极限承载力的方法有若干种，如有侧向极限应力法、整体剪切破坏法、球穴扩张法等。砂石桩属于散体材料桩，散体材料桩的极限承载力计算公式参见表6-3。

散体材料桩柱体承载力计算 表 6-3

方　法	序号	公　　式	符　号
侧向极限应力法	1	$f_{pu}=\sigma_{ru}K_p, K_p=\tan^2(45°+\varphi_p/2)$	f_{pu}——桩柱体极限承载力，kPa； σ_{ru}——桩体侧向极限应力，kPa； φ_p——桩柱体的内摩擦角，(°)； σ_{h_0}——某深度处的初始总侧向应力； a——常量； a'——系数； C_u——桩间土的不排水抗剪强度，kPa； γ——土的重力密度，kN/m^3； q——桩间土荷载，kPa； z——土的鼓胀深度，m； φ_s——桩间土的内摩擦角，(°)； δ——滑动面与水平夹角，(°)； I_r——桩间土的刚度指数； G——桩间土的剪切模量，kPa； E——桩间土的弹性模量，kPa； v_s——桩间土泊公比； p_0——桩间土的初始有效压力，kPa； u_0——桩间土的初始孔隙压力，kPa； d——桩径，m； l——桩长，m； R_k——单桩承载力标准值，kN；
	2	$f_{pu}=(\sigma_{ru}+a\cdot c_u)K_p=a'K_pC_u$	
	3	$f_{pu}=(14\sim25)C_u$	
被动土压力法	4	$f_{pu}=[(\gamma\cdot z+q)K_s+c_u\sqrt{K_s}]K_p$ $K_s=\tan^2(45°+\varphi_s/2)$	
Brauns 法	5	$f_{pu}=\left(q+\frac{2C_u}{\sin2\delta}\right)\left(\frac{\sqrt{K_p}}{\tan\delta}+1\right)K_p$ $\tan^2(45°+\varphi_p/2)=\frac{1}{2}\tan\delta\tan^2\delta-1$	
	6	$f_{pu}=2.8C_u$	
圆筒扩张计算法	7	$f_{pu}=C_u(\ln I_z+1)K_p$ $I_r=G/G_0, G=E/2(1+v_s)$	
	8	$f_{pu}=4K_pC_u$　$f_{pu}=16.8pC_u$	
Hughes-Withers 法	9	$f_{pc}=(p_0+u_0+4C_u)K_p$	
	10	$f_{pu}=25.2C_u$　$f_{pu}=6C_uK_p$	
Wong 法	11	$f_{pk}=qK_s+2C_u\sqrt{K_s}/K_1$, $K_1=\tan^2(45°-\varphi_p/2)$	
	12	$f_{pk}=qK_s+2C_u\sqrt{K_s}+\frac{3}{4}d\gamma K_s/\left(1-\frac{3d}{4l}\right)K_2$, $K_2=(K_1+K_3)/2$	
	13	$f_{pk}=2\left[qK_s+2C_u\sqrt{K_s}+\frac{3}{2}drK_s\right]\Big/\left(1-\frac{3d}{4l}\right)K_3$, $K_3=(1-\sin^2\varphi_p)/(1+\sin^2\varphi_p)$	
Bell 法	14	$f_{pu}=(\gamma\cdot z+2C_u)K_p$	
	15	$f_{pu}=2C_uK_p=8.4C_u$	

续表

方法	序号	公式	符号
单桩承载力极限值	16	$R_u = A_p f_{pu}$	R_u——单桩承载力极限值，kN； K——安全系数
单桩承载力标准值	17	$R_k = R_u/K = A_p f_{pk}$	
桩柱体极限承载力标准值	18	$f_{pk} = f_{pu}/K$	

注：1. 表中序号为 2 的公式是序号 1 公式按经验系数值计算 σ_{ru} 的变形式，对于碎石桩，$\alpha' \cdot K_p$ 取值国外为 15.8 ~ 25.0，国内为 14.0 ~ 24.0，即有序号 3 的公式；

2. Bratms 计算式的假定是；桩间土极限平衡区位于桩顶附近，桩体鼓胀破坏段长 $h = d\sqrt{K_p}$，忽略桩土间摩擦力和极限平衡土体中的环向应力；不考虑土和桩的自重力。对于碎石桩，假定 $\varphi_p = 38°$，$K_p = 4.20$，$q = 0$，则简化为序号 6 的公式；

3. 序号 7 的公式利用 Vesic 课题求解所得，$I_r = 20$；对于碎石桩若取 $\varphi_p = 38°$，$K_p = 4.20$，则有序号 8 中的两个简化式；

4. 序号 10 中的两个简化式是以 $p_0 + u_0 = 2C_u$，对于碎石桩取 $\varphi_p = 38°$时得到的。

5. 序号 11 的公式用于小沉降量（相当于 25mm），序号 13 的公式用于大沉降量（相当于 100mm），序号 12 的公式用于中等沉降量；

6. 当 $z = 0$ 时，碎石桩 $\varphi_p = 38°$时，序号 14 的公式简化为序号 15 中的公式。

7. 用序号 9 中公式计算桩体极限承载力标准值时，安全系数可取 $K = 2.5 \sim 3.0$；用序号 5、7 中的公式计算时可取 $K = 2.0 \sim 2.5$；用序号 11、14 中的公式时，可取 $K = 1.2 \sim 1.4$；

8. 当软土的 C_u 值随深度变化时，建议取 4 倍桩径深度范围内的平均值。φ_p 值可用 38°参加计算。

公式计算需要两个重要的参数：一个是地基土的不排水抗剪强度 C_u，其值宜用现场十字板剪切试验测定；另外一个参数是桩体材料的内摩擦角 φ_p。根据统计，对碎石桩，φ_p 可取 35° ~ 45°，多数采用 38°；对砂桩，可参考以下经验公式：

（1）对级配良好的棱角砂

$$\varphi_p = \sqrt{12N} + 25$$

对级配良好的圆粒砂和均匀棱角砂

$$\varphi_p = \sqrt{12N} + 20$$

对均匀圆粒砂

$$\varphi_p = \sqrt{12N} + 13$$

（2）$\varphi_p = \frac{5}{6}N + 26.67(4 \leqslant N \leqslant 10)$

$$\varphi_p = \frac{1}{4}N + 32.5(10 \leqslant N \leqslant 50)$$

（3）$\varphi_p = 0.3N + 27$

（4）$\varphi_p = \sqrt{20N} + 5$

（5）$\varphi_p = \sqrt{15N} + 15$

上述公式中 N 为标贯击数。

（6）根据复合地基承载力计算公式计算置换率 m 值

在桩土复合地基中，桩与土共同承担上部荷载。由于桩的刚度要大一些，所承受的应力也就大一些。桩所承受的应力 σ_p 和土所承受的应力 σ_s 之比被称为桩土应力比 n，即 $n = \sigma_p/\sigma_s$，桩土应力比值大小与桩的类型、桩长、桩间土类型、荷载大小、荷载类型边界条件（刚性边界，柔性边界，半刚性边界）等因素有关。一般情况下，桩土刚度相差越人，桩土应力比的值也就越大。对于砂石桩复合地基，根据实测结果桩土应力比参考值见表 6-4。

复合地基承载力计算主要有三种方法：直接复合法、应力复合法和变形复合法。

直接复合法：

$$f_{spk} = mf_{pk} + (1 - m)f_{sk} \tag{6-1}$$

应力复合法：

当 $f_{pk} \geqslant nf_{sk}$ 时　$f_{spk} = [1 + m(n - 1)f_{sk}]$　（6-2）

砂石桩复合地基桩土应力比 n 参考值　　表 6-4

桩　类	桩间土类型	应力比 n
砂　桩	砂土，粉土	1.5～2
	黏性土素填土	2～3
	软塑黏性土	3～4
碎石桩	砂土，粉土	2～3
	填土	3～5
	软塑黏性土	3～6

当 $f_{pk} \leqslant n f_{sk}$ 时　$f_{spk} = \dfrac{[1 + m(n - 1)]}{n} f_{pk}$　(6-3)

变形复合法：

$$f_{spk} = m f_{pk} + \eta(1 - m) f_{sk} \qquad (6\text{-}4)$$

式中　m——置换率；

n——桩土应力比；

η——桩间土承载力折减系数，为复合地基达到承载力时的变形 s_{sp} 与桩间土充分发挥承载力所需的沉降 s_s 之比，即 $\eta = s_{sp}/s_s$；

f_{spk}——复合地基承载力标准值（特征值）；

f_{sk}——桩间土承载力标准值（特征值）；

f_{pk}——桩承载力标准值（特征值）。

直接复合法是假定复合地基在达到承载力时桩和桩间土能够同时达到承载能力，这样按照置换率就可以得到式（6-4）。实际上这个条件是不能满足的，复合地基在达到承载能力的时候，变形比天然地基小一些，桩间土发挥的承载力也就小一些，这样就需要将桩体和桩间土的承载力按照应力或者变形进行协调。应力复合法是按照实测的桩土应力比进行协调，而变形复合法则是按照实测的变形进行协调。如果要通过现场试验来确定这些设计参数，则需要按照有关规程进行桩土间、单桩以及桩土复合地基的荷载实验。

对于砂石桩，一般采用应力复合法计算复合地基承载力。《建筑地基处理技术规范》（JGJ 79—2002）也采用的是应力复合法（式6-2）。在采用式（6-2）计算的时候，桩土应力比 n 取值可参照表6-4。原土强度低取大值，原土强度高取小值；建筑物容许变形小取低值，建筑物容许变形大取大值。

根据式（6-2）选用合适的桩土应力比 n 就可以反算得到置换率 m。

（7）确定砂石桩的截面积 A_p 以及桩的平面布置形式

（8）根据置换率 m 以及砂石桩的截面积 A_p 确定桩间距 S

正三角形布置 $$S = 1.08\sqrt{A_p/m} \tag{6-5}$$

正方形布置 $$S = \sqrt{A_p/m} \tag{6-6}$$

2. 确定石灰桩复合地基承载特性

1）石灰桩的加固规律

（1）吸水量与压力的关系

不同桩体材料的石灰桩在不同压力下的吸水量（$\rho_d = 1.25\text{g/cm}^3$）见表6-5。

不同压力下桩材的吸水量 **表6-5**

压力（kPa）			0	25	50	100	150
石灰桩的吸水量（%）	生石灰		140	—	83	69.7	57
	生石灰:粉煤灰	8:2	132	89.5	77.2	69	64.5
		7:3	121	78.8	71	66.5	62.5
	生石灰:火山灰	8:2	—	77	67.5	60	53
		7:3	96	66	60	54	49

表6-5表明，生石灰桩上的压力为0时，吸水量可达140%，显然是一种疏松不能结硬的碎散体，它在土体中失去加固效力；不同压力下，各类石灰桩的吸水量存在一定差别，对每一种石灰

桩，均符合压力大时吸水量小、压力小时吸水量大的规律；当压力≤100kPa时，同压力下石灰桩的吸水量以生石灰最高、掺粉煤灰的次之、掺火山灰的最低；同压力下石灰桩的吸水量，粉煤灰（或火山灰）掺量低的吸水量较高、掺量高的吸水量较低。保证石灰桩上一定的压力条件并控制其吸水量是石灰桩加固地基中尤应重视的重要问题。

（2）吸水膨胀量与压力的关系

表6-6表明，同压力条件下石灰桩的吸水膨胀量以生石灰较高、掺粉煤灰的次之、掺火山灰的最低；同压力下石灰桩的吸水膨胀量，粉煤灰（或火山灰）掺量低的吸水膨胀量较高、掺量高的吸水膨胀量较低；对每一种石灰桩，均符合压力大时吸水膨胀量小、压力小时吸水膨胀量大的规律。控制好一定压力、保证必要的吸水膨胀量，即可适应工程上的不同需要。

不同桩体材料石灰桩的吸水膨胀量（单位：%）　　**表6-6**

压力（kPa）	生石灰	生石灰：粉煤灰		生石灰：火山灰	
		8:2	7:3	8:2	7:3
50	49	40	34	35	26
100	37.5	32.5	28	28	19
150	29	25.7	22.2	21.2	12

（3）吸水量与膨胀力的关系

不同桩体材料石灰桩在某吸水量时产生的膨胀力见表6-7。

吸水量相同时，石灰桩中的生石灰含量多所产生的膨胀力就大；同一种石灰桩，其吸水量大时，则膨胀力就小。

（4）石灰桩干密度与膨胀力的关系

产生膨胀力的问题实质并不是吸水量大小，而主要是石灰桩的干密度，石灰桩膨胀力大小与桩体材料的干密度成正比，干密度越大则吸水后产生的膨胀力越大，见表6-8和表6-9。

不同压力下石灰桩体材料在某吸水量产生的膨胀力　　表 6-7

压力（MPa）			5.0	5.5	6.0
石灰桩在某吸水量时产生的膨胀力（MPa）	生石灰		3.18	2.30	1.87
	生石灰:粉煤灰	8:2	—	1.39（39.5%）	1.01（45.99%）
		7:3	—	1.05（54.25%）	0.68（63.64%）
	生石灰:火山灰	8:2	1.24（61.01%）	1.10（52.17%）	0.94（49.73%）
		7:3	—	0.82（64.35%）	0.64（65.78%）

侧限条件下石灰桩的干密度与膨胀力　　表 6-8

石灰桩材料	生石灰	生石灰:粉煤灰		生石灰:火山灰	
		8:2	7:3	8:2	7:3
干密度（g/cm^3）	1~1.25	1~1.25	1~1.25	1~1.25	1~1.25
膨胀力（MPa）	1.2~3.3	1.1~1.53	0.82~1.32	0.84~1.27	0.52~0.97

石灰桩干密度增加所对应的膨胀力增加值（单位：MPa）

表 6-9

石灰桩材料		生石灰	生石灰:粉煤灰		生石灰:火山灰	
			8:2	7:3	8:2	7:3
干密度（g/cm^3）	1~1.1	0.86	0.066	—	0.17	0.18
	1.1~1.2	1.24	0.13	0.2	—	—
	1.2~1.25	3.3	0.23	0.35	0.25	0.4

（5）石灰桩的浸水强度

在保证石灰桩桩身密实度并在侧限条件下浸水，试验表明当生石灰桩干密度为 0.933g/cm^3 的情况下，浸水 1 天吸水量为 75.3%时的 $\varphi = 38°18'$、$c = 105$kPa，浸水 2 天吸水量为 80.6%时的 $\varphi = 38°18'$、$c = 165$kPa。从浸水 1 天到 2 天抗剪强度 φ 值无变化、而 c 值却有明显提高，这是化学胶结作用的结果，只要保证生石灰桩吸水膨胀结硬条件，就可不用担心桩体处于水下环境对桩体强度的削弱问题。

增加石灰桩的密实度、保证每米桩长的灌灰量和施加一定的压力条件是非常必要的，它关系到石灰桩的成桩质量和复合地基强度。

国内外资料反映，施工后的石灰桩 5 天内强度增长非常明显，随后都呈增长趋势，直到 4 ~ 6 年才趋于稳定，不但石灰桩边缘面长期稳定，而且掺料生石灰桩的强度更高。如日本在含水量为 100% 的泥炭地基中打生石灰桩，它们的力学指标如表 6-10 所示。

力学指标 **表 6-10**

石灰桩类型	普通生石灰桩		掺料生石灰桩	
龄　期	3 个月	5 年	3 个月	5 年
含水量（%）	39.4	38.0	31.2	34.9
单轴抗压强度（MPa）	0.43	0.83	1.42	1.80
变形模量（MPa）	45	176	146	520
黏聚力（kPa）	130	—	250	530
内摩擦角（°）	29	—	42	50
渗透系数（cm/s）	—	4.2×10^{-5}	—	6.9×10^{-5}

石灰桩中不加掺和料的比加掺和料的吸水量和膨胀量都大，但其强度提高却是加掺和料的高于不加掺和料的。所以，对于以提高地基承载力为主要目的的桩宜选用加掺和料的生石灰桩；当要利用生石灰桩的吸水膨胀性来调整地基变形，如建筑物纠倾等需要时，则可选用不加掺和料或少加掺和料的生石灰桩。

石灰桩在靠近桩侧 0.25d（d 为桩身直径）范围内，土的物理力学指标改善幅度较大，干密度增加、孔隙减小、含水量降低；距离桩侧 0.75d 以外，地基土的物理力学性能指标往往与原地基土一致。石灰桩复合地基的桩心距一般为 2 ~ 2.5d 效果较好。

石灰桩复合地基和承载力特征值一般可为天然地基的3倍，可达到150kPa左右，而荷载试验的稳定时间仅为天然地基的20%左右，石灰桩复合地基的桩土应力比最大可达5.5。

石灰桩适合于含水量较高且呈酸性的黏性土、淤泥及淤泥质软黏土等，但不适合有地下水流的砂土，它会影响到生石灰桩的硬化；工程中使用石灰桩复合地基时，一定要考虑地基的隆起和下沉，这是处理好工程的关键。

2）石灰桩的龄期

石灰桩加固软土具有物理、化学两种加固作用。物理加固作用，包括吸水、膨胀等，完成时间视土的含水量和渗透系数有所不同，但总的时间较短，一般7天内可以完成；化学加固作用，速度缓慢。国内外均以1个月龄期强度作为桩体设计强度。

桩体强度和无侧限抗压强度试验的结果离散性较大；静力触探试验，7天龄期强度为1个月的60%~70%，1个月龄期强度为半年的70%左右，施工后3年、5年强度仍有增长。

桩间土加固效果具有长期稳定性。如有试验表明两年龄期的孔隙比，桩边土较天然地基土减少5.8%（上部）、19.8%（中部）、3.2%（下部）；桩间土分别减少3.7%、10.1%、5.1%。压缩模量为天然地基的1.1~1.6倍；而快剪所得c、φ值与天然地基土接近。情况反映，桩间土靠桩边部分加固效果较好，而远离桩边的桩间土则与天然地基土接近。

3）石灰桩的适用范围

石灰桩法适用于处理饱和黏性土、淤泥、淤泥质土、素填土及杂填土等地基，有经验时也可用于粉土，但不适用于地下水下的砂类土。

用于地下水位以上的土层时，宜增加掺和料的含水量，并减少生石灰用量，或采取土层浸水等措施。

石灰桩法适用于饱和黄土的地基处理及湿陷性黄土地基浸水湿陷的事故处理。

石灰桩是以生石灰为主要固化剂，与粉煤灰或火山灰、炉渣、矿渣、黏性土等掺和料，按一定比例均匀混合后，在桩孔中经机械或人工分层振压或夯实所形成的密实桩体。为提高桩身强度，还可掺加石膏、水泥等外加剂。

石灰桩的主要作用机理是通过生石灰的吸水膨胀挤密桩周土，继而经过离子交换和胶凝反应使桩间土强度提高；同时，桩身生石灰与活性掺和料经过水化、胶凝反应，使桩身具有0.3～1.0MPa的抗压强度。

石灰桩属可压缩的低黏结强度桩，能与桩间土共同作用形成复合地基。

由于生石灰的吸水膨胀作用，特别适用于新填土、饱和黄土和淤泥的加固，生石灰吸水后还可使淤泥产生自重固结，形成强度后的密集的石灰桩身与经加固的桩间土结合为一体，使桩间土欠固结状态消失。

石灰桩与灰土桩不同，可用于地下水位以下土层；若用于地下水位以上土层时，如土中含水量过低，则生石灰水化反应不充分，桩身强度降低，甚至不能硬化。此时，采取减少生石灰用量和增加掺和料含水量的办法，经实践证明是有效的。

石灰桩可就地取材。各地生石灰、掺和料及地基土质均有差异，在缺乏经验的地区应进行材料配比试验；因生石灰膨胀，强度与侧限有关，所以配比试验宜在现场地基土中进行。国家行业标准《建筑地基处理技术规范》（JGJ 79—2002）规定，对重要工程或缺乏经验地区，施工前应进行桩身材料配合比、成桩工艺及复合地基承载力试验。桩身材料配合比试验应在现场地基土中进行。

4）石灰桩复合地基的计算

（1）石灰桩法的工程优势

①能使软土迅速固结，即使是松散的新填土在加固深度范围内，成桩后7～28d即可基本完成固结；石灰桩吸水使土产生自重固结，对超软土的加固特别有利，可大幅度提高软土地基承载力、减少沉降量、提高稳定性，效果显著。

②可大量使用工业废料，具有显著的社会效益；节约三材（钢材、水泥、木材），造价低廉，民用建筑每平方米建筑面积的地基处理费用仅为30～45元左右。

③设备简单，施工简便，施工速度快，便于推广；可在狭窄场地或室内施工，人工成孔振动和噪声影响很小。

④国内受设备能力限制，大多用于6m以内的浅层加固；当加固深度大于6m时，应有保证桩体质量的经验和措施。洛阳铲成孔桩长不宜超过6m；机械成孔管外投料时，桩长不宜超过8m；螺旋钻成孔及管内投料时，可适当加长。

⑤石灰桩法适用于下列工程：深厚软土地区7层以内房屋、一般软土地区9层以内的民用建筑；相当的其他多层工业建筑与构筑物；配合箱基、筏基在某些情况下12层左右的高层建筑；有工程经验时大面积堆载场地或大跨度建筑物独立柱基下的软弱地基加固；设备基础和高层建筑深基开挖的支护结构中；公路、铁路、桥涵后填土和涵洞、路基软土加固、危房地基加固等。

（2）设计参数与技术要点

①生石灰与掺和料的配合比。配合比宜据地质情况确定。生石灰与掺和料的体积比可选用1∶1或1∶2，对淤泥、淤泥质土等软土，可适当增加生石灰用量，桩顶附近生石灰用量不宜过大；当掺石膏和水泥时，掺加量可为生石灰用量的3%～10%。块状生石灰的孔隙率为35%～39%，掺和料的掺入量理论上应能充满生石灰块的孔隙以降低造价、减少生石灰膨胀作用的内耗；当生石灰用量超过总体积30%时，桩体强度降低，但对软土加固效果较好。工程实践与试验反映生石灰与掺和料的体积比以1∶1或1∶2较合理，土质软弱时采用1∶1，一般采用1∶2；桩身材料加入少量石膏或水泥可提高桩体强度，在地下水渗透较严重时或为提高桩顶强度时，可适量加入。

②桩径。成孔桩径应根据设计要求及选用的成孔方法确定。常用桩径为300～400mm。目前，人工成孔的桩径以300mm为宜，机械成孔以350mm左右为宜。计算桩径，当排土成孔时为

(1.1～1.2) $d+30$mm。《建筑地基处理技术规范》(JGJ 79—2002) 中指出桩径除考虑膨胀作用外，尚应考虑桩边 2cm 左右厚的硬壳层，故计算桩径取成孔直径的 1.1～1.2 倍。管内投料时，桩管直径视为设计（成孔）桩径；管外投料时，应根据试桩情况测定实际（计算）桩径。

③桩长。应根据上部结构及基础荷载、按桩底下卧层承载力及变形计算来确定桩长。应考虑将桩底置于承载力较高的土层上，避免置于地下水渗透性大的土层中。人工洛阳铲成孔桩长不宜超过 6m，机动洛阳铲可适当加长；机械成孔管外投料桩长过长，不能保证成桩直径，特别在易缩孔的软土中桩长只能控制在 6m 以内，不缩孔时可控制在 8m 以内。石灰桩具有减载和预压作用，因此在深厚软土中刚度较好的建筑物有可能使用“悬浮桩”；在深厚的软弱地基中采用“悬浮桩”时，应减少上部结构重心与基础形心的偏心，必要时宜加强上部结构及基础的刚度；在无地区经验时，应进行大压板荷载试验，确定加固深度。

④桩心距与置换率。应根据复合地基承载力需要计算确定。桩心距一般采用 2～3d，相应的置换率为 0.09～0.20，膨胀后的实际置换率约为 0.13～0.28。

⑤桩土荷载分担。桩一般分担总荷载的 35%～60%，桩土应力比一般为 2.5～5；桩体抗压强度的比例极限值一般为 300～450kPa。

⑥桩间土承载力。影响桩间土承载力的主要因素是置换率、施工工艺和原地基土质等；桩间土提高系数大体为 1.1～1.5。

⑦布桩方式。石灰桩布置一般有正三角形、等腰三角形、正方形、矩形 4 种，其中以正三角形布桩较好。为充分发挥生石灰桩的膨胀挤密效应，宜采用细而密的布桩方式，但桩径过小则影响施工速度。过去习惯将基础以外也布置数排石灰桩，如此则造价增高，试验表明在一般软土中围护桩对提高复合地基承载力增益不大，一般情况下只在基础范围内布桩，不设围护桩。在施工需要隔水或加固超软土时，在基础外围加打 1～2 排围护桩。在

承载力很低的淤泥或淤泥质土中，基础外围增加1～2排围护桩有利于对地基土的加固，可提高地基的整体稳定性，同时围护桩可将土中大孔隙挤密能起止水作用，可提高内排桩的施工质量。《建筑地基处理技术规范》（JGJ 79—2002）规定，当基底土的承载力特征值小于70kPa时，宜在基础以外布置1～2排围护桩。

⑧石灰桩复合地基承载力特征值。工程中复合地基承载力特征值一般为120～160kPa，不宜超过180kPa；JGJ 79—2002规范规定，不宜超过160kPa，当土质较好并采取保证桩身强度的措施时，经过试验后可适当提高。

以荷载试验确定复合地基承载力特征值时，相对变形值常采用s/d（或s/b）——0.006～0.02，JGJ 79—2002规范对石灰桩规定可采用0.012。

⑨试验与大量工程实践证明，当施工质量有保证、设计无原则错误时，加固层沉降3～5cm、一般仅为桩长的0.5%～0.8%；沉降主要来自软弱下卧层，设计时应重视；宜将桩端置于承载力较高的土层中。

⑩石灰桩属可压缩性桩，一般情况下桩顶可不设垫层，石灰桩桩身根据不同的掺和料有不同的渗透系数，其值为10^{-3}～10^{-5}cm/s，可作为竖向排水通道；当需要考虑排水通道时，JGJ 79—2002规范规定可设0.2～0.3m厚砂石垫层，实际工程中也有的设0.1～0.2m厚砂石垫层；需减小基础面积时，通过计算可设0.5m以上厚的垫层。

⑪由于石灰桩的膨胀作用，桩顶覆盖压力不够，易引起桩顶土隆起、增加再沉降，因此宜留0.5m以上封口高度、并用含水量适当的黏性土夯实封口，以保持一定的覆盖压力；封口标高应略高于原地面，桩顶施工标高应高出设计桩顶标高0.1m以上，防止地面水早期渗入桩顶、导致桩身强度降低。

⑫因上覆压力及孔底地下水或清孔影响，大量测试表明石灰桩桩体强度沿深度变化较大，中部最高、下部次之、上部最差，其比例约为1∶0.8∶0.6，设计时应考虑。

3. 确定石灰桩复合地基的承载特性

石灰桩复合地基的桩土模量比一般小于10，具备共同工作条件。

无砂石垫层时，应力首先向桩上集中，随着荷载增加，桩产生变形，桩土应力比陡降，应力向土上转移，桩土开始处于弹性压缩状态；有垫层时，土承受相对无垫层时较大的荷载，随着荷载增加，土的变形加大，荷载迅速向桩上转移，桩土应力比陡增，继而桩发生变形、桩土应力比降低，桩土开始共同处于弹性压缩状态。

荷载继续增加，桩土弹性变形不断增加，桩土应力比逐渐减小，一直持续到复合地基荷载达到比例界限，此为弹性压缩阶段，其终了荷载接近复合地基的承载力特征值。

继续增加荷载，桩土应力比缓慢减小，接近某一定值，桩土均产生塑性变形，基础周边发生局部剪切变形，由于桩体作用，基础下土体不会整体剪切破坏，同时由于土对桩的围护作用，桩也不会脆性失稳破坏，基底下桩土继续被压实，基础以冲切形式不断下沉而不破坏，此为塑性变形阶段，能持续产生较大的塑性变形。

从石灰桩复合地基变形的三个阶段中，可以看出桩顶应力呈线性增长，可压缩的石灰桩在土的围护下具有持续向下传递荷载的能力，此时桩体发生压缩及鼓胀，桩体应力达到650kPa时桩顶直径增加2.5%，压板荷载达到370kPa时桩体压缩量接近69mm、达到桩长的4%，反映了石灰桩的可压缩特征。基础外的土不发生显著隆起，表明桩土自上而下具有较天然地基明显的压密效果，使桩土模量随深度发生不同变化，上部应力大但模量随荷载的递减速度小于下部，随荷载增加桩土沿深度的变形接近线形，不同深度区段的变形相等，应变为定数，反映了荷载对复合地基自上向下的持续压实效应，因此 p-s 曲线接近线性，证明了石灰桩复合地基在荷载作用下的稳定性。

石灰桩复合地基的整个受力阶段都受变形控制，其承载力问题实质上仍是变形问题，复合地基中的桩具有良好的协同工作特征，土的变形控制着复合地基的变形，复合地基的允许变形标准应与天然地基相一致。大量载荷试验反映，石灰桩复合地基的比例界限多在0.015～0.02d（或b）所对应的荷载附近。国家标准《建筑地基基础设计规范》（GB 50007—2002）浅层平板荷载试验确定地基承载力特征值时规定，当压板面积为0.25～0.50m^2，可取s/b=0.01～0.015所对应的荷载；《建筑地基处理技术规范》（JGJ 79—2002）对石灰桩复合地基取其中值，规定取s/b=0.012所对应的荷载。

当石灰桩复合地基荷载达到其承载力特征值时，土的接触压力高于天然土的承载力而略低于加固后的桩间土的承载力。由于桩的存在，土中应力可以通过桩向下传递，经加固后的桩间土能发挥其承载作用。当复合地基荷载达到其承载力特征值时，桩顶应力也同时达到比例界限；当基础下设置砂石垫层时，桩顶的上刺入达最大值，而桩底的下刺入则刚进入斜率较大的线形变形阶段，底部刺入增长较快。顶部刺入开始减小，表明桩顶部分已开始发生塑性变形。当复合地基荷载接近其承载力特征值时，桩土应力比由刚加载时的陡升陡降，开始转为稳定的缓慢下降趋势，此时的桩土应力比在2.5～5.0，随着荷载继续增加，桩土应力比趋于某一定值。

在复合地基的使用阶段，土分担了总荷载的40%～65%；刚性压板下的土应力分布呈马鞍形；当压板刚度稍差时，应力分布则为中间大、两边小。使用阶段，压板下土应力变化不大，实测的边中桩与角桩变形相差不大，因此压板下桩土的接触压力，可按平均压力计算。

根据静力平衡条件，可得

$$\sigma_{sp} = m\sigma_p + (m-1)\sigma_s \tag{6-7}$$

式中 σ_{sp}——复合地基平均应力；

σ_p——桩顶平均接触应力；

σ_s——桩间土平均接触应力；

m——面积置换率。

当 σ_p 达到桩体比例极限 f_{pk} 时，σ_s 达到桩间土承载力特征值 f_{pk}，σ_{sp} 即达到复合地基承载力特征值 f_{sp}。因此，式（6-7）可改写为

$$f_{pk} = mf_{pk} + (1-m)f_{sk} \quad (6\text{-}8)$$

式中 $m = \pi d_1^2/4S_1S_2$；

S_1、S_2——桩心行距、列距；

d_1——计算桩径。排土成孔时 $d_1 = (1.1 \sim 1.2)d + 30\text{mm}$；

d——成孔桩径。

不排土或部分排土时 d_1，需要实测。

由式（6-8），还可得

$$m = f_{sp} - f_{sk}/f_{pk} - f_{sk} \quad (6\text{-}9)$$

设计时，可用式（6-9）预估置换率（m）；f_{pk} 可用单桩静荷载试验求得，或用桩体静力触探 p_s 值确定（经验值为 $f_{pk} \approx 0.1p_s$）也可取 $f_{pk} = 300 \sim 450\text{kPa}$ 进行初步设计。施工条件好、土质好时，取高值；施工条件差、地下水渗透系数大、土质差时，取低值。

如何确定桩间土承载力特征值 f_{sk}。大量试验表明，桩周10cm（约 $0.3d$）的桩边土具有明显改良效果，其强度约为天然地基土的1.1～1.8倍、一般为1.4～1.6倍（此称桩边土强度提高系数 K），使用中按1.3～1.6考虑，天然土强度高或为粉土时取小值。一般情况下，桩边土以外的桩间土基本不显示加固效果。加强区的范围，一般取桩外 $0.25d$，厚度为环形范围，其面积为 $0.982d_1^2$；未加强区面积，为 $S_1S_2 - 1.767dd_1^2$，即

$$f_{sk} = \alpha f_k$$

式中 f_k——天然地基土的承载力特征值；

桩间土承载力提高系数

$$\alpha = \left[\frac{(K-1)d_1^2}{A_s} + 1\right]\mu = \left[\frac{(K-1)d_1^2}{A_e(1-m)} + 1\right]\mu$$

式中 A_s——复合地基一根桩分担面积（$A_e = S_1S_2$）中桩间土的

面积，$A_s = S_1S_2 - \pi d_1^2/4 = A_e - \pi d_1^2/4$。

μ——成桩中挤压系数，排土成孔 $\mu=1$；

不排土或部分排土成孔，较复杂。

不排土成孔时，当桩间土为淤泥及饱和黏性土则不显示成桩挤密效果 $\mu=1$；为一般黏性土或粉土时 $\mu=1.05\sim1.10$；为杂填土或大孔隙土时需由测试试验确定 μ 值。

（JGJ 79—2002）规范说明，挤土成孔时 $\mu=1\sim1.3$（可挤密土取高值，饱和软土取1）。

当桩间土为淤泥时，考虑石灰桩施工后，地下水位的降低可引起土的自重固结，f_{sk} 应乘以1.20左右的系数。

得到 f_{sk} 后，复合地基承载力特征值 f_{sp} 还可写成为

$$f_{sp} = [1 + m(n-1)]\alpha\beta f_k \tag{6-10}$$

式中 n——桩土应力比；

β——桩间土承载力发挥度，一般 $\beta=1$；

通过式（6-10）以计算复合地基的置换率及承载力。

桩间土承载力提高系数 α 的取值，大体如下：排土成孔时，一般 $\alpha=1.1\sim1.2$，淤泥等超软土 $\alpha=1.3\sim1.5$；挤土成孔时，一般黏性土 $\alpha=1.15\sim1.30$，饱和软黏土 $\alpha=1.1\sim1.2$，杂填土、素填土、大孔隙土的 α 应经测试试验确定。

在复合地基承载力计算时，尚应对桩底以下土层进行承载力验算、以确定桩长。

JGJ 79—2002规范规定，石灰桩复合地基承载力特征值，不宜超过160kPa，当土质较好并采取保证桩身强度的措施时，经试验后可适当提高。

石灰桩复合地基承载力特征值应通过单桩或多桩复合地基荷载试验确定；初步设计时，也可按式（6-8）估算。

确定或估算石灰桩复合地基承载力特征值 f_{sp} 时，f_{pk} 取石灰桩桩身抗压强度比例界限值，由单桩竖向荷载试验测定，初步设计时可取350～500kPa，土质软弱时取低值；桩间土承载力特征值 f_{sk} 取天然地基承载力特征值 f_k 的1.05～1.20倍，土质软弱或置

换率大的取高值；面积置换率（m）计算，桩面积按1.1～1.2倍成孔直径计算，土质软弱时宜取高值。

石灰桩的桩身强度与土的强度有密切关系。土强度高，对桩的约束力大，生石灰膨胀时可增加桩身密度，提高桩身强度；土强度较低，桩身强度也相应降低。石灰桩在软土中的桩身强度多为0.3～1.0MPa，强度较低，所以复合地基承载力特征值多为120～160kPa，如土的强度较高，可减少生石灰用量，外加石膏或水泥等外加剂，提高桩身强度，复合地基承载力可提高。在强度高的土中，如生石灰用量过大，则会破坏土的结构，综合加固效果不好。

4. 确定渣土桩承载力特征值

采用孔内深层强夯法施工的复合地基承载力特征值，应根据建筑物的重要性采用现场原位测试确定。方案设计阶段可按经验公式估算。

孔内深层强夯串珠状桩体或有扩底桩体的单桩竖向承载力特征值，应由静载荷试验确定。初步设计时可按扩底和串珠位置的相应土层物理力学性能指标估算。

（1）单桩竖向承载力特征值 R_a 由主桩（包括桩端扩大头）竖向承载力特征值 R_m 和串珠状桩的竖向承载力特征值 R_b 组成，按下式计算：

$$R_a = (R_m + R_b) \geqslant Q_k \tag{6-11}$$

$$R_m = q_{pm}A_m + \Sigma q_{sim}A_{Fm} \tag{6-12}$$

$$R_b = \Sigma q_{pb}A_b + \Sigma q_{sib}A_{Fb} \tag{6-13}$$

式中 Q_k——相应于荷载效应标准组合时，单桩所受轴向压力（kPa）；

q_{pm}——主桩端（扩大头）持力层的端阻力特征值（kPa），宜取地质勘察报告提供值的1.5倍，如属人工持力层应根据测试数据而定；

A_m——桩端（扩大头）水平投影面积（m^2）；

q_{sim}——主桩侧的摩阻力特征值（kPa）。除淤泥、饱和性黏土、淤泥质土外，宜取地质勘察报告提供值的 2.0~2.5 倍；

A_{Fm}——主桩按土层分段的桩周表面积（m^2）；

q_{pb}——桩串珠底端土的端阻力特征值（kPa）；

A_b——串珠宽于桩体的部分底面积的水平投影（m^2）；

q_{sib}——桩串珠周围土的侧阻力特征值（kPa），同 q_{sim} 取值；

A_{Fb}——桩串珠周围侧表面积（m^2）。

单桩承载力特征值应通过现场试验确定。复合地基承载力特征值的计算主要参考国家现行行业标准《建筑地基处理技术规范》（JGJ 79）的有关规定。但也综合考虑了孔内深层强夯施工工艺的施工特点，桩间土地基承载力较勘察报告给出值提高 2 倍左右。桩间土地基承载力的提高，与施工工艺、夯击能量、地基土的土性和填料等因素有关。根据大量的工程实践和经验，对以素土、砂、石料、渣土等为桩体填料，其复合地基承载力特征值 $f_{spk}=200\sim600$kPa。对以灰土、混凝土、水泥土等活性材料处理非饱和黄土、粉质黏土和砂土地基，其复合地基承载力特征值 $f_{spk}=800\sim1600$kPa（$s=0.06d$）。以三合土处理软弱地基，其复合地基承载力特征值 $f_{spk}=300\sim400$kPa。对其他土性如尚缺少工程实践经验，应通过现场试验确定。

（2）桩体轴心受压承载力应满足下式要求：

$$Q \leqslant \varphi_c f_{cu} A_{pm} \tag{6-14}$$

$$\frac{Q}{1.35}=Q_k \tag{6-15}$$

式中 Q——相应于荷载效应基本组合时，单桩所受轴向压力设计值（kN）；

f_{cu}——桩体试块抗压强度设计值（kPa）；

φ_c——系数，取 0.6~0.7；

A_{pm}——桩身平均横截面面积（m^2）。

复合地基承载力特征值应按下式计算：

$$f_{spk} = mf_{pk} + (1 - m)f_{sk} \tag{6-16}$$

$$m = d^2/d_e^2 \tag{6-17}$$

式中 f_{spk}——复合地基承载力特征值（kPa）；

m——桩土面积置换率；

d——夯后桩身平均直径（m）；

d_e——一根桩分担的处理地基面积的等效圆直径（m）。等边三角形布桩 $d_e = 1.05S$，正方形布桩 $d_e = 1.13s$，S 为桩间距（m）；

f_{pk}——处理后桩体单位截面积承载力特征值（kPa）；

f_{sk}——桩间土的承载力特征值（kPa）。当场地土质为黄土、非饱和粉土和砂土时，宜按 1.5~2.5 倍天然地基承载力特征值取值；对淤泥、淤泥质土按经验确定。

第四节 复合地基沉降变形计算

采用孔内深层强夯处理软弱地基时，对于多层建筑物，一般沉降变形值仅为 2~4mm；对于大型的高层建筑物，其沉降值仅为国家规范值的 1/20~1/10；对于 10 万立方米油罐强风化地基处理，其沉降值仅为国家规范值的 1/15；对于大型冷却塔下 23m 厚的Ⅲ级自重湿陷性黄土地基，其沉降值远远低于国家规范值。

1. 对以下建筑物应进行沉降验算：

（1）地基基础设计等级为甲级的建筑物基础；

（2）体形复杂、荷载不均匀或桩端以下存在软弱土层的设计等级为乙级的建筑物基础；

（3）散体桩和摩擦型桩基。

2. 基础沉降不得超过建筑物的沉降允许值，并应符合《建筑地基基础设计规范》（GB 5007—2010）新规范表 5.3.4 的规定。

3. 嵌岩桩、设计等级为丙级的建筑物桩基、对沉降无特殊要求的条形基础下不超过两排散体桩的桩基、吊车工作级别 A5 及 A5 以下的单层工业厂房柱基（桩端下为密实土层），可不进行沉降验算。

当有可靠地区经验时，对地质条件不复杂、荷载均匀、对沉降无特殊要求的基础也可不进行沉降验算。

4. 计算桩基础沉降时，最终沉降量宜按单向压缩分层总和法计算。地基内的应力分布宜采用各向同性均质线性变形体理论，按下列方法计算：

(1) 实体深基础方法；

(2) 明德林（Mindlin）应力公式方法。

计算按《建筑地基基础设计规范》（GB 5007—2010）新规范附录 R 进行。

5. 应按有关规范的规定考虑特殊土对基础的影响。应考虑岩溶等场地的特殊性，并在基础设计中采取有效措施。抗震设防区的桩基按现行《建筑抗震设计规范》（GB 50011—2001）(2008 年版）有关规定执行：

软土地区的桩基应考虑桩周土自重固结、蠕变、大面积堆载及施工中挤土对基础的影响；在深厚软土中不宜采用大片密集有挤土效应的基础。

位于坡地岸边的桩基应进行稳定性验算。

对于预制桩，尚应进行运输、吊装和锤击或静压等过程中的强度和抗裂验算。

6. 以控制沉降为目的设置桩基时，应结合地区经验，并满足下列要求：

(1) 桩身强度应按桩顶荷载设计值验算；

(2) 桩、土荷载分配应按上部结构与地基共同作用分析确定；

(3) 桩端进入较好的土层，桩端平面处土层应满足下卧层承载力设计要求；

(4) 桩距可采用 4～6d（d 为桩身直径）。

7. 复合地基的最终沉降量可按式（6-18）计算：

$$s = \psi_{sp} s' \tag{6-18}$$

式中 s——复合地基最终变形量（mm）；

ψ_{sp}——复合地基沉降计算经验系数，根据地区沉降观测资料经验确定，无地区经验时可按表6-11取值；

s'——复合地基计算变形量（mm）。按分层总和法计算的变形量，加固土层压缩模量应取复合土层的压缩模量，$E_s = \zeta \cdot E_s$，$\zeta = \dfrac{f_{spk}}{f_{ak}}$。

复合地基沉降计算经验系数 ψ_{sp} **表6-11**

复合地基类型	刚性桩复合地基			其他材料桩复合地基
	$f_{spk}/E_s \leqslant 8$	$8 < f_{spk}/E_s \leqslant 12$	$f_{spk}/E_s > 12$	
ψ_{sp}	0.60	0.40	0.20	1.0

8. 复合地基设计应满足建筑物承载力和变形要求。对于地基土为欠固结土、膨胀土、湿陷性黄土、可液化土等特殊土时，设计时要综合考虑土体的特殊性质，选用适当的增强体和施工工艺。

增强体顶部应设褥垫层。褥垫层可采用中砂、粗砂、砾砂、碎石、卵石等散体材料。碎石、卵石宜掺入20%～30%的砂。

9. 孔内深层强夯的复合地基沉降变形应按下列规定计算：

（1）复合地基的沉降变形应按国家现行有关标准的规定计算；

（2）复合地基的压缩模量 E_{sp} 可按下式估算：

$$E_{sp} = [1 + m(n-1)]E_s \tag{6-19}$$

式中 E_s——桩间土的压缩模量（MPa）。可通过现场试验或室内试验取值；

n——桩土应力比。在无实测资料时，对于黏性土可取2～4，对于粉土和砂土可取1.5～3，桩间土承载力高时 n 取小值，反之取大值。

（3）复合地基变形模量可根据现场平板载荷试验计算确定，其中复合地基泊松比取0.33，渣土桩取0.27，桩间土取0.35。

10. 在地基处理土层以下如有软弱下卧层，且在地基受力层范围之内时，应进行软弱下卧层验算。验算时可按照现行国家标准《建筑地基基础设计规范》（GB 50007）中的有关规定执行。

总之，复合地基沉降变形计算按现行国家标准《建筑地基基础设计规范》（GB 50007）中分层总和法计算，计算时应考虑原状土土性的改善，复合地基压缩模量 E_{sp}、变形模量 E_0 各参数的变化值应通过现场试验确定。桩土面积的置换率与天然地基、动能大小及锤形有关，一般为20%～40%。由于技术的特殊性，采用不同的桩体填料，其桩间距也不同。桩土应力比应根据桩体材料和桩间距的设计而定，在2倍的桩径条件下，一般素土、灰土、砂、碎石、工业废料的桩，其桩土应力比为3∶1。混凝土桩因其与桩距和强度有关，一般应通过现场试验确定。在无现场实测资料时，上述参数可供估算时选用，但应通过工程试验验证。

第七章　施工要点与质量检测

第一节　施工要点

1. 施工准备

(1) 孔内深层强夯法处理地基范围广，用料易得，技术含量高。为了工程的安全和质量，实施单位必须取得专利技术培训。未取得资质证书的单位，不得进入该项技术的实施。

(2) 孔内深层强夯法处理地基前，必须具有场地工程地质和水文地质勘察报告、地下管线埋置情况、周边建筑物状况以及工程设计图纸、施工组织设计、施工工艺参数标准。

(3) 为了确保施工顺利和安全，施工现场必须平整稳定，地上、地下以及空中范围内，必须消除有碍施工设备运转的洞穴、土坑、土堆、架空线、管线等障碍物。

(4) 由于孔内深层强夯法采用预钻孔、掏孔和重锤冲击成孔等工艺，故应根据施工工艺的不同、现场设备的数量、场地条件等，制定最佳作业流水线保证施工安全。

(5) 桩体填料必须按设计要求在现场配制，尤其对掺有活性材料的填料应由专人进行监督配制。填料可就地选用各种无机固体材料及其混合物等。其中有机物含量不超过10%～15%。填料的标准必须按第六章表6-2控制，根据本技术的特征，其配比及均匀性用装载机拌和。

(6) 工程正式开工时，应根据设计要求、设备选型、工艺标准和地基土层特征，先做工程设计检验的试验性施工。经设计认可后方可正式施工。

2. 正式夯击前要进行试夯工作

由于夯击法的许多设计参数还是经验性的，影响因素又很复杂，还不能进行精确的理论计算，因此设计常采用工程类比法，为验证设计并符合预定目标，常在正式施工前作夯击试验，以校正各设计施工参数，考核施工设备的性能，为正式施工提供依据。

1）确定设计目标

根据工程要求确定加固后的地基承载力、模量、有效加固影响深度，特别是消除地震液化的深度和消除黄土湿陷的深度，以此根据土的类型和特征，选定夯击能、单位面积夯击能、夯击遍数（包括夯击次数）及夯点间距，确定是否需加垫层及填料并确定其厚度。

2）试夯

试夯应有单点及小片试区，必要时应有不同单击夯击能的对比，以提供合理的选择。

（1）单点试夯

单点试夯应布置测试地表位移（竖直、水平位移）：记录每击夯沉量；测定夯坑深度及直径、体积；测定孔隙水压力增长消散值及时间；振动影响值及范围；测定夯坑填料厚度。夯后检验应在时效后进行，测试内容可选择取土试验（抗剪强度指标、压缩模量、密度、含水量、孔隙比、渗透系数等）、十字板剪力试验、动力触探、标准贯入试验、静力触探试验、旁压试验、波速试验，荷载试验等。试验孔布置应包括坑心、坑侧。坑侧一般应在距坑心2.5~3.0D内布置3~4点，以测定加固影响范围，确定合理的夯点间距。加固后土的各测试项目中，干密度是受时效影响最小的。

（2）小区试夯

小区试夯应选在施工现场有代表性的地段，试夯面积应根据布点要求确定，包括各批各遍夯击的作用，以使试夯区内部的检验有代表性，可参见图7-1所示的范围确定。测试内容除单点夯内容外，还应记录、计算各遍夯的场地下沉量，以便正式施工时预留下沉量及校核加固效果。测试应包括夯点及夯间距，最好能每遍夯后均进行，以便调整夯击遍数。

3. 夯点布置

为有效加固深层土、加大土的密实度，夯击常需分遍进行。为便于说明，将不同时夯击的夯点称为批，将同一批夯点间隔一定时间夯击称为遍。图7-1为常用的夯点布置，其中图7-1（*a*）为一批布置，适于地下水位深，含水量低，场地不易隆起的土；图7-1（*b*）、（*c*）为二批布置，适于加固一般的饱和土，夯击时场地较易隆起及夯坑易涌土时；图7-1（*b*）为梅花点布置，多用于要求加固土干密度大时，如清除液化土；图7-1（*d*）为三

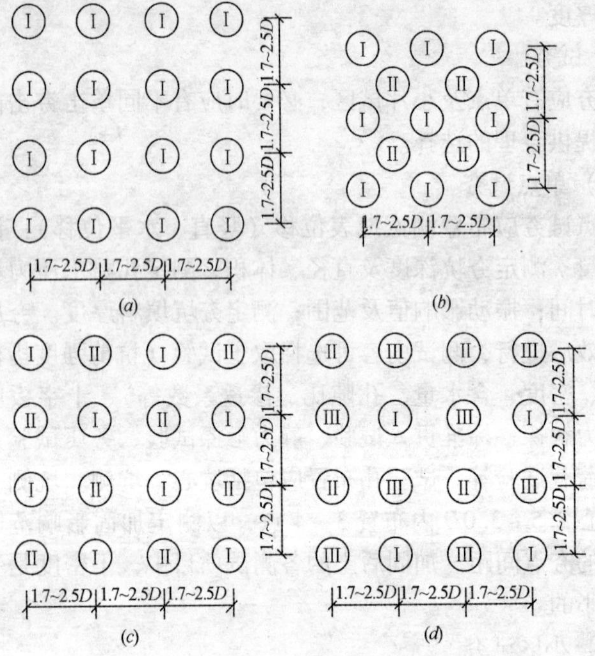

图7-1 夯点布置

（*a*）一批方格布置；（*b*）二批梅花布置；

（*c*）二批方格布置；（*d*）三批方格布置

批布置，适于软弱的淤泥、泥炭土、场地易隆起时。

对单层厂房和多层建筑，可沿柱列线布置，每个柱基础或纵横墙交叉点至少布置一个夯点，并应对称。故常采用等边三角形、等腰三角形布置。

夯击处理范围应大于建筑物基础范围，每边超出基础外缘的宽度，宜为基底下处理深 H 的 1/2 ~ 2/3，并不宜小于 3m。

4. 建筑渣土桩的施工

1）建筑渣土桩的机具

（1）钻孔夯实。钻孔一般采用长螺旋钻机，夯实一般采用锤重 150 ~ 200kN 的专用夯实机。

（2）振动沉管法。振动沉管机，平头托盘或护套锥尖桩尖。

（3）柱锤夯实法。吊车 80 ~ 150kN，夯锤 200 ~ 400kN，加固深度大，夯锤长：加固深度浅，夯锤短。锤的形状对加固深度至关重要，如图 7-2 所示。

图 7-2　夯锤施工外形图

2）建筑渣土桩的施工工艺

（1）钻孔夯实法

①先用长螺旋钻机成孔，直径 600mm 以内。

②填料。采用人工推车向孔中加料。

③夯击实填料后用 200 ~ 400kN 重的锤，落距 3 ~ 5m，锤击 4 ~ 7 击，具体数据宜现场试验确定。

（2）振动沉管法

①管外投料法。将桩管沉入地下，拔出桩管，填料，用平头托盘振压填料，提出桩管，填料、夯实。

②管内填料法。对准桩位，将桩管沉入地下，向桩管内填

料，上拔桩管，向下振密填料，重复以上步骤直至设计标高。

③柱锤夯实法。用吊车将柱锤提升一定高度，使之自由下落，夯击原地基。经数击后，便冲成一个直径略大于夯锤直径、深达2.5~4.5m的孔，用铲车或人推车向孔中填适量的黏土稍加粉碎的碎砖和混凝土碎块等建筑垃圾，再次提夯，夯击孔中的建筑垃圾，使之打入土中。夯击次数以使托住夯锤为止，或控制一锤的贯入度，这样就在地基中形成一个建筑垃圾桩柱。

3）施工主要机具

（1）DZ-40Y 振动打桩机；

（2）ϕ377mm 钢管和盲板；

（3）小车及配套工具。

4）机械成孔

（1）根据土层物理力学性能，优先采用钻孔、掏孔的成孔方法。如土层内含有块石或松散土层时，可采用冲击成孔或机械挖孔。对特殊土层（如冲孔困难）以两锤落距不大于150mm的方法控制成孔深度，即可达到处理深度的要求。

（2）为了充分发挥强夯设备的功能，保证工程质量、设备正常运转和人身安全，起吊机械运行时必须保持平稳，且地基土承载力不应低于120kPa方可施工。严禁在高低不平及未碾压的松软土上施工。

（3）成孔深度应满足设计要求。当采用钻、掏孔达到设计深度后，对孔底留有一定天然土可不取出，改用强夯机进行孔内冲击夯实。强夯后影响桩底的有效深度大于孔深1~2m。

5. 强夯作业

（1）强夯前必须按成孔质量标准要求对已成孔的直径、垂直度、标高、孔内的沉渣情况以及有无积水等进行检查，凡不符合成孔质量标准者，均须进行处理。如出现未达到设计标高的情况，应在孔内达到两锤落距不大于150mm时，方可进行填料强夯施工。

（2）DDC法在孔内填料强夯过程中，必须按照设计工艺规定的标准、数量、击数以及落距等要求施工，它是保证质量的重要环节，必须严格遵守。未经设计、监理批准，任何人不得修改。

（3）强夯中必须检查强夯重锤是否与桩孔对中，是否呈自由落体状态，否则严禁填料强夯。

（4）DDC法在强夯中，克服缩径是很重要的一个环节，如在实施中不能克服这一难题，将无法达到设计要求。因此，必须处理后方可施工。

（5）对于桩顶高出500～1000mm的处理，如施夯能达到设计质量，这一预留高度则在基础施工时予以挖除捣实；如采用大能量强夯，且桩顶属膨胀松散区，可用强夯机的低锤低压夯实。

（6）工程施工中，如发现异常必须由设计、监理人员予以解决，施工单位严禁自行处理。

图7-3是孔内深层超强夯后形成的灰土桩剖面图，夯后灰土桩直径超过3m。

根据以上各种材料的桩与采用孔内深层强夯法成桩，其荷载试验 $Q-s$ 图的对比如图7-4所示。

图7-3 孔内深层超强夯后形成的灰土桩剖面图

孔内深层强夯法宜用直径500～1000mm、长度2～6m、质量8～40t的柱状锤（柱锤）进行施工。柱锤可用钢材制作或用钢板为外壳内部浇筑混凝土制成，也可用钢管为外壳内部浇铸铁制成。为了适应不同工程的要求，钢制柱锤可制成装配式，由组合块和锤顶两部分组成，使用时用螺栓连成整体，调整组合块数（一般0.5t/块），即可按工程需要组合成不同质量和长度的柱锤。锤型选

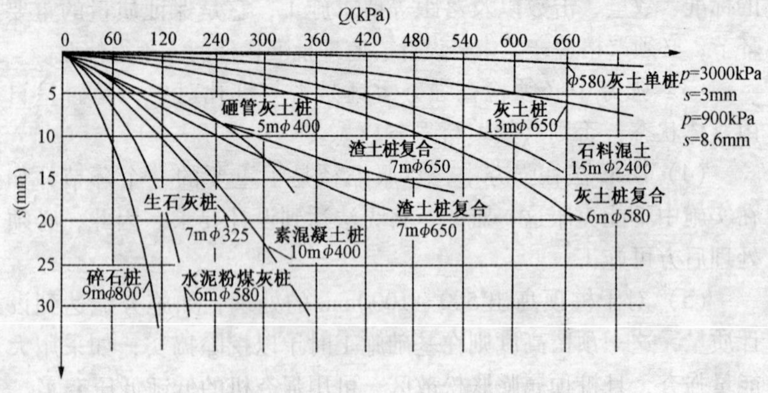

图 7-4　孔内深层强夯法各类桩荷载试验 Q-s 图

（原天然地基 90～140kPa）

择应按土质软硬、处理深度及成桩直径经试成桩，然后加以确定。柱锤长度不宜小于处理深度。

起重机具可用起重机、步履式夯扩柱机或其他专用机具设备。

升降柱锤的设备可选用 10～30t 自行杆式起重机或其他专用设备，采用自动脱钩装置，起重能力应通过计算（按锤质量及成孔时土层对柱锤的吸附力或现场试验确定，一般不应小于锤质量的 3～5 倍）。

6. 孔内深层强夯法施工的步骤

（1）清理平整施工场地，布置柱位，场地平整、清除障碍物是机械作业的基本条件。当加固深度较深，柱锤长度不够时，也可采取先挖一部分土，然后再进行冲扩施工。

（2）施工机具就位，使柱锤对准桩位，施工时桩位放线一般可在地面上撒白灰线，或在柱位处用短钢钎击深 200mm，然后灌入白灰，以保证桩点醒目、持久，以防漏掉。

（3）柱锤冲孔。根据土质及地下水情况可分别采用下述三种成孔方式：

①冲击成孔。将柱锤提升一定高度，自动脱钩下落冲击土

层，如此反复冲击，接近设计成孔深度时，可在孔内填少量粗骨料继续冲击，直到孔底被夯密实。孔内深层强夯法成孔方式是：最基本的成孔工艺条件是冲孔时孔内无明水、孔壁直立、不坍孔、不缩颈。

②填料冲击成孔。当冲击成孔出现坍孔或缩颈时，可采用本法。这时的填料与成桩填料不同，其主要目的是吸收孔壁附近地基中的水分，密实孔壁，使孔壁直立、不坍孔、不缩颈。碎砖及生石灰能够显著降低土壤中的水分，提高桩间土承载力，因此填料冲击成孔时应采用碎砖及生石灰块。成孔时出现缩颈或坍孔时，可分次填入碎砖和生石灰块，边冲击边将填料挤入孔壁及孔底，当孔底接近设计成孔深度时，夯入部分碎砖挤密桩端土。

③二次复打成孔。当采用填料冲击成孔施工工艺也不能保证孔壁直立、不坍孔、不缩颈时，应采用本方案。在每一次冲扩时，填料以碎砖、生石灰为主，根据土质不同采用不同配比，其目的是吸收土壤中水分，改善原土性状。第二次复打成孔后要求孔壁直立、不坍孔，然后边填料边夯实形成桩体。第二次冲孔可在原桩位，也可在桩间进行。当坍孔严重难以成孔时，可提锤反复冲击至设计孔深，然后分次填入碎砖和生石灰块，待孔内生石灰吸水膨胀、桩间土性质有所改善后，再进行二次冲击复打成孔。

当采用上述方法仍难以成孔时，也可以采用套管成孔，即用柱锤边冲孔边将套管压入土中，直至桩底设计标高。

(4) 成桩。用标准料斗或运料车将拌和好的填料分层填入桩孔夯实。当采用套管成孔时，边分层填料夯实，边将套管拔出。锤的质量、锤长、落距、分层填料量、分层夯填度、夯击材料、总填料量等应根据试验或按当地经验确定。每个桩孔应夯填至桩顶设计标高以上至少 0.5m，其上部桩孔宜用原槽土夯封。施工中应做好记录，并对发现的问题及时进行处理。

(5) 施工机具移位，重复上述步骤进行下一根桩施工。

成孔和填料夯实的施工顺序宜间隔进行。基槽开挖后，应进行晾槽拍底或碾压，随后铺设垫层并压实。

第二节 施工质量控制和质量检测

孔内深层强夯法施工质量的保证措施及施工工艺不够完善，因此做好质量控制和检验工作尤为重要。

1. 施工质量控制

施工质量控制的主要内容包括：桩点位置、灌料质量、桩密实度等，其中以灌料质量和桩体密实度检验为重点。

（1）桩点位置及场地标高应与施工图相符。

（2）把好材料关，施工材料应符合质量要求，配合比要准确，碎石、砖瓦渣中一定要有黏土（比例约30%），石灰桩中块的大小及每米桩长灌入量应符合要求。

（3）桩体密实度检验。一般在成桩后7～10d进行桩体静力触探或N_{10}轻便触探检验。成桩的其他条件相同，土质和配合比不同时，桩身p_s值将不尽相同，其数据表明：成桩质量符合要求的桩，7～10d内桩身p_s值的变化范围为2.5～4.0MPa。为此，将桩身p_s值作如表7-1的划分，作为判别桩身质量的依据。

判别桩身质量表 **表7-1**

天然地基允许承载力	桩身p_s值（MPa）		
	不合格	合格	良好
$f_s<70$kPa	<2.5	2.5～3.5	3.5以上
$f_s>70$kPa	<3.0	3.0～4.0	4.0以上

p_s值不合格的桩应参考施工记录确定补桩范围，在施工结束前完成补桩，如用N_{10}轻便触探检验，以每10击相当于p_s = 1MPa，按表7-1进行换算。

2. 加固效果检验

加固后需测定石灰桩复合地基的承载力是否达到设计要求。孔内深层强夯法施工检查验收，要认真填写验收表，见表7-2。

孔内深层强夯法施工检查验收表 表 7-2

工程名称： 机长： 机手： 机号：

序号	桩号	处理深度（m）	填料数量（m^3）	成桩工艺	机手	质检员	备注
1							
2							
3							
4							
5							
6							
7							
8							
9							
10							
11							
12							
13							
14							
15							
16							
17							
18							
19							
20							
填料类别			成孔直径		成桩平均直径		
项目经理		技术负责人		监理代表			

施工单位：

建设单位： 施工日期： 年 月 日

监理单位：

(1) 检测方法

目前国内应用较普遍的方法是荷载板试验和静力触探，少数单位采用过十字板剪切试验、动探（标贯）法。经验尚不成熟的地区可同时采用荷载板试验与静力触探（或动探、轻便触探）等方法，待积累到较多的数据足以求得两种方法判定复合地基承载力的相关关系以后，即可用静力触探或轻便触探一种方法进行检测。

个别土质特殊或重要工程，要根据设计要求还要取桩、土样进行有关的试验。

(2) 检测时间

已有测试资料的分析表明，石灰桩成桩约 28 天后，复合地基已基本趋于稳定，定 28 天作为检测龄期是适宜的。

(3) 荷载板试验

一般应做单桩复合地基荷载板试验，有条件或有要求时，最好进行群桩复合地基载荷试验，以便对比分析。

单桩复合地基的压板大小应等于单桩单元面积，群桩复合地基的压板大小也应为相应各桩单元面积之和。

天然地基承载力以荷载板沉降值 $s=(0.015\sim0.02)B$ 来控制。由于石灰桩复合地基 Q-s 曲线无明显拐点，地基土不出现剪切破坏现象，具有较大的安全度，经处理的复合地基均匀性较好。基于这一特性，除了一级建筑物以及规范规定需做沉降验算的二级建筑物外，其余建（构）筑物的地基还可以在保证正常安全使用的条件下将沉降变形限值适当放宽，但必须符合规范规定的建筑物地基变形允许值，由此可带来比较明显的经济效益。

(4) 静力触探

用静力触探来确定石灰桩复合地基的加固效果是较简捷的方法。它要求通过与载荷试验或建筑物实测数据的对比，得出桩、土 p_s 值与复合地基承载力 f_{sp} 及压缩模量 E_{sp} 值的关系。静力触探应在地基加固区的不同部位随机抽样进行测试，抽样桩数为总桩数的 1% ~2%，并不宜少于 8 根。

每根桩分别触探桩身、桩间土各一点，深度应大于桩长，如有异常情况，应增加测点并判明原因（如探头是否偏出桩体等）。

当承载力未达到设计要求时，应在基础施工前予以补桩或修改设计。

（5）其他

①基础开挖至设计标高后，有关单位应会同验槽，进一步确认石灰桩和建筑渣土桩的施工质量。

②基础施工过程中，应及时设置沉降观测点，监视建筑物施工及一定使用期内的沉降情况。

孔内深层强夯法质量检验程序：施工中施工单位自检—竣工后质检部门抽检—基槽开挖后验槽三个环节。实践证明这是行之有效的，其中施工单位自检尤为重要。

施工过程中应随时检查施工记录及现场施工情况，并对照预定的施工工艺标准，对每根桩进行质量评定。对质量有怀疑的工程桩，应用重型动力触探进行自检。

采用孔内深层强夯法处理的地基，其承载力是随着时间增长而逐步提高的，因此要求在施工结束后休止 7 ~ 14d 再进行检验，实践证明这样不仅方便施工也是偏于安全的。对非饱和土和粉土休止时间可适当缩短。

冲扩桩施工结束后 7 ~ 14d 内可对桩身及桩间土进行抽样检验。可采用重型动力触探进行，并对处理后桩身质量及复合地基承载力做出评价。检验点数可按冲扩桩总数的 2% 计。每一单体工程桩身及桩间土总检验点数均不应少于 6 点。

桩身及桩间土密实度检验宜优先采用重型动力触探进行。检验点应随机抽样并经设计或监理单位认定，检测点不少于总桩数的 2% 且不少于 6 组（即同一检测点桩身及桩间土分别进行检验）。当土质条件复杂时，应加大检验数量。

孔内深层强夯法复合地基质量评定主要是地基承载力大小及均匀程度。复合地基承载力与桩身及桩间土动力触探击数的相关关系应经对比试验按当地经验确定。实践表明采用孔内深层强夯法处理的土层往往上部及下部稍差而中间较密实，因此有必要时可分层进行评价。

①孔内深层强夯法地基竣工验收时，承载力检验应采用复合地基荷载试验。

②基槽开挖检验的重点是桩顶密实度及槽底土质情况。由于孔内深层强夯法施工工艺的特点是冲孔后自下而上成桩，即由下往上对地基进行加固处理，由于顶部上覆压力小，容易造成桩顶及槽底土质松动，而这部分又是直接持力层，因此应加强对桩顶特别是槽底以下 1m 厚范围内土质的检验，检验方法可采用轻便触探进行。桩位偏差不宜大于 1/2 桩径，桩径负偏差不宜大于 100mm，桩数应满足设计要求。

③基槽开挖后，应检查桩位、桩径、桩数、桩顶密实度及槽底土质情况。如发现漏桩、桩位偏差过大、桩头及槽底土质松软等质量问题，应采取补救措施。

④检验数量为总桩数的 0.5%，且每一单体工程不应少于 3 点。荷载试验应在成桩 14 天后进行。

第三节　复合地基荷载试验与分析

1. 复合地基荷载试验要点

《建筑地基处理技术规范》（JGJ 79—2002）中附录 A 规定的复合地基载荷试验要点为：

（1）本试验要点适用于单桩复合地基载荷试验和多桩复合地基载荷试验。

（2）复合地基载荷试验用于测定承压板下应力主要影响范围内复合土层的承载力和变形参数。复合地基载荷试验承压板应具有足够刚度。单桩复合地基载荷试验的承压板可用圆形或方形，面积为一根桩承担的处理面积；多桩复合地基载荷试验的承压板可用方形或矩形，其尺寸按实际桩数所承担的处理面积确定。桩的中心（或形心）应与承压板中心保持一致，并与荷载作用点相重合。

（3）承压板底面标高应与桩顶设计标高相适应。承压板底面下宜铺设粗砂或中砂垫层，垫层厚度取50~150mm，桩身强度高时宜取大值。试验标高处的试坑长度和宽度，应不小于承压板尺寸的3倍。基准梁的支点应设在试坑之外。

（4）试验前应采取措施，防止试验场地地基土含水量变化或地基土扰动。以免影响试验结果。

（5）加载等级可分为8~12级。最大加载压力不应小于设计要求压力值的2倍。

（6）每加一级荷载前后均应各读记承压板沉降量一次，以后每半个小时读记一次。当一小时内沉降量小于0.1mm时，即可加下一级荷载。

（7）当出现下列现象之一时可终止试验：即①沉降急剧增大，土被挤出或承载板周围出现明显的隆起；②承压板的累计沉降量已大于其宽度或直径的6%；③当达不到极限荷载，而最大加载压力已大于设计要求压力值的2倍。

（8）卸载级数可为加载级数的一半，等量进行，每卸一级，间隔半小时，读记回弹量，待卸完全部荷载后间隔3h读记总回弹量。

（9）复合地基承载力特征值的确定。

①当压力—沉降曲线上极限荷载能确定，而其值不小于对应比例界限的两倍时，可取比例界限；当其值小于对应比例界限的2倍时，可取极限荷载的一半。

②当压力—沉降曲线是平缓的光滑曲线时，可按相对变形值确定。

a. 对砂石桩、振冲桩复合地基或强夯置换墩：当以黏性土为主的地基，可取 s/b 或 s/d（s 为荷载试验承压板的沉降量；b 和 d 分别为承压板宽度和直径，当其值大于2m时，按2m计算）等于0.015所对应的压力；当以粉土或砂土为主的地基，可取 $s/$

b 或 s/d 等于 0.01 所对应的压力。

b. 对土挤密桩、石灰桩或渣土桩复合地基，可取 s/b 或 s/d 等于 0.012 所对应的压力。对灰土挤密桩复合地基，可取 s/b 或 s/d 等于 0.008 所对应的压力。

c. 对水泥粉煤灰碎石桩或夯实水泥土桩复合地基，当以卵石、圆砾、密实粗中砂为主的地基，可取 s/b 或 s/d 等于 0.008 所对应的压力；当以黏性土、粉土为主的地基，可取 s/b 或 s/d 等于 0.01 所对应的压力。

d. 对水泥土搅拌桩或旋喷桩复合地基，可取 s/b 或 s/d 等于 0.006 所对应的压力。

e. 对有经验的地区，也可按当地经验确定相对变形值。

按相对变形值确定的承载力特征值不应大于最大加载压力的一半。

(10) 试验点的数量不应少于 3 点，当满足其极差不超过平均值的 30% 时，可取其平均值为复合地基承载力特征值。

2. 复合地基承载力的确定

1) 低强度桩复合地基（CFG 桩）地基承载力的确定

根据国家行业标准《建筑地基处理技术规范》（JGJ 79—2002），CFG 桩质量检验主要应检查施工记录、混合料坍落度、桩数、桩位偏差，褥垫层厚度、夯填度和桩体试块抗压强度等。水泥粉煤灰碎石桩地基竣工验收时：承载力检验应采用复合地基载荷试验应在桩身强度满足试验荷载条件时，并宜在施工结束 28 天后进行。试验数量宜为总桩数的 0.5% ~1%。且每个单体工程的试验数量不应少于 3 点。

2) 水泥土搅拌法（搅拌桩）地基承载力的确定

根据国家行业标准《建筑地基处理技术规范》（JGJ 79—2002），搅拌桩的质量控制应贯穿在施工的全过程。

竖向承载水泥土搅拌桩地基竣工验收时，承载为检验应采用复合地基荷载试验和单桩荷载试验。且必须在桩身强度满足试验荷载条件时，并宜在成桩 28d 后进行。检验数量为桩总数的

0.5%～1%，且每项单体工程不应少于3点。

3）复合地基荷载试验要点

根据国家行业标准《建筑地基处理技术规范》（JGJ 79—2002），附录A复合地基荷载试验要点第9条复合地基承载力特征值的确定，对于低强度桩复合地基，当以卵石、圆砾、密实粗中砂为主的地基，可取 s/b 或 s/d 等于0.008所对应的压力；当以黏性土、粉土为主的地基，可取 s/b 或 s/d 等于0.01所对应的压力。

对水泥土搅拌桩可取 s/b 或 s/d 等于0.006所对应的压力。

4）计算实例

复合地基荷载试验目的是求得单个荷载压板试验求得复合地基承载力特征值的基本值，再由多个基本值求得场地复合地基承载力特征值。

试验时，首先应考虑复合地基载荷试验其承压板面积应与单桩（水泥土搅拌桩、CFG桩）或实际桩数所承担的处理面积相等，考虑实际试验时的压板一般为1m×1m或2m×2m＝4m² 大压板，往往与实际桩数所承担的处理面积不等，不匹配。怎么办？即载荷试验时要求得最大实验荷载，确定分级（10级）荷载。

下面以深圳龙岗某村综合楼搅拌桩载荷试验最大试验荷裁的设计实例：

采用复合地基（水泥土搅拌桩、CFG桩）承载力特征值计算公式为

$$f_{sp,k} = m\frac{R_k^d}{A_p} + \beta(1-m)f_{s,k}$$

复合地基载荷试验其承压板面积应与单桩或实际桩数所承担的处理面积相等，考虑实际检测的可操作性，一般采用1m×1m小压板或2m×2m大压板，采用1m×1m小压板覆盖一根桩（ϕ550），采用2m×2m大压板覆盖四根桩，其压板复合地基置换率均为23.75%。

依设计计算书，厂房及宿舍要求加固后复合地基承载力标准值$f_{sp,k}$均为200kPa，①-②轴基底桩间土为人工填土层部分：处理基础面积为84.44m^2，设计布桩116根，布桩桩土平均面积置换率$m \geqslant 31.8\%$，单桩承载力标准值R_k^d为140kN，$\beta=0.3$，$f_{sk}=60$kPa。

③-⑦轴桩间土为粉质黏土层部分：处理基础面积为404.46m^2，设计布桩478根，布桩桩土平均面积置换率$m \geqslant 27.5\%$，单桩承载力标准值R_k^d为140kN，$\beta=0.4$，$f_{sk}=130$kPa。

（1）①-②轴基底桩间土为人工填土层部分：

1m×1m小压板单桩复合地基承载力标准值

$$f_{sp,k} = m\frac{R_k^d}{A_p} + \beta(1-m)f_{s,k}$$

上式表达为

$$f_{sp;k} = 0.2375 \times \frac{140}{0.2375} + 0.3 \times (1-0.2375) \times 60$$

$$\approx 154\ (\text{kPa})$$

1m×1m小压板下单桩复合地基设计对应的加荷荷载量为

$$p = f_{sp,k} \cdot A = 154\text{kPa} \times 1\text{m}^2 = 154\text{kN}$$

最大加荷荷载量为

$$154\text{kN} \times 2 = 308\text{kN}$$

同理，2m×1m大压板下四根桩设计对应的加荷荷载量为

$$p = f_{sp,k} \cdot A = 154\text{kPa} \times 4\text{m}^2 = 616\text{kN}$$

最大加荷荷载量为

$$616\text{kN} \times 2 = 1232\text{kN}$$

（2）③-⑦轴桩间土为粉质黏土层部分：

1m×lm小压板下单桩复合地基承载力标准值

$$f_{sp,k} = m\frac{R_k^d}{A_p} + \beta(1-m)f_{s,k}$$

上式表达为

$$f_{sp,k} = 0.2375 \times \frac{140}{0.2375} + 0.4 \times (1-0.2375) \times 130$$

$\approx 180\ (\mathrm{kPa})$

1m×1m 小压板下单桩复合地基设计对应的加荷荷载量为

$$p = f_{\mathrm{sp,k}} \cdot A = 180\mathrm{kPa} \times 1\mathrm{m}^2 = 180\mathrm{kN}$$

最大加荷荷载量为

$$180\mathrm{kN} \times 2 = 360\mathrm{kN}$$

同理，2m×2m 大压板下四根桩设计对应的加荷荷载量为

$$p = f_{\mathrm{sp,k}} \cdot A = 180\mathrm{kPa} \times 4\mathrm{m}^2 = 720\mathrm{kN}$$

最大加荷荷载量为

$$720\mathrm{kN} \times 2 = 1440\mathrm{kN}$$

分析该例最大试验荷载的设计，公式中参数的取值不同，计算结果差异大。其中，m 为面积置换率，试验时要测量桩数、桩径、桩中心桩、基槽面积。

R_k^d 搅拌桩（或 CGF 桩）单桩承载力决定于桩长，桩径及施工质量。上例中 R_k^d 取值偏大。

β 桩周土承载力折减系数，是经验系数，软土 0.5~1.0，硬土为 0.1~0.4，上例中 β 取值偏小。

所以参数定值时，应选择偏于安全的参数，使最大试验荷载设计确有把握，以便保证单个复合地基承载力特征值的基本值可靠，而后，依多个复合地基承载力特征值的基本值按规范求得场地复合地基承载力特征值。

3. 孔内深层强夯复合地基载荷试验要点和承载力特征值的确定

（1）试验要点适用于单桩复合地基载荷试验和多桩复合地基载荷试验。

（2）复合地基载荷试验用于测定承压板下应力主要影响范围内复合土层的承载力和变形参数。复合地基载荷试验承压板必须具有刚性压板特征。单桩复合地基载荷试验的承压板可用圆形或方形，面积应为一根桩承担的处理面积。当桩径大于 1500mm 时，载荷试验承压板宜按 $\phi = 1120\mathrm{mm}$ 的桩和桩间土分别检测试验，其特征值按实际单桩的直径，桩间土的置换率进行复合地基

承载力计算。桩径小于600mm的多桩复合地基载荷试验的承压板可用方形或矩形，其尺寸按实际桩数所承担的处理面积确定。桩、千斤顶的中心（或形心）应与承压板中心保持一致，并与荷载作用点相重合。

（3）承压板底面标高应与桩顶设计标高相适应。承压板底面下宜铺设粗砂或中砂垫层，垫层厚度取50～100mm，桩身强度高时宜取大值。试验标高处的试坑长度和宽度，不应小于承压板尺寸的3倍。基准梁的支点应设在试坑之外。

（4）试验前应采取措施，防止因试验场地地基土含水量变化或地基土扰动影响试验结果。

（5）加荷等级可分为8～12级。最大加载压力不应小于设计要求压力值的2.5倍。

（6）每加一级荷载前后，均应各读记承压板沉降量一次，以后每0.5h读记一次。当1h内沉降量小于0.1mm时，即可加下一级荷载。

（7）当出现下列现象之一时可终止试验：

①沉降急剧增大，土被挤出或承压板周围出现明显的隆起；

②承压板的累计沉降量已大于其宽度或直径的6%；

③当达不到极限荷载，而最大加载压力已大于设计要求压力值的2.5倍。

（8）卸载级数可为加载级数的1/2，等量进行，每卸一级间隔0.5h，读记回弹量，待卸完全部荷载后间隔3h读记总回弹量。

（9）复合地基承载力特征值应按下列要求确定：

①当压力—沉降p-s曲线上极限荷载能确定，而其值不小于对应比例界限的2倍时，可取比例界限。当其值小于对应比例界限的2倍时，可取极限荷载的1/2。

②当压力—沉降p-s曲线是平缓的光滑曲线时，可按相对变形值确定；

a. 对于土、砂、石、渣土桩、工业废料等复合地基，可取

s/b 或 $s/d=0.015$ 所对应的压力。b、d 为承压板的宽度和直径，当大于 2m 时按 2m 计算；

b. 对于灰土、石灰桩、粉煤灰、水泥土桩等复合地基，可取 s/b 或 $s/d=0.01\sim0.012$ 所对应的压力。

c. 对于钢筋混凝土桩按桩基检测规范评定。

（10）试验点的数量不应少于 3 点，当满足其极差不超过平均值的 30% 时，可取其平均值为复合地基承载力特征值。

第八章 工程应用实例

孔内深层强夯法在大量的工程实践中被广泛应用，同时也是解决各种复杂场地技术下对这项技术的适用性、安全可靠性进行检查检验，它与普通灌注桩相比，确实能使承载力提高，工程量大幅度减少，使工期缩短“变废为宝”，节约三材，所以应用孔内深层强夯法的工程数量越来越多，应用成果工程实例选编以下 8 例。

【工程实例一】宝鸡第二发电厂冷却塔疑难地基上的应用

陕西省宝鸡第二发电厂冷却塔是国家重点工程，属于大型甲类构筑物。为确保国家重点工程的建设，瑞力通公司在中标后，制定出了一套完整的施工组织管理机构及质量管理保证体系。本工程按设计要求，1996 年 7 月 24 日开工，于 1998 年 12 月 1 日全部完成冷却塔地基处理施工任务。工程质量达到优良标准。完成孔内深层强夯灰土桩 30764 根，折合总长度为 600km。现就整个施工情况总结如下。

1. 工程概况

宝二电厂 1 号、2 号、3 号、4 号冷却塔（图 8-1）位于宝鸡市凤翔县八头坡境内、千河左岸二级阶梯上，建筑在大厚度Ⅲ～Ⅳ自重湿陷性黄土层上，为了达

图 8-1 建成中的冷却塔外景图

到“消除湿陷性，提高地基承载力，达到地基刚度均匀”的目的，经中国电力规划设计研究院同意，西北电力管理局及西北电力设计院决定采用孔内深层强夯法灰土桩施工，塔基打桩直径范围84~109cm，每个基坑设桩7534个，深度18.30~22.00m不等，桩距1.20m。

2. 工程地质构造

据勘察和施工揭示，4个冷却塔场地范围内土质基本与报告相符，湿陷性土层在②~⑧层，属Ⅲ~Ⅳ自重湿陷性黄土地基，湿陷性土层的下限深度为⑨层顶面，深度为21.5~24.321m，标高在329.79~631.15m。各层土的岩性特征和分布规律如下：

①耕土：褐黄色、很湿、可塑、土质不均，层厚为0.5~1.0m。

②黄土状粉质黏土或黄土状粉土：灰黄色、稍湿~很湿、饱和状态，孔内部分有地下水（滞水）、可塑，且不均匀，层厚为3.4~9.3m。层中夹1至数层姜结石透镜体或卵石层，石层粒径10~20mm，最大300mm，含量约50%，厚度1~2m。

③黄土状粉质黏土（黑黏土）：褐色~黑褐色、很湿、可塑~坚硬，具碎块结构和垂直节理，并含少量漂石，层厚为1.5~4.3m。

④黄土状粉质黏土：褐黄色、可塑、土质较软、均匀，层厚为4.8m左右。

④$_{-1}$黄土状粉质黏土：褐黄色、可塑、土质软弱、平均层厚为2.1m左右。

⑤黄土状粉质黏土：黄褐色、很湿、硬塑，具碎块结构和垂直节理，土质较致密，偶有姜结石薄层，层厚为9.0m。

⑥黄土状粉质黏土（古土壤）：棕褐色~褐色，硬塑~坚硬，具块状结构和垂直节理，层厚为0.5~4.4m。

⑦黄土状粉质黏土：棕褐色~坚硬，土质致密，具垂直节理，混少量姜结石和砂粒，层厚为0.5~5.2m。

对本工程的地基处理，经西北电管局、电力规划设计院、西北电力设计院、西北电力建设总公司、宝鸡第二发电厂邀请全国著名专家多次研究决定选用“孔内深层强夯法”专利技术进行处理。工程经长期的充分准备和工程试验，取得了设计参数，最终确定了最佳的设计参数。本设计参数将使冷却塔地基达到承载力高、压缩变形小、遇水不湿陷和整体刚度均匀、沉降均匀等要求。处理地基在1号塔西北约五分之一的地区范围内，土层从上至下，土层结构构造极为坚硬，含水量约为5%；2号、3号、4号塔大部分处于每年洪水冲积区内，含水量很高，至饱和。各层土的主要物理力学性质指标见表8-1。

3. 孔内深层强夯法灰土桩设计标准

（1）地基处理深度：21m左右；

（2）桩距：1.2m；

（3）材料：2:8灰土；

（4）成孔直径：400mm；

（5）处理后的复合地基承载力：$f_k \geqslant 250kPa$；

（6）湿陷全部消除 $\delta_s < 0.015$；

（7）地基总体刚度均匀；

（8）动能压强 $12000kN \cdot m/m^2$。

4. 地基处理工程的施工及疑难问题的处理

（1）冷却塔地基处理深度21m左右，桩径 $\phi570 \sim \phi650mm$。总桩数为 $7531 \times 4 = 30124$（根）。另外，1号塔补桩600多根，2号塔补桩35根，合计总桩数30759根，总体积量33.3万m^3（总长合计600km），实际有效施工日期为210天；最高日处理量约3200m。

（2）施工中的疑难问题处理。

①坚硬基岩钻进难。在1号塔施工中有1/5的范围内地基含水量极低，强度很高，钻进极为困难（3~6h完成一个孔，比正常增加15倍），钻出的土，为细粉状，而且发烫，夯填成桩也极难。但施工单位并未向困难屈服，仍一丝不苟地精心施工，在广大工人的敢于碰硬的精神下，给予了彻底地解决。

表 8-1

各层土主要物理力学性质指标统计表

建筑地段	土层名称	天然含水量 w（%）	天然重度 γ（kN/cm^3）	天然干密度 γ_d（kN/cm^3）	孔隙比 e	压缩系数 α_{1-2}（MPa^{-1}）	压缩模量 $E_{s(1-2)}$（MPa）	自重湿陷系数 δ_{zs}	湿陷系数 δ_s	湿陷起始压力 P_{SH}（MPa）	地基土承载力标准值 f'_k（kPa）	备注
1号至4号冷却塔	②	16.0	17.1	14.5	0.890	0.4	7	0.017	0.042	86	130	部分范围内有滞水含姜结石、卵石及大漂石
	③	16.5	17.7	14.7	0.869	0.22	9	0.011	0.027	213	175	
	④	18.6	16.1	13.4	1.022	0.21	12	0.031	0.046	165	145	含有少量漂石
	④$_{-1}$	23.0	16.8	13.5	1.008	0.23	9	0.017	0.016	325	144	
	⑤	21.0	17.5	14.3	0.898	0.12	17	0.018	0.027	372	184	
	⑥	17.3	18.5	15.3	0.785	0.14	15	0.010	0.019	481	197	
	⑧	5.3	14.5	13.8	0.938	0.18	9	0.011	0.007	442	250	
	⑨	—	—	—	—	—	—	—	—	—	350	

注：表内数据均为平均值。

②调整能量、控制标准、保证工程质量。在2号、3号、4号塔的施工中，部分土层含水量很高，呈饱和状态，设备在场运转困难，缩径严重。对此，我们调整了能量，控制标准，加强了成孔检查验收和严格的落实夯击标准，使其工程质量不但没有丝毫的降低，而且它的技术质量效果比正常部位还好，显示了孔内深层强夯技术的创造性和适应能力。

③执行工艺不动摇，“打不穿，挖出来”。在塔基的施工中，普遍发现土层内有结构坚硬的姜石层和卵石层以及个别的大漂石，严重地影响了成孔施工，这是本工程地基处理第二大难题。对这个疑难，我们在工程中发挥孔内深层强夯法设备的特征，虽然费了很大力气，但均给予解决，并取得了良好的效果。

④坚持严格执行质量管理制度，在工程中，有些人严重违反质量设计标准，致使所承担的工程质量达不到设计标准。对此，我们连夜召开了全体人员大会，对此决定推倒重来，进行补桩600多根。

⑤钻透大厚度，进入卵石层。大厚度地钻进，本身就是一个难题，又要钻入卵石层，更是难上加难。对此我们从设备的设计就进行了充分地准备，虽然如此，但都由于厚度大、姜石多、硬度大，造成大型动力设备严重损坏、扭断，钻头虽是合金钢，但也难以承受每天24h的不断咬磨，但我们的设备终于钻透了大厚度含有50%姜石层，湿陷性黄土地基处理，没有由此影响施工进度。

⑥向 $\delta_s=0.000$ 迈进。本工程是Ⅲ～Ⅳ级严重的湿陷性黄土，它不但厚度大，而且结构成分复杂。要达到地基处理的设计目的，就必须有强有力的设备力量和严格的管理制度，否则，是难以达到 $\delta_s<0.015$ 的标准的。为此，我们特制了新型的柱锤冲扩桩机。通过近30多台的专用设备实施，使处理后的桩间土基本达到消除湿陷的设计标准，在30000多根桩的施工中，做到无一漏桩、无一断桩、无一深度不均、无一标高不足；使工程做到百分之百合格，工程质量评为优良工程。

⑦冷却塔地基，沉降 $s=7.9\text{mm}<$ 规范规定值。尤其是大型

甲类工程，水工结构地基处理的要求特别严格。由于冷却塔的刚度小，塔壁薄，对地基的沉降变形非常敏感。特别是建在大厚度自重湿陷性黄土上的冷却塔，就更显示了地基的整体刚度和沉降变形的重要性。本工程的专利设计参数，原按10mm计算，但通过孔内深层强夯法灰土桩技术的地基处理，经过1年的使用，其均匀沉降值为：1号塔7mm，2号塔为9mm，仅为规范规定的1/43~1/33.3。两个塔的沉降不但很小，而且均匀，保证了这类大型高耸构筑物的安全使用。

⑧向高承载力500kPa标准迈进。本工程地基原天然地基承载力仅为130kPa左右，要达到设计值250kPa，必须有足够的储备量，并且要保证一次检测合格。为此，我们根据现场的实际操作、地质构造，将原设计参数提高了一级，使复合地基承载力$f_k>500$kPa，以保证在不同的条件下地基处理不但大大满足承载力、变形模量，而且还要达到地基刚度均匀的目的。我们提供的设计参数：复合地基$f_k=700\sim800$kPa，变形模量$E_s=50\sim60$MPa。通过静载、标贯、轻便触探、瑞利波以及取土测试，本工程地基处理均达到原设计目的。以静载标贯得出：复合地基承载力$f_k=500$kPa以上，沉降量$s=0.010$，变形模量$E_s=84$MPa>40MPa。

5. 严格加强安全生产管理

“安全为了生产、生产必须安全”，这是公司安全生产的准则。为了实现这个准则，公司在现场成立了安全生产领导小组，坚决贯彻国家安全生产规程和孔内深层强夯法的安全生产操作规程，全面负责全场的钻机、柱锤夯扩机、汽车等各种机具生产运行安全，以保证全体员工的人身安全。在本工程中，每时每刻都有众多现场施工人员，以及大型设备立体交叉进行，但由于安全管理抓得紧、教育深，所以在这将近2年的施工时间内，未出现重大的人身伤亡事故。

6. 质量的保证和质量保证体系的实施

质量是企业的命脉。在本工程的质量管理中，采用该工程的质量管理是建立以现场指挥部为核心的队、组三级管理制，严格按设计图纸、《孔内深层强夯法设计、施工、验收标准》以及质量保证体系进行施工，由于采取领导重视层层把关、群众监督的管理方法，经常对职工进行技术质量交底，增强质量意识，做到“逐桩施工、逐桩验收”，使4个大型冷却塔的地基处理质量均达到“优良标准”。

现场具体质量控制措施：

（1）按甲方指定的高程和坐标，定位放线，桩孔位置的测放要准确无误，做到有测放、有检查。测放完成后，要经过甲方监理人员的复核认可。

（2）钻孔机对位要准确，必须平正稳固，两面控制垂直度，确保成孔质量标准。

（3）做好成孔检查验收记录，桩径、深度、垂直度以及场地虚土（清除干净），随时进行检查验收，如有缩径、塌土、浸水虚土情况，经处理后方可签字验收。

（4）凡已成的孔应加盖，并在周围做好防水措施以防止地表水及杂物掉入孔内。

（5）机械拌和灰土：严格按照设计图纸要求拌和，在现场鉴定的建议方法是：“用手握成团，落地即散”。对于含水量过高的灰土不得填入孔内。

（6）柱锤冲扩机就位后，应保持平正稳固，夯击锤对准孔中心，并能自由地落入孔底，确保动能压强。

（7）强夯前应先检查孔底是否达到设计标高，有无掉进杂物、有无积水，凡未达到标准者必须予以清理后再施工，填料之前必须先夯击孔底，夯击数根据现场具体设计参数而定。

（8）严格执行“质量保证体系”和“逐桩施工、逐桩验收”标准。

（9）每天剩余回填孔，不得超过15.0~25.0个，为防止雨水进孔，用专用塑料布将孔封盖，在孔周围设小围堰，防止水流进孔内。

（10）对于雨季施工做好防雨措施，对料场土方及剩余拌好的灰土必须尽量堆高，用防雨布遮盖。

（11）桩孔夯实回填有效高度宜超出设计标高不少于50cm。

（12）每个队配备质检员3～4人负责成孔质量“逐桩施工、逐桩验收”工作。

（13）建立填料员、机手、机长、记录员、质量负责人的岗位责任制。凡不符合设计、施工、验收标准的违章施工，任何一方均可拒绝操作和验收，对操作违章者，进行处罚。

7. 孔内深层强夯法地基处理的技术效果

由于该工程地基为Ⅲ～Ⅳ级自重湿陷性黄土，湿陷厚度约25m，要处理如此严重的大厚度湿陷性地基，它的核心问题是：①地基处理“深度”；②消除“湿陷性”；③提高承载力；④变形模量；⑤桩体结构；⑥地基“刚度均匀”。

因此施工中我们严格控制了成孔、成桩、灰土拌和等各项设计施工标准，同时采用多种测试手段对其施工质量进行综合测试评价，其效果如下：

1）地基“承载力”测试

（1）桩间土N_{10}测试。1号塔随机布点166个，2号塔随机布点117个，3号塔随机布点126个，4号塔随机布点126个。每个点从地面下－0.3m开始，触探每30cm厚度为一个试验层，共做77040个测试点，检测结果汇总见表8-2（测试结果按0.5m取值）。

（2）$N_{63.5}$标准贯入检测。1号塔随机布点检测16个，2号塔随机布点检测12个，3号塔随机布点检测16个，4号塔随机布点检测16个，每一米为一个检测层，共做检测点17328个，检测成果汇总见表8-3。

（3）静荷载检测。各塔试验测试值见表8-4（单桩复合面积1.25mm，压板直径1.262m，每50kPa/4h为一级）。

①3号塔桩间土承载力f_k＝450kPa，s＝7.19mm；4号f_k＝450kPa，s＝6.45mm。

N_{10}桩间土测试值　　　　表 8-2

塔号	深度（m）	2.0	2.5	3.0	3.5	4.0	4.5	5.0	5.5	6.0	6.5	备　注
1号塔	修正后平均锤击数 n	60	71	60	69	61	63	65	56	62	59	166 个测试点 23904 个测试数据
	承载力 f_k（kPa）	294	345	295	334	298	308	316	275	303	290	
2号塔	修正后平均锤击数 n	61	56	63	61	66	70	71	76	78	61	117 个测试点 16848 个测试数据
	承载力 f_k（kPa）	298	276	308	298	321	339	343	365	375	298	
3号塔	修正后平均锤击数 n	51	56	65	72	69	75	81	81			126 个测试点 18144 个测试数据
	承载力 f_k（kPa）	250	280	320	350	340	360	390	390			
4号塔	修正后平均锤击数 n	33	35	38	38	40	40	46	47	54	49	126 个测试点 18144 个测试数据
	承载力 f_k（kPa）	290	270	290	290	310	310	360	360	420	380	

1 号、2 号、3 号、4 号塔 $N_{63.5}$ 标贯检测值　　　　表 8-3

塔号	深度（m）	2	4	6	8	10	12	14	16	18	19	备　注
1号塔	修正后平均锤击数 n	11	9	10	8	8	9	11	14	17	19	16 个测试点 304 个测试数据
	承载力 f_k（kPa）	280	235	261	217	217	235	280	350	420	515	
2号塔	修正后平均锤击数 n	10	9	9	10	11	12	12	16	21	19	12 个测试点 228 个测试数据
	承载力 f_k（kPa）	261	235	235	261	280	325	325	394	600	515	
3号塔	修正后平均锤击数 n	11	10	9	10	14	17	12	12	21	25	16 个测试点 320 个测试数据
	承载力 f_k（kPa）	280	255	235	255	350	430	300	300	600	680	
4号塔	修正后平均锤击数 n	10	11	12	11	12	13	11	14	20		16 个测试点 320 个测试数据
	承载力 f_k（kPa）	258	280	303	200	303	325	280	350	560		

冷却塔静荷载与沉降实测表　　表 8-4

工程编号	1 号冷却塔（500kPa）				2 号冷却塔（500kPa）			
荷载编号	1 号	2 号	3 号	平均	1 号	2 号	3 号	平均
平均最终沉降量（mm）	6.28	5.41	1.22	4.30	10.86	10.45	10.22	10.51
工程编号	3 号冷却塔（500kPa）				4 号冷却塔（500kPa）			
荷载编号	1 号	2 号	3 号	平均	1 号	2 号	3 号	平均
平均最终沉降量（mm）	9.38	3.88	6.78	6.68	7.65	13.51	5.24	6.8

②单桩：承载力 $f_k=1600kPa$，$s=3.35mm$；$f_k=2100kPa$，$s=2.70mm$，荷载试验详见图 8-2。

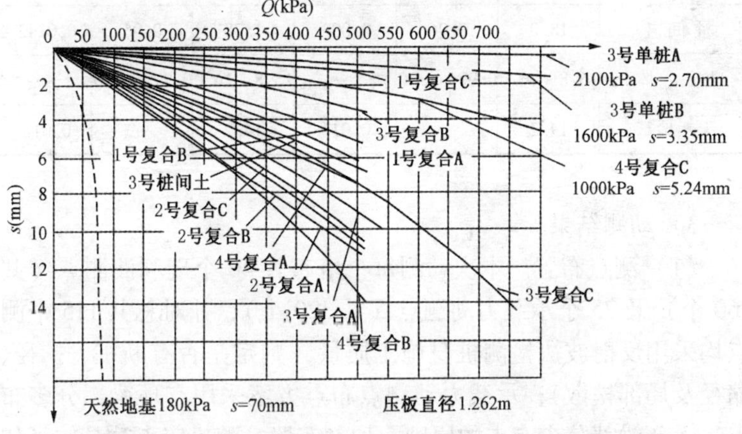

图 8-2　冷却塔 1 号、2 号、3 号、4 号桩、桩间土、复合地基静载试验 $Q-s$ 图

2）土工物理试验探井

土工物理检测共做 20 个探井，对孔内深层强夯法处理后的土壤物理力学指标进行全面地 1050 个试验分析，1 号 ~4 号塔的

干重力密度 γ_d、自重湿陷 δ_{zs}、挤密系数 λ 均满足设计要求（表 8-5）。

干重力密度、自重湿陷与挤密系数 **表 8-5**

性能 / 项目	1 号塔			2 号塔		
	γ_d (kN/m³)	λ	δ_{zs}	γ_d (kN/m³)	λ	δ_{zs}
桩 间 土	15.8～17.7	0.93	0.004	17.8	0.93	0.004
桩 体	15.6～15.9	0.96～1.07	—	15.6～15.9	0.96～1.07	—
天然地基	14.2	—	0.016	14.2	0.016	14.2
性能 / 项目	**3 号塔**			**4 号塔**		
	γ_d (kN/m³)	λ	δ_{zs}	γ_d (kN/m³)	λ	δ_{zs}
桩 间 土	18.0	0.96	0.003	1.78	0.95	0.0143
桩 体	16.8～16.0	0.97～1.90	—	15.8～16.0	0.97～1.10	—
天然地基	14.2	—	0.016	14.2	—	0.016

3） 动测结果

（1）测点布置。本次动测每个塔布置 40 个瑞利波测点（共 160 个）及 75 个承载力动测点（共 320 个），并对总共 115 个测点均采用反射波法检测桩身施工质量（判定是否有断桩、扩径、缩径及局部松散）；承载力动测点布点方案采用有环梁部分多布点，无环梁部分少布点的原则，均匀布置，随机定点，具体可如图 8-3～图 8-6 所示。瑞利波测点布置采用全基础均匀布置，随机抽点。

（2）检测结果（表 8-6）。承载力检测 3 号冷却塔灰土桩复合地基共检测 75 个承载力动测点，平均承载力为 367kPa，平均弹性模量为 275MPa，满足设计要求。检测结果如图 8-3～图 8-6 所示。

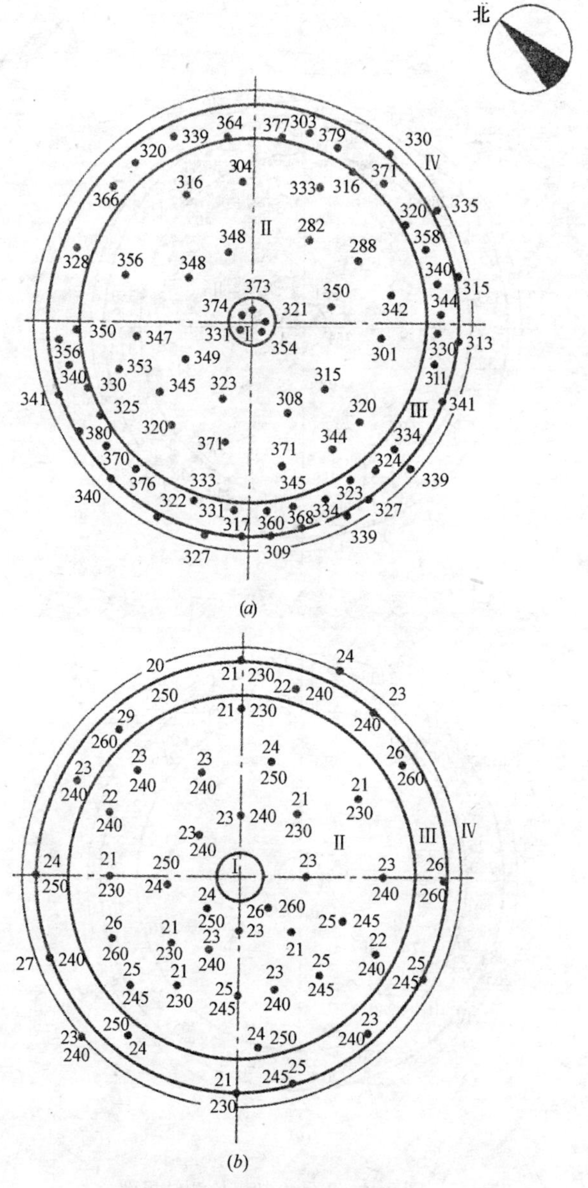

图 8-3　1 号冷却塔检测结果图

（a）承载力测点的承载力；（b）瑞利波测点的平均标准贯入值

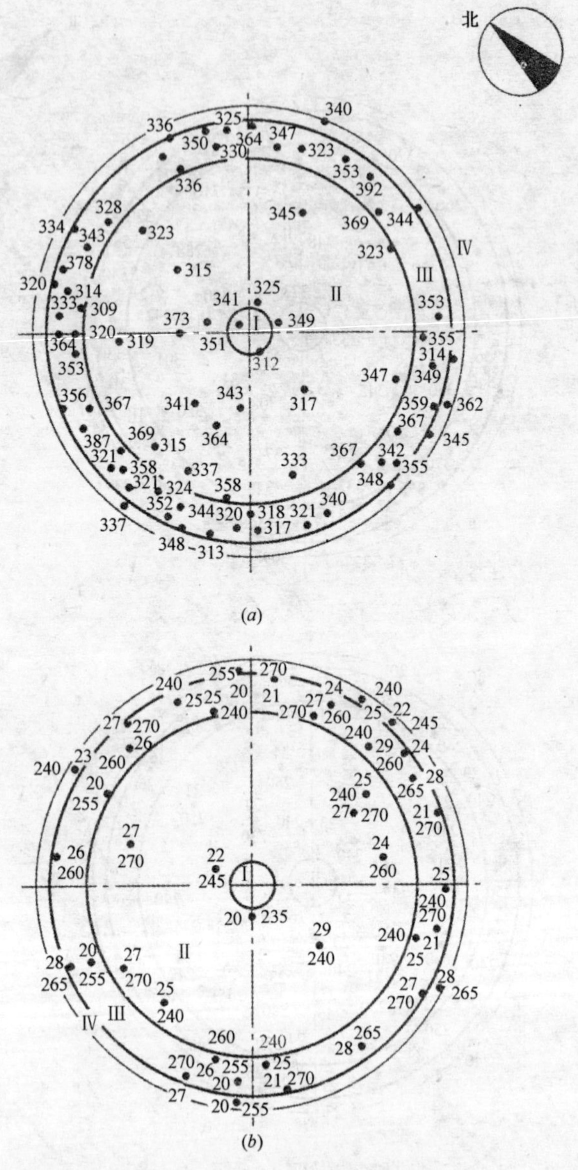

图 8-4　2 号冷却塔检测结果图

（a）承载力测点的承载力；（b）瑞利波测点的平均标准贯入值

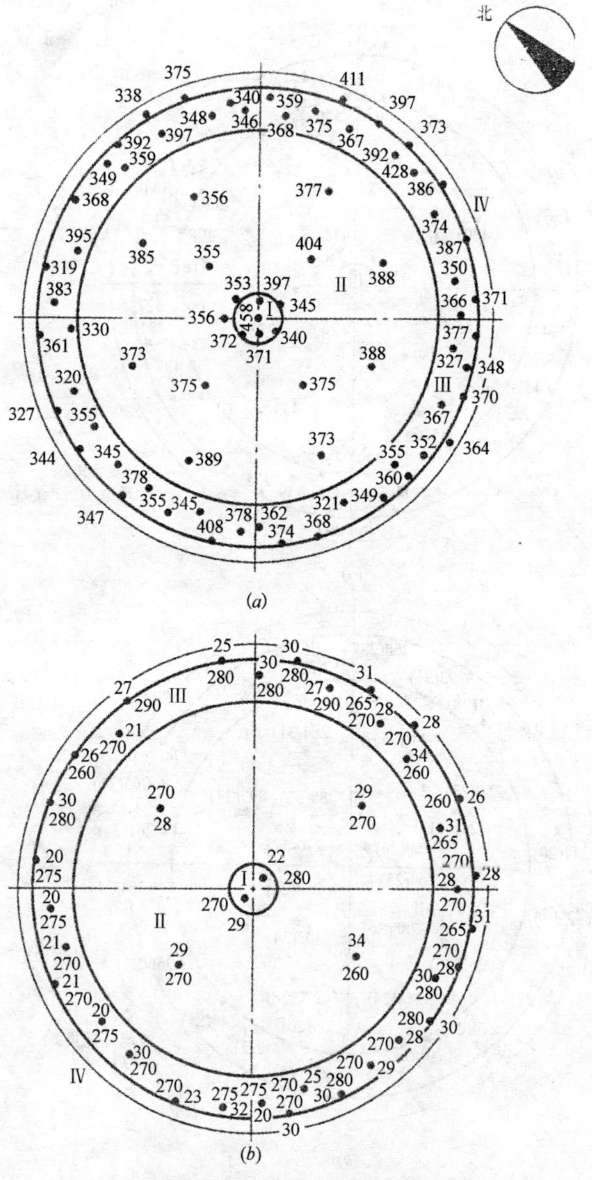

图 8-5　3 号冷却塔检测结果图

（a）承载力测点的承载力；（b）瑞利波测点的平均标准贯入值

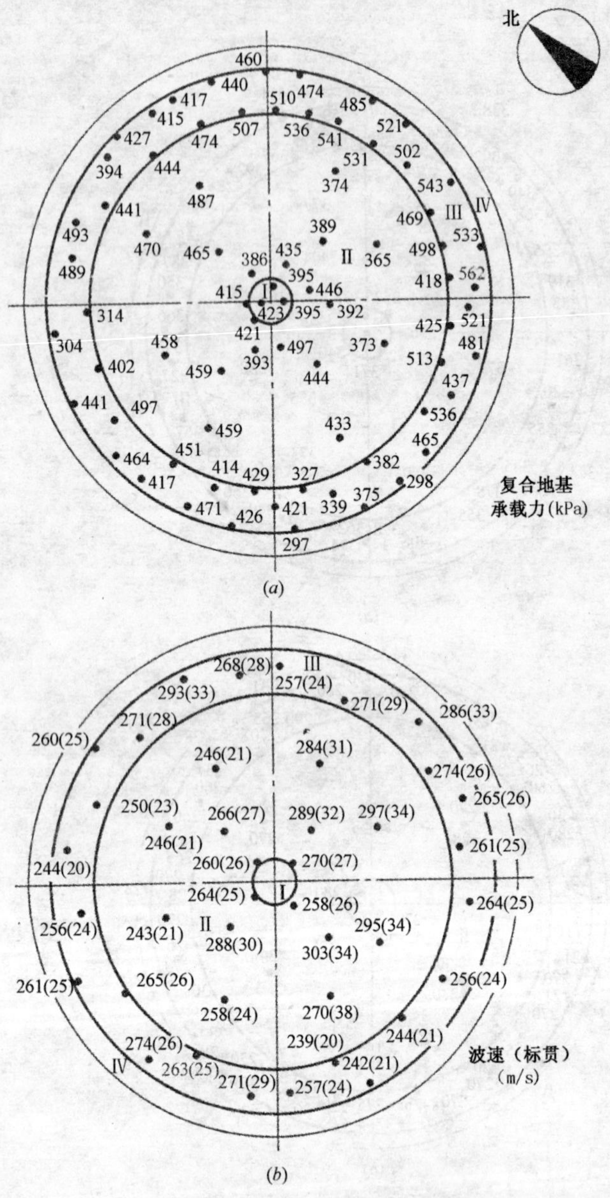

图 8-6　4 号冷却塔检测结果图

（*a*）承载力测点的承载力；（*b*）瑞利波测点的平均标准贯入值

1号、2号、3号、4号冷却塔动测结果 **表8-6**

项目	性能	承载力 f_k（kPa）	波速（m/s）			质量评定		柱径（mm）	桩长（m）	弹性模量（MPa）	工程质量
			天然地基	复合地基	桩间土	级别	%				
1号	数量	75个	1500	45		A	47.5	550/630	18	23.6	优良
	平均值	337		220~300	200~260	B	50.8				
						C	1.7				
2号	数量	75个	1535	40		A	62.6	550/650	17.8	23.9	优良
	平均值	341		220~300	200~260	B	34.6				
						C	2.6				
3号	数量	75个	1535	40		A	67.8	610/640	17.8	25.7	优良
	平均值	367		238~300	211~267	B	29.6				
						C	2.6				
4号	数量	75个	1592	40		A	81.7	650/700	16.73	30.95	优良
	平均值	442		266~300	234~260	B	16.5				
						C	1.70				

注：1. 承载力复合地基，f_k >300kPa，满足设计要求（250kPa）；

2. 地基刚度均匀；

3. 工程质量优良。

（3）瑞利波检测。复合地基的平均剪切波速度为 240 ~ 300m/s，相当标贯值 20 ~ 35；桩间土的剪切波速度为 220 ~ 260m/s，相当标贯值 15 ~ 20。

（4）桩体施工质量检测。对 75（320）个承载力测点和 40（160）个瑞利波测点，总共 115 ~ 460 根桩都进行了桩身质量检测，其中有 11 根桩在浅部有断裂，是开挖形成的，对地基加固及承载力影响不大。有 26 根桩局部有缩径，但对挤密效果及承载力影响不大。按照桩施工质量分类评定标准，冷却塔测试结果本工程质量是：A 类，占 65.2%；B 类，占 32.9%；C 类，占 1.9%。平均桩径为 640mm，平均有效桩长为 17.8m，桩体平均波为 1535m/s。该工地的桩施工质量属良好。

（5）结论：

①承载力满足设计要求（ >300kPa）；

②没有重大的施工质量问题；

③桩长基本都符合设计图要求；

④桩径最小为 500mm，最大为 700mm，平均桩直径为 620mm；

⑤挤密加固效果均匀性好。

8. 孔内深层强夯技术在工程上的技术经济效果

（1）孔内深层强夯处理了大厚度Ⅲ ~ Ⅳ级自重湿陷性黄土，其技术效果均满足冷却塔设计标准。地基处理范围内，桩间土承载力 f_k = 250 ~ 300kPa，复合地基承载力 f_k = 500kPa，大于设计荷载 250kPa 的标准。

（2）处理地基变形模量大、桩径大、压缩变形小、干重力密度大、空隙比小。

①变形模量 E_0 = 39 ~ 170MPa，平均值 E_0 = 83.3MPa；

②桩径 = 550 ~ 700mm，平均值 = 640mm；

③压缩变形小。

经过 1 年多的工程使用，1 号、2 号塔沉降值为 6.75mm 和 8mm，其沉降值仅为规范值 300mm 的 1/42 和 1/33.3，使用证明该指标可视为沉降小地基。

④湿陷系数消除。

a. 桩间土 δ_s = 0.000 ~ 0.015，平均值 δ_s = −0.005，小于规范值0.015 的3 倍；

b. 从复合地基湿陷试验值可知，57 天的灰土桩荷载湿陷量为 lmm，可视为本工程没有湿陷量；

c. 工程使用沉降值为6.75mm 和8mm，沉降很微。

从以上三个数据得知，本工程湿陷均已消除，完全达到设计标准。

⑤地基刚度均匀性。从静载、静探、动探、轻便触探、动力测试以及土工物理力学等六种测试指标得知，不管工程地质构造如何复杂多变、含水量高还是低的部位、地下水位中的软弱还是强度高的姜石（石料）层等疑难地基，都在孔内深层强夯法的超压强、强挤密的动能下给予了有效地处理，不论在处理的深度，还是广度范围内，其地基承载力、变形模量、湿陷系数孔隙比、干重力密度、挤密系数以及使用沉降值都证明以孔内深层强夯法处理的地基，地基刚度均匀，完全满足了甲类工程的设计要求。

⑥干重力密度。四个塔的地基处理后的平均干重力密度 γ_d 为 16kN/m^3 左右，比天然地基提高。

⑦孔隙比。四个塔的地基处理孔隙比平均为 0.800 左右，比天然地基大大提高。

（3）本工程地基处理经济效益。本工程地基处理经济效益与钢筋混凝土灌注桩相比，据综合统计分析可节约 1500 多万元的投资。虽然它动能大，成本高，但本工程地基处理收费标准以 102 元/m^2 计取，比灰土挤密桩标准低 27 元/m^3。

（4）绿色的社会效益。孔内深层强夯法技术处理地基最大的特点就是就地取材，对材料没有特殊严格要求，凡是能填入孔内的材料，均能使用，并达到地基处理设计效果。本工程总用土方量约 33 万 m^3，除将本工程开基坑，钻出约 15 万 m^3 土使用外，并将其他工程的土方18万m^3也用于地基处理工程，用长度衡量桩计算总长度约660km。

【工程实例二】孔内深层强夯法处理大型油罐地基

孔内深层强夯法应用在10万m^3大型油罐基础的地基处理，并在复杂地基上取得了成功。本例从工程概况、场地工程的地质条件、孔内深层强夯法作用机理及夯击布点、工程检测等方面加以总结。

1. 工程概况

北京燕山石化公司拟建4台10万m^3大型储油罐，油罐底面积很大，直径80m，对地基不均匀沉降控制严格。场地位于山地与平原接壤处，地形起伏较大，岩性复杂，土层交错。

2. 场地工程地质条件

场地内地层主要有粉质黏土、粉质黏土夹碎石、角砾、砂卵石层、燕山期花岗岩、奥陶系灰岩、矽卡岩等，岩性风化差异大，裂隙发育明显，并有“溶洞”、“裂隙”以及“泉眼”多处存在，天然地基承载力为140kPa与油罐基础设计承载力为300kPa相差很大，土层变化为1~15m，天然地基呈不均匀性，无法满足10万m^3大型油罐设计的要求，各台油罐场地的工程地质条件详如表8-7所示。

由于场地的地质条件十分复杂，地基土分布不均匀，需要进行地基处理。本场地需处理的主要土层为②层粉质黏土和④层粉质黏土夹碎石层，其次为⑥层全风化带花岗石。

由此可见，4台10万m^3油罐的最大处理深度除V-301D油罐局部处理深度达17m外，其余3台油罐均在13m以内。

3. 地基处理方案的选择

由于首次采用国产钢板焊接这类大油罐，油罐地基设计要求：①不均匀沉降小于直径的3‰；②复合地基承载力大于

300kPa；③变形模量大于28kPa；④地基刚度均匀。本着节约投资、处理效果好的原则，设计选择了4种方案进行了比较。

油罐区场地工程地质条件　　表8-7

油罐编号	V-301A	V-301B	V-301C	V-301D
地质条件	位于Ⅰ区和Ⅱ区两个地质单元上，当场地平整标高达到64m以后，位于Ⅰ区部分的罐基将露出⑧层矽卡岩，位于Ⅱ区将露出⑥层全风化花岗岩，最大厚度约12m	位于Ⅱ区，当场地平整标高达到64m以后，地基土自上而下依次分布②层粉质黏土，厚度1.5~5.3m；④层粉质黏土夹碎石，仅在罐基北部分布，最大厚度6m；⑥层全风化花岗岩分布普遍，厚度1.4~10m	位于Ⅱ区，当场地平整标高达到62m以后，地基土自上而下依次分布人工填土，厚度0~2.4m，分布在罐基东部；②层粉质黏土，厚度1.5~7.4m；④层粉质黏土夹碎石，仅在罐基北部分布，厚度0~7m；⑥层全风化花岗岩分布普遍，厚度1~9.7m	位于Ⅱ区，当场地平整标高达到62m以后，地基土自上而下依次分布②层粉质黏土，在罐基周围分布，厚度0~3.75m；③层粉角砾，在罐基中心部位分布，厚度0~2.13m

方案一：大直径人工挖孔灌注桩。该方法是比较可靠的地基处理方法，桩端进入基岩，桩身强度高，抗震、抗剪性能均较好，工期较快。但其造价高，又因地基基岩起伏变化大，桩长不一，承载力大小不均，再加上桩身遇到大块孤石时桩位会产生偏移，从而使设计无法达到预期的设计效果。

方案二：振冲碎石桩。采用此法后，碎石桩与桩间土共同作用，形成复合地基。总体变形可以大幅度减少，本工程由于地质条件复杂，基岩起伏、高低不平，会造成承载力不均，并且采用该方法会产生大量的泥浆污染，给施工现场的管理造成一定困难。

方案三：强夯方案。采用8000kN·m能级重锤强夯。本工程场地基岩埋深达到15m，且深浅不一，无法达到地基处理深度，并在含水量较高（20% ~27%）的黏性土地基极易夯成橡皮土，影响工程质量，难以施工。

方案四：孔内深层强夯法。该方法具有8000kN · m“强夯”所不具备的优点，通过12 ~15t的锥形锤“超压强”冲击成孔，直至基岩或采用贯入控制至满足设计要求，其影响深度比8000kN · m强夯法大大加深。该法能使整个场地地基经过处理后，不但承载力高，变形模量大，而且刚度均匀，能有效地控制油罐的不均匀沉降，降低工程造价。

上述四种方案的技术经济、社会效益比较如表8-8所示。综合上述四种方案的优缺点及经济的比较：孔内深层强夯法方案为本工程的首选方案。经请国内著名专家论证，最终确定采用孔内深层强夯法为本工程的地基处理方案。

4. 孔内深层强夯作用机理及夯击特点

在加固的复杂地基中，桩体的强度要比桩间土的强度大5倍左右，在荷载作用下，桩体中的竖向应力将远远大于桩间土中的竖向应力。在夯击过程中，在桩周土侧面产生很大的动态被动压力，迫使碎石向桩周边挤出，而桩间土同时被挤密加固。本工程采用的设计桩距较小（表8-9），其复合地基的承载力比天然地基的承载力提高4 ~6倍，桩间土的承载力已接近桩的承载力，地基沉降大大减小。施工时孔内每次填料2 ~3m^3，成孔成桩均以18000kN · m/m^2的高动能冲击挤压强夯，成桩直径达到2.4m左右，油罐基础采用2.7m厚的碎石垫层，使上部荷载更加均匀的分布在桩及桩间土上。

孔内深层强夯法是以高动能、超压强；强挤密的机理对地基进行动力固结处理，它的特点是具有强夯所不具有的优点，强夯的缺点主要是噪声大、单位面积夯击能量小、公害显著。夯击时仅是动力纵向压密，加固深度有限。提高承载力、变形模量、解决地基的不均匀等都有缺陷，而孔内深层强夯法是以大能量的特异重锤的冲击成孔（或用螺旋钻成孔），从孔底深层开始分层填

四种方案的技术经济社会效果对比 **表 8-8**

方法名称	技术效果	地基处理费用		社会效益	施工效率	经济效益
		需投资（万元）	与孔内深层强夯法相比节约（万元）			
人工挖孔灌注桩	桩长不一、承载力不均、刚度不一	800	-401	0	速度慢、成孔难	费用高
振冲碎石桩	承载力低、变形模量小、刚度不均匀	500	-201	0	造成现场泥浆	费用高
8000kN · m强夯	无法处理15m及高含水量地基	390	9	0	含水量高无法施工	强度低无法施工
孔内深层强夯法	承载力高、变形模量大、压缩变形小、地基刚度均匀	399	0	消纳工业废料碎石8.0万m^3	有效工期23d/每台罐	节约201~401万元

桩间距与处理深度表 **表 8-9**

名　称	油　罐　编　号		
	V－301A 罐	V－301B 罐	V－301D 罐
桩成孔直径（m）	1.7	1.7	1.7
桩间距（m）	3.3	3.8	3.3
平面处理范围（m）	101	95	95
桩处理深度（m）	15	9.5	11

注：V－301C 罐基因土质较好，所以没有采用孔内深层强夯法加固地基。

料以超压强强夯至表面，其噪声小、公害小。"超压强"的重锤作用下，使桩体形成串珠状，由于"超压强的独特机理"，夯击时产生的能量其压强在同等条件、同样的设备下比普通强夯大 10 倍左右，在超压强的动能强夯过程中，使桩间土侧面产生很大的动态被动压力，迫使填料向下和周边压密挤出，以使桩间土物理力学指标得到了充分的改善，这是孔内深层强夯法具有的独特的高动能、超压强、强挤密的特点，这是其他技术所没有的。在复合地基中，桩体的强度要比桩间土的强度大 5 倍左右。在荷载作用下，桩体的竖向应力将远远大于桩间土中的竖向应力，在刚性基础下，桩体与桩间土沉降相等，比在柔性基础下应力集中程度还要高，应力集中的现象使刚度较大的桩体承担较大比例的荷载，一般桩土应力比为 1:5，在工程的实践中荷载均有桩体承担，桩体将荷载传递给较深的土层和桩间土，桩间土上的荷载相应地减少了许多。其复合地基的承载力比天然地基的承载力提高 4 倍左右（本工程设计桩距小，桩间土的承载力已接近桩的承载力），地基沉降量相应地减少，一般为规范值的 1/8～1/30，孔内深层强夯法形成的复合地基"桩"，由于其高动能、超压强、强挤密的动力固结，使桩径可达 2.4m 左右，这是其他地基处理方法无法比拟的。

（1）单桩承载力计算。按 Brauns 公式计算碎石单桩承载力为

$$p_{pf} = 2C_u/\sin 2\delta(\tan\delta_p/\tan\delta + 1)\tan^2\delta_p$$

夹角 δ 可按下式用试算法求得

$$\tan\delta_p = 1/2\tan\delta\ (\tan^2\delta - 1)$$

设桩体材料内摩擦角 38°，则 $\delta_p = 64°$。

由上式试算求得 $\delta = 61°$，可得

$$p_{pf} = 20.8C_u$$

由工程地质报告得出 $C_u = 68.3\text{kPa}$，

单桩承载力

$$p_{cf} = 68.3 \times 20.8 = 1420.6\text{kPa}$$

本次油罐基础设计中采用 2.7m 高碎石垫层，使油罐荷载更加均匀地分布在桩及桩间土上。作用在桩间土上的荷载和作用在相邻桩体上的荷载两者对桩间土的作用造成对桩体的侧压力提高，这就使得复合地基单桩承载力比一般方法承载力要高得多。不仅如此，孔内深层强夯法在成桩过程中的超压强的夯砸挤密，使得在成桩后很长一段时间内，桩、桩间土内应力在不停地缓慢释放。这样桩、桩间土就对桩周和桩产生了很强的侧向约束力，使得单桩以及桩间土承载力得以提高，从而使复合地基的承载力大大提高。根据以往工作经验，本次设计中单桩承载力按 1000kPa 设计。

（2）复合地基承载力可按《建筑地基处理技术规范》（JGJ 79—2002）中的公式计算为

$$\begin{aligned} f_{sp,k} &= mf_{p,k} + (1-m)f_{s,k} \\ &= 0.4 \times 1400 + 0.6 \times 250 = 710\text{kPa} \end{aligned}$$

单桩标准承载力 $f_{p,k} = 1400\text{kPa}$（工程试验数据），桩间土标准承载力 $f_{s,k} = 250\text{kPa}$（按最小测试值），面积置换率 $m = 0.4$。

5. 孔内深层强夯法处理地基的设计（按碎石桩）

本次工程桩体材料采用开山后的碎石，要求含土量小于

30%，最大粒径小于500～1000mm，成孔深度至基岩。如达不到基岩面以最后三击落锤度小于150mm，动能 $E=18000\text{kN}\cdot\text{m/m}^2$，主要参数如表8-9所示。

（1）复合地基 $f_k \geqslant 300\text{kPa}$。

（2）变形模量 $E_0=28\text{MPa}$。

（3）地基刚度均匀。

6. 地基处理的施工

孔内深层强夯法处理本工程地基是采用石料混土桩，它的使用动能单位压强是 $18000\text{kN}\cdot\text{m/m}^2$，施工设备是采用孔内深层强夯法专用设备，成孔及成桩均以 $18000\text{kN}\cdot\text{m/m}^2$ 的高动能、超压强和强挤密的机理对地基先成孔，待成孔深度达到设计标准后，每次填料 $2\sim3\text{m}^3$，再以同样方法对孔内填料进行高动能、超压强的冲击挤压的强夯，使桩孔填料得到超压强的冲击挤压固结和对桩间土进行强扩充的挤密，从而达到对桩体和桩间土进行动力固结处理地基的目的。

本工程V－301A，V－301B、V－301D的其地质构造极为复杂，从实际的施工地质特征和补探结论来看，它们与原勘察报告不符。

它们的特征不但在基岩种类变化多、内含夹石层以及软弱黏土，而且在其深度也不一样，更重要的是其含水量变化大，在三个罐基的处理中均发生地下水涌出，尤其V－301A、V－301B更为严重。对罐区牛口峪这类工程地质，人们称它为“中国地质博物馆”。它的特征是“岩土种类杂乱，构造层次多变、软硬程度不一、五颜六色罕见，溶洞隐水泛滥”，从上述五大特征就可知本地基处理的难度。当时设计、监理、建设单位都感到难度很大，如何保证设计质量心中无底。对孔内深层强夯法技术来说，由于它的创造性和适用性，经过工艺设计参数的调整，都一一给予解决。通过检测其技术效果，均大大地满足了设计要求的指标。

检测设备“承压板”在V－301A及V－301D两个罐的检测中，由各种检测数据得知，其检测数据都满足了设计要求，其复合地基承载力在600kPa左右，干重力密度 $\gamma_d=16\sim18.6\text{kN/m}^3$，孔隙比在0.55左右。这充分说明孔内深层强夯法技术处理地基质量可靠，并有足够的安全系数。

7. 地基处理效果

1）检测方法

荷载试验、标准贯入、重型动力触探、室内取土实验及瑞利波测试。

（1）载荷试验。这种方法是最直观及最具有代表性的试验，单位压力600kPa，总堆载2400kN。由于桩径大，采用压板大，按规范相对沉降变形2%压板直径取值；承载力如表8-10～表8-12及图8-7～图8-9所示。

V－301A油罐荷载试验（2m×2m压板） **表8-10**

点　　号	最大加载（kPa）	总沉降量（mm）	按规范2%取值（mm）	承载力标准值（kPa）
3号桩	1389	28.20	40	>1000
5号桩	972	60.87	40	>900
2号桩间	600	19058	40	>600
4号桩间	540	56148	40	>500
1号复合	675	2209	40	>675
8号复合	600	24.24	40	>600
6号复合	662	62.735	40	<600
7号复合	662	51.008	40	<600

V－301B油罐荷载试验（2m×2m压板） **表8-11**

点　　号	最大加载（kPa）	总沉降量（mm）	按规范2%取值（mm）	承载力标准值（kPa）
1号（复合）	600	14.75	40	>600
2号（复合）	600	11.03	40	>600
3号（复合）	600	25.50	40	>600
4号（复合）	600	13.05	40	>600
5号（单桩）	700	10.31	40	>700
6号（桩间）	600	15.45	40	>600

（2）标准贯入测试。以 V－301B 罐 30 个标准测试，在地基处理范围内“桩间土”N 均在 30 击，桩间土承载力 $f_k=886\text{kPa}$。$N_{63.5}$ 标准贯入测试（表 8-13）基本表明桩间土的地层剖面和各层在水平方向和垂直方向的均匀性、承载力、变形模量和物理力学指标等。

V－301D 油罐荷载试验（2m×2m 压板）　　**表 8-12**

点　　号	最大加载（kPa）	总沉降量（mm）	按规范 2% 取值（mm）	承载力标准值（kPa）
5 号复合	600	42.68	40	>600
6 号桩间	600	37.48	40	>600
7 号单桩	1250	32.76	40	>1250
8 号复合	675	60.28	40	>300
1 号复合	750	32.76	40	>600
4 号复合	600	60.28	40	<600
3 号桩间	500	32.24	40	>750
2 号单桩	1111	43.48	40	>1000

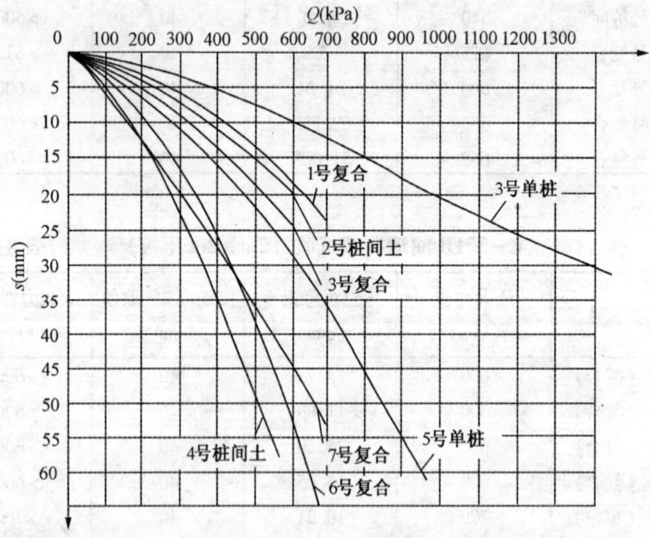

图 8-7　Q-s 图（V－301A）（压板 2.0m×2.0m）

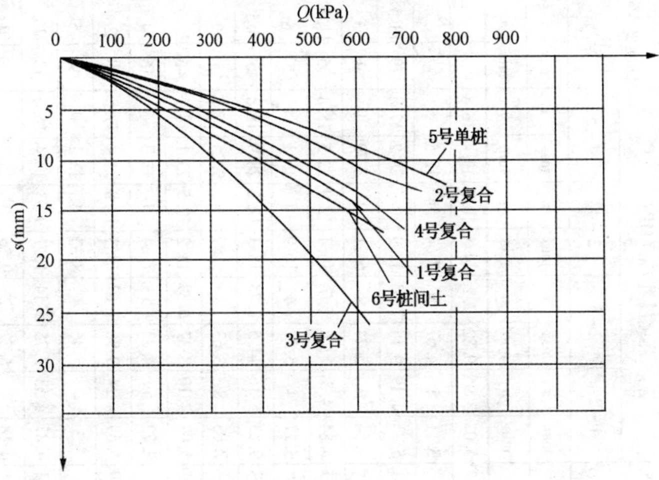

图 8-8　Q-s 图（V301B）

2 号、3 号、4 号压板 2.0m×2.0m；5 号、6 号压板 1.0m×1.0m

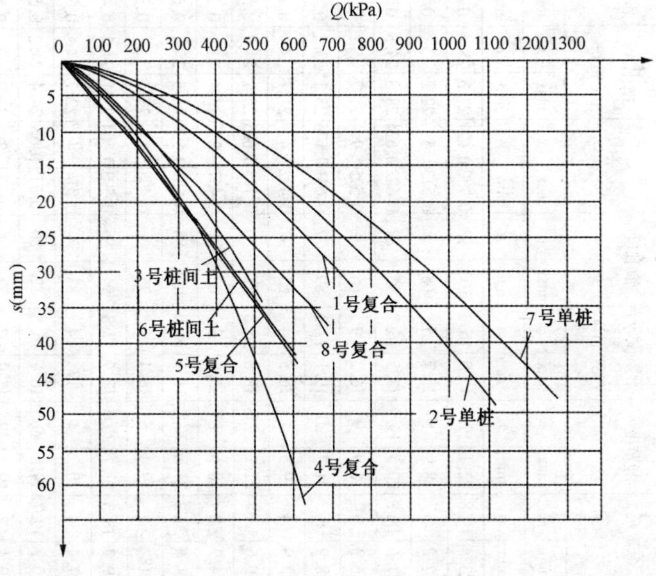

图 8-9　Q-s 图（V-301D）（压板 2.0m×2.0m）

V－30lB 油罐地基土的物理力学指标及标贯试验实测表 **表 8-13**

统计分层	含量水 w（%）		湿重度 γ（kN/m^3）		干重度 γ_d（kN/m^3）		饱和度 S_r		孔隙比		液限 w_1（%）		液性指数 I_1		压缩系数 α_{1-2}（MPa^{-1}）		压缩模量 E_0（MPa） 1～2		2～3		3～4		4～5		标准贯入 N	
	max	x	max	x	max	x	max	x	max	x	max	x	max	x	max	x	max	x	max	x	max	x	max	x	max	x
	min	n	min	n	min	n	min	n	min	n	min	n	min	n	min	n	min	n	min	n	min	n	min	n	min	n
0～	23.4	19.8	22.1	19.6	17.9	16.7	100	83	0.732	0.621	27.3	25.4	0.7	0.45	0.54	0.42	5.07	3.95	9.82	7.2	14.3	10.2	19.4	16.8		
0.5	17.2	5	18.9	5	15.7	5	68	5	0.513	5	22.2	5	0.3	5	0.31	5	3.11	5	4.67	5	7.64	54	12.5	5		
0.5～	21.6	18.8	20.5	19.9	17.5	16.7	95	82	0.682	0.624	28.3	24.8	0.6	0.43	0.66	0.41	5.75	4.19	9.14	7.63	12.9	10.4	28.2	17.8	19	13.3
1.0	16.3	9	18.9	9	16.2	9	66	9	0.595	9	21.7	9	0.3	9	0.29	9	2.54	9	5.24	9	6.21	9	8.79	9	9	3
1.0～	18.9	16.3	21.7	20	19.1	17.3	89	77	0.641	0.576	25.1	23.2	0.47	0.33	0.50	0.37	5.84	4.5	12.6	8.7	16.4	12.9	22.5	18.8	35	11.5
1.5	13.9	4	19.3	4	16.5	4	63	4	0.422	4	21.7	4	0.20	4	0.29	4	3.21	4	5.27	4	10.9	4	16.1	4	5	6
1.5～	19.6	1.84	22.1	19.8	18.6	16.8	100	80	0.715	0.623	25.1	24.7	0.54	0.39	0.82	0.33	9.53	5.16	14.5	8.73	18.3	12.2	28.9	18.8	6	5.5
2.0	14.9	8	18.6	8	15.8	8	65	8	0.457	8	23.4	8	0.17	8	0.27	8	2.03	8	3.63	8	5.89	8	9.25	8	5	2
2.0～	21.6	20.2	21.8	20.2	18.1	16.9	100	88	0.681	0.598	26.5	25.2	0.65	0.51	0.55	0.41	5.09	4.10	8.37	6.39	13.2	10.5	23.1	18.7	45	26.5
2.5	18	5	19.4	5	16.4	5	75	5	0.498	5	23.4	5	0.33	5	0.32	5	2.72	5	4.83	5	7.64	5	13.3	5	16	4
2.5～	19.9	18.3	21.1	20.5	17.9	17.3	94	86	0.593	0.564	25.1	24.1	0.49	0.44	0.48	0.39	5.69	4.24	9.96	7.67	13.3	10.8	21.4	17.5	28	22.4
3.5	17.4	4	20.2	4	17	4	83	4	0.514	4	22.7	4	0.37	4	0.34	4	3.3	4	5.46	4	8.33	4	13.1	4	9	5
3.0～	20.2	19.7	19.8	19.5	16.6	16.3	82	80	0.71	0.67	24.4	24.2	0.58	0.55	0.39	0.37	4.87	4.53	7.75	1.14	10.7	9.93	17.4	16.4	13	13
4.0	19.1	2	19.1	2	15.9	2	77	2	0.63	2	23.9	2	0.53	2	0.35	2	4.18	2	6.52	2	9.26	2	15.3	2	13	1

注：max 表示最大值；min 表示最小值；x 表示平均值；n 表示土样个数。

(3) 瑞利波。为了了解深层地基土的性状，利用波频散和传播速度与岩土物理力学性质的相关性了解各土层的加固性状。

(4) 土工测试（表8-13）。

2）检验结果及分析

(1) 复合地基标准承载力（表8-10~表8-12）。

(2) 瑞利波检测结果：从V-301B罐基52个点实测瑞利波速度测试结果得知，最小波速：158m/s，最大波速285m/s，平均波速222m/s。桩间土承载力最小值301kPa，最大值397kPa，平均值为352kPa，变导系数为0.07。

(3) 标准贯入测试：从V-301B，罐 $N_{63.5}$ 标准贯入值可以看出，在地基处理的范围和深度内，其桩间土测试击数均在30左右，承载力 $f_k \geqslant 886kPa$。

从以上（1）和（2）测试结果看出它们各自均反映了本工程地基处理后的桩间土承载力和均匀性。

(4) 荷载试验测试结果：从图8-7~图8-9的曲线上看，孔内深层强夯法技术处理后的地基不但承载力大大超过了设计指标，而且承载力均匀，压缩变形小。

(5) 变形模量：通过荷载试验按 $E_0 = \omega\ (1-\mu 2) Q \cdot B/s$ 计算，三个罐基的变形模量是为

V-301A　$E_0 = 51.4MPa$

V-301B　$E_0 = 66.44MPa$

V-301D　$E_0 = 41.96MPa$

以上三个变形模量，均满足设计要求。

从上述荷载试验、动测、标贯、土工、瑞利波测试结果得知：不论地基土如何多变，但孔内深层强夯法碎石桩处理地基V-301A、V-301B、V-301D的复合地基承载力均在600kPa左右，变形模量大于28MPa，地基刚度均匀，均已完全满足了设计要求。由于地基（V-301A、V-301B）含水量高达27%以及滞水层存在，导致局部软弱，挤压冒水，但经过孔内深层强夯法补桩后也均达到和超过设计标准。

3）沉降变形的计算与实际压缩变形的测试结果

（1）沉降变形的计算

$$s = pB\eta \sum_{i=1}^{n} \frac{\delta_i - \delta_{i-1}}{E_{0i}}$$

式中 s——沉降量；

p——基础地面处平均压力；

B——基础底面宽度；

E_0——荷载实验所得变形模量；

δ——与 L/B 有关的无因次系数；

η——修正系数。

$$Z_n = (Z_m + \xi d)\beta$$

$$L/B = 1.0 \quad Z_m = 11.6\text{m}$$

式中 Z_m——与基础长宽比有关的经验值；

ξ——折减系数；

β——调整系数；

d——基础底面直径。

$\xi = 0.42$，$\beta = 0.30$ ，$Z_n = 13.4$ ，$Z_n^2/b = 0.34$，$\eta = 1.0$

上述系数可查国家行业标准《建筑地基处理技术规范》(JGJ 79—2002)。

土层厚度

$$H = 9\text{m}（仅 V-301B）$$

将上述数值代入公式中可得 $s = 0.028$m。

（2）实际沉降变形量的检测：沉降观测的结果来看 V-301 罐内注水试验沉降值仅为 30mm，与计算所得基本吻合，不均匀沉降为：18mm。实测三台油罐投产三年后的沉降量见表 8-14。

按规范规定对本工程实际压缩沉降量 10 万 t 满载注水检测(其规范要求，均匀沉降小于 800mm，不均匀沉降 240mm)，本试验沉降量仅为规范均匀沉降量的 1/26.6 和不均匀沉降量的

1/8。由此可见，采用孔内深层强夯法处理本次油罐地基是非常成功的。

油罐基础实测沉降量 **表 8-14**

序　号	油罐编号	最大沉降（mm）	最小沉降（mm）	差异沉降（mm）	倾　斜
1	V－301A	90	65	25	0.00031
2	V－301B	120	90	30	0.00038
3	V－301D	100	65	35	0.00044

虽然工程地质构造极为复杂，但以孔内深层强夯法处理的地基技术效果是非常成功的，这是孔内深层强夯法创造性与适用性的精华所在，也是其他地基处理技术难以达到的。

8. 孔内深层强夯法技术对本工程的应用技术经济和社会效益

（1）孔内深层强夯法技术处理“岩土种类杂乱、构造层次多变、软硬强度不一、五颜六色，罕见、溶洞隐水泛滥”的特种地基是非常成功的。达到复合地基承载力高，变形模量大，地基刚度均匀的技术效果，大大地满足了设计要求。

（2）通过孔内深层强夯法处理的疑难地基，经通过注水运转试验在 10 万吨满载标准下，地基沉降量仅为 30mm，其沉降量仅为规范规定值的 1/26.6 均匀沉降值和 1/8 不均匀沉降值，大大满足设计标准。

（3）孔内深层强夯法处理本工程疑难地基，其经济指标与碎石桩、钢筋混凝土桩等处理费用比节约了 200～400 万元。根据工程现场实际施工概况，该节约数据将在 600 万元左右。

（4）本工程地基处理，消纳（开山石）8 万多立方米工业废料对社会的污染。这一技术效果显示了孔内深层强夯法绿色工程技术的特征。

（5）孔内深层强夯法处理本工程大厚软弱、砸填（开山石）强风化“特种疑难地基”取得如此“高承载力”、“地基刚度均匀”、“压缩变形小”、“变形模量大”的技术效果，显示了孔内深层强夯法技术的创造性和适应性，这一成果的取得为“大厚度石料堆填”特种疑难地基的处理提供了一个新方法。

（6）地基处理速度快，机械化程度高。三个罐基的施工，每天以五台柱锤冲扩专用设备进行，全机械化施工，每锤点处理地基面积约 10m^2，每个罐基平均 30 天完成地基处理任务。

（7）由于 V－301A 及 V－301B 罐基范围内有泉水及滞水的存在，从而导致厂区内部分土层含水量高达 27% 左右，给施工中带来了一定难度，但孔内深层强夯法以它独特的技术特征处理了这一疑难地基，在“超压强”的动能作用下迫使桩、桩间土、在纵深和桩间土强力挤密，从而使桩、桩间土内的隐水急速的向地表面涌出。虽然本工程的岩土物理力学指标变化不一，构造极为复杂，但以该技术的特殊功能处理后的地基土力学指标均发生了显著改良，孔隙比 $e=0.55$，干重力密度 $\gamma_d=17kN/m^3$，地基刚度均匀，压缩变形小，多快好省地完成了这类甲类构筑物的地基处理任务，其工程质量达到优良标准。

9. 结论

建成后的 10 万 m^3 大型储罐外景见图 8-10。

孔内深层强夯技术在燕山 10 万 m^3 油罐、牛口峪的山坡上所谓“中国地质博物馆”特种疑难工程上的应用，取得了如此好的技术、经济和社会效果，除孔内深层强夯法的独特特征外，更重要的是与燕山石化集团公司的各级领导以及各工程、设计管理部的同志、岩土工程界的专家及北京燕山石化设计院大力支持和有力的帮助分不开的，在此，让我

图 8-10　建成后燕山石化 10 万 m^3 大型储罐外景图

们向各位专家、领导、同志们表示深深地感谢。这一奇迹为我国的建设事业做出重大贡献，让我们为这一奇迹而高兴。

【工程实例三】第四军医大学离休干部住宅楼采用灰土桩加固地基

1. 工程与地质概况

建设场地位于西安市东郊王家坟第四军医大学干休所院内，南邻万寿路，东邻十里铺变电所，北距2号高层住宅楼约30m，拟建住宅楼地上18层，高度54m，地下一层，基础埋深5.3m。采用框架剪力墙结构，箱形基础。在场地压缩层深度范围内地基土主要由马兰黄土和离石黄土组成，湿陷等级属自重Ⅱ~Ⅲ级，湿陷性土层底面深度约为基坑底面下8.5~9.5m。表8-15列出了各层地基土的物理力学性质指标。在施工中，发现西部约1/2的场地土层含水量至饱和，缩孔严重，中部约1/3场地土层含水量低，地基强度高，钻孔困难。为了消除湿陷，提高承载力和解决地基的整体刚度，故该场地地基处理采用孔内深层强夯法技术进行处理，桩身材料采用3:7灰土，桩长13m，桩顶标高-5.3m，桩位按等边三角形布置，桩总数量为2503根。

2. 地基处理设计要求

设计选用孔内深层强夯法技术的高动能、超压强、强挤密的复合地基设计机理，以达到：

（1）处理后的地基消除湿陷性；

（2）复合地基标准承载力f_k≥450kPa；

（3）地基刚度均匀。

为满足上述要求，在工程桩全面施工之前先分别在场地西部浸水软弱区（见表8-45）和东部正常区域各以不同桩长及夯击能量进行三组试桩，以确定合适的施工参数后再全面开展工程桩的施工。因此，委托方要求将本工程检测工作分为以下两个阶段：

（1）试验阶段通过对以不同施工参数施工的三组桩的检测，确定试验区桩间土的湿陷性和单桩复合地基承载力。

（2）工程桩检测阶段本阶段工作的主要目的是对整个场地复合地基承载力及地基土挤密效果进行评价。

天然地基土物理力学性质指标表　　表 8-15

土层名称	①黄土 Q_{3col}		②古土壤 Q_{3col}	③黄土 Q_{2col}	④黄土 Q_{2col}
	基坑西段（浸水软弱区）	基坑东段（非浸水区）			
厚度（m）	7.00～7.20		4.00～4.60	1.80～2.50	≥2.30
含水量 w（%）	24.2	20.6	19.2	17.3	24.5
重度 γ（kN/m^3）	15.7	15.3	17.1	17.8	18.5
干重度 γ（kN/m^3）	12.9	12.7	14.2	15.2	14.9
饱和度 S_L（%）	57	49	59	59	81
孔隙比 e	1.119	1.150	0.918	0.792	0.830
液限 w_L（%）	32.9	33.2	30.4	31.2	31.8
塑性指数 I_p	13.2	13.3	11.9	12.3	12.6
液性指数 I_L	0.34	0.12	0.07	0.08	0.43
湿陷系数 δ_s	0.036	0.051	0.011	0.006	0.003
压缩模量 E_s（MPa）	7.0	3.5	12.0	14.0	10.0
承载力 f_k（MPa）	120	150	180	200	170

3. 施工单位自检实测资料

本工程灰土桩由北京瑞力通地基基础工程有限公司完成施工。

桩孔成孔采用履带式螺旋钻机，设计要求本工程布桩垂直允许偏差为0.8%，错位率不大于1.08%。

孔内填料采用3∶7灰土，分层填入，逐层夯实，施工参数如下：

（1）试验阶段施工区域（见图 8-11）“试验阶段检测点平面布置示意图”、参数见表 8-16 所列。

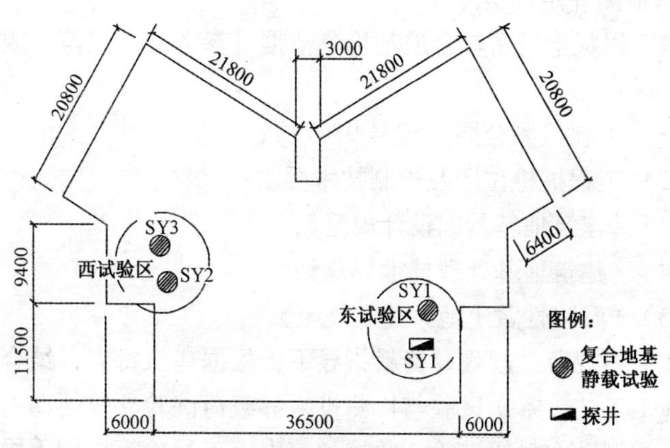

图 8-11　试验阶段检测点平面布置示意图

试桩施工参数一览表　　　　**表 8-16**

施工区域	组号	桩孔直径（mm）	桩长（m）	动能 E（$kN\cdot m/m^2$）	桩径（mm）
基坑东段（非浸水区）	SY1	400	12.0	6666	ϕ630 左右
基坑西段（浸水软弱区）	SY2	400	16.0	6666	ϕ700 左右
	SY3	400	16.0	6666	

（2）工程桩施工

工程桩桩孔直径 400mm，桩长 16.0m，动能 $E=6666kN\cdot m/m^2$。施工中执行的技术标准为孔内深层强夯法《设计施工验收》标准，完成工程桩数量为 2503 根。

（3）自检结果

①复合地基承载力 $f_k=900kPa$，$S=0.01D$。

②湿陷全部消除。

③地基刚度均匀。

各项指标均满足设计标准。

4. 检测评定标准

本工程灰土挤密复合地基检测依据可参考下列规范、规程和资料进行：

（1）工程检测合同（编号98077）；

（2）工程桩桩位图及检测技术要求；

（3）《建筑地基基础设计规范》；

（4）《建筑地基处理技术规范》；

（5）《湿陷性黄土地区建筑规范》。

在上述规范、规程及资料指导下，根据建筑特点，结合灰土桩的施工工艺，本次试验与检测投入静载荷试验、轻便动力触探试验、重型动力触探试验、井挖和室内土工试验等检测手段，对复合地基承载力及桩间土挤密效果进行评价。工作量完成情况如下：

（1）静载荷试验7组，其中复合地基6组，单桩1组，试验点平面布置分别见图8-12和图8-13，试验参数详见表8-17。

静载荷试验参数表 **表8-17**

检测阶段 / 参数	试验阶段复合地基静载试验			工程桩检测阶段			
				复合地基静载试验			单桩静载试验
编号	SY1	SY2	SY3	JC1	JC2	JC3	DZ
承压板底标高（m）	410.69	411.27	411.56	411.68	411.47	411.93	411.90
桩号	93—3	25—11	21—12	74—6	38—21	110—13	111—13
桩长（m）	12.2	16.0	16.0	16.0	16.0	16.0	16.0
实测桩直径（mm）	580	590	620	620	630	590	590
试验终止荷载（kPa）	900	810	900	900	900	900	3000
试验日期	98.12.25	98.12.28	99.2.11	99.9.17	99.9.20	99.9.22	99.9.23

静载试验承压板为圆形，复合地基静载试验承压板直径为1000mm，单桩静载试验承压板直径为560mm，试验时承压板中心与灰土桩中心重合，板底标高约为－5.3m；采用堆载方法提供反力，由一台QF－500型千斤顶及电动液压泵组成加载系统，由量程50mm的百分表、磁性表座及其支撑系统组成沉降量测系统。按慢速维持荷载法逐级加载。

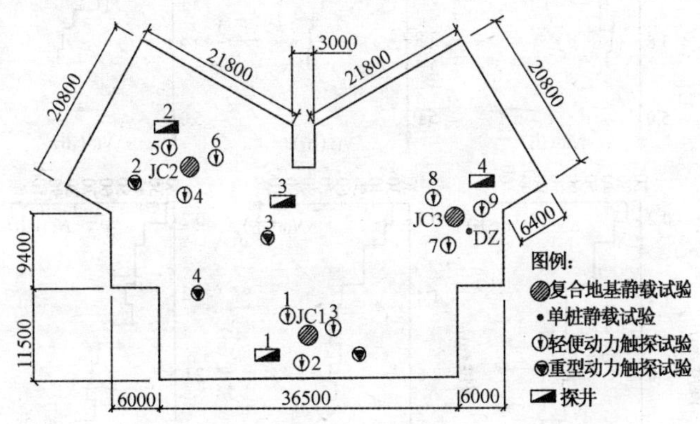

图8-12　工程桩检测阶段检测点平面布置示意图

（2）轻便动力触探试验孔9个，全部布置于载荷试验坑内(见图8-12)，每个试坑在承压板外侧约0.5m均匀布置3个，以确定试坑内桩间土的承载力。轻便动力触探试验曲线如图8-41所示。

（3）重型动力触探试验4个孔（见图8-12）以确定深层桩间土的承载力和均匀性。图8-13给出实验曲线及频数直方图。

（4）开挖探井5个，其中试验阶段1个，工程桩检测阶段4个，各探井均揭露其周边3根灰土桩桩身，开挖深度至古土壤层下部的钙质结核相对富集层，约为11.0m。在桩孔三角形形心点部位自深度2m开始，向下每隔1m取一件原状土试样，共取45件。

（5）室内土工试验，主要项目包括重度试验、压缩试验和

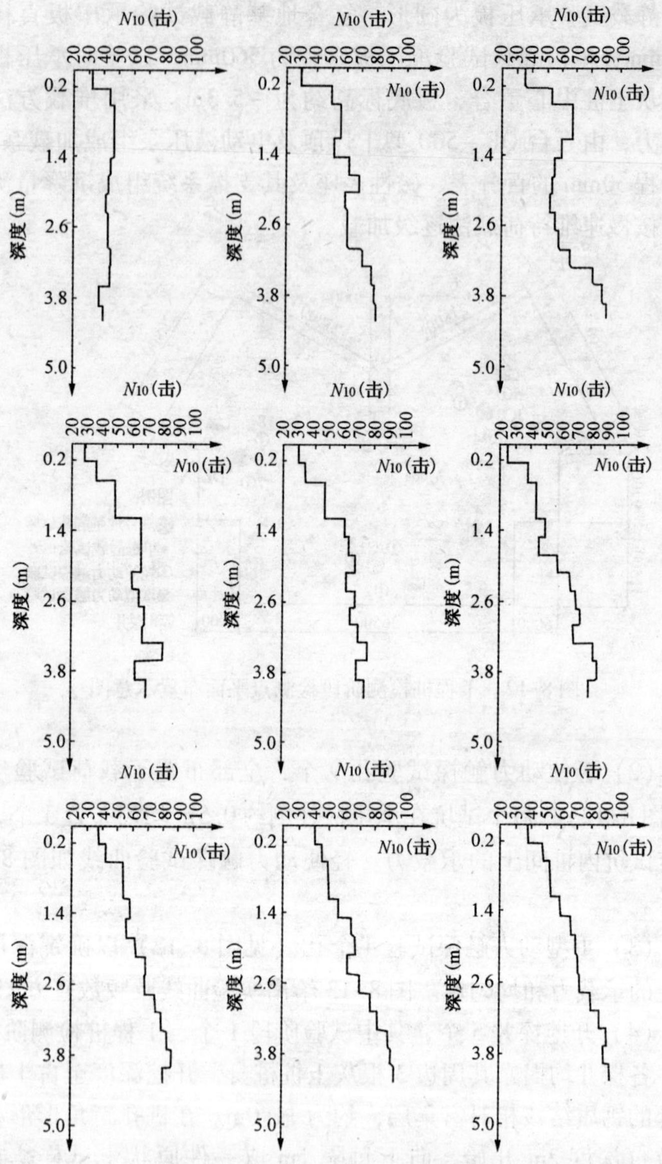

图 8-13　轻便动力触探试验曲线

自重湿陷性试验等，目的是确定桩间土的物理力学性质和桩间土的湿陷性，以便对桩间土的挤密效果进行评价。

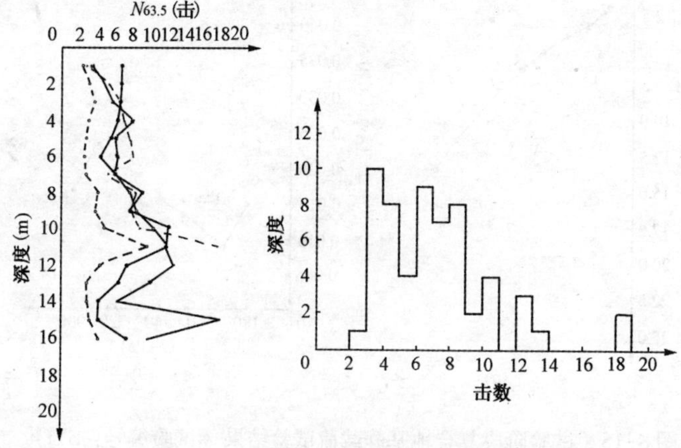

图 8-14　重型动力触探试验曲线

5. 孔内深层强夯处理后的检测结论

1）试验区检测结果

工程桩施工前，基坑内进行了试验，以求选取合适的施工参数，试验分东、西两部分，位置见图 8-12 所示。场地东部正常区域一组，西部浸水软弱区两组，每组各施工 19 根灰土桩。各组桩施工参数列于表 8-16。

试验区三组复合地基静载实验数据汇总于表 8-18，绘出结果曲线分别见图 8-15、图 8-16 和图 8-17，根据试验曲线确定的复合地基承载力标准值 f_k 及其相应沉降量列于表 8-19。

在场地东部试验区开挖探井 1 个，深度 11.2m，每隔 lm 取桩间中心土 1 件进行室内土工试验，试验数据见表 8-20。

由土工试验结果可以看出本场地采用孔内深层强夯法处理地基后，桩间土的湿陷性已全部消除，与处理前（表 8-15）相比，桩间土干重度约提高 25%，孔隙比约减小 30%，挤密效果比较明显。

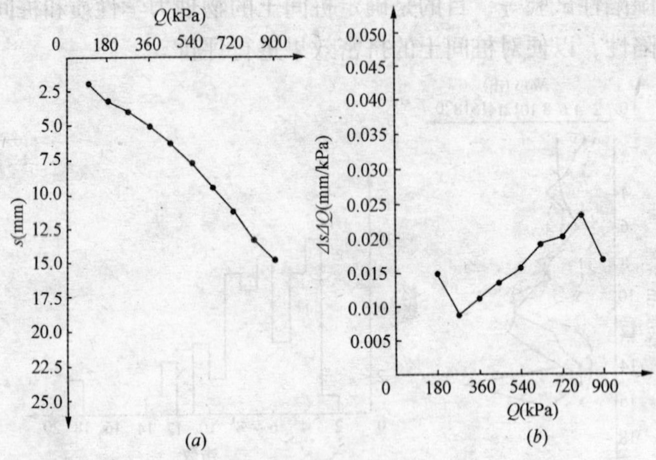

图 8-15 试验阶段复合地基静载荷试验结果（试验编号：SY1）

（*a*）*Q*-*s* 曲线；（*b*）Δ*s*/Δ*Q*-*Q* 曲线

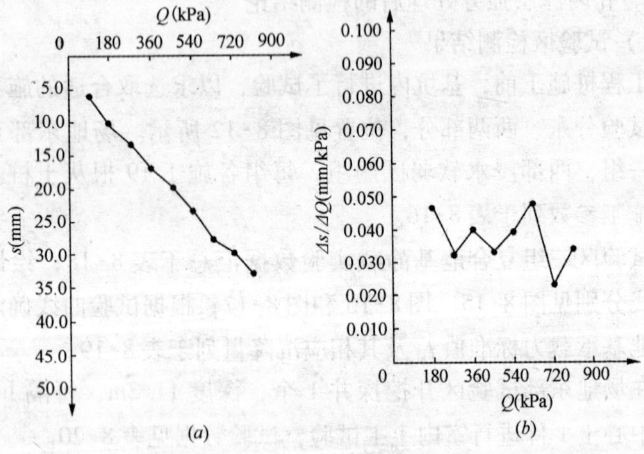

图 8-16 试验阶段复合地基静载荷试验结果（试验编号：SY2）

（*a*）*Q*-*s* 曲线；（*b*）Δ*s*/Δ*Q*-*Q* 曲线

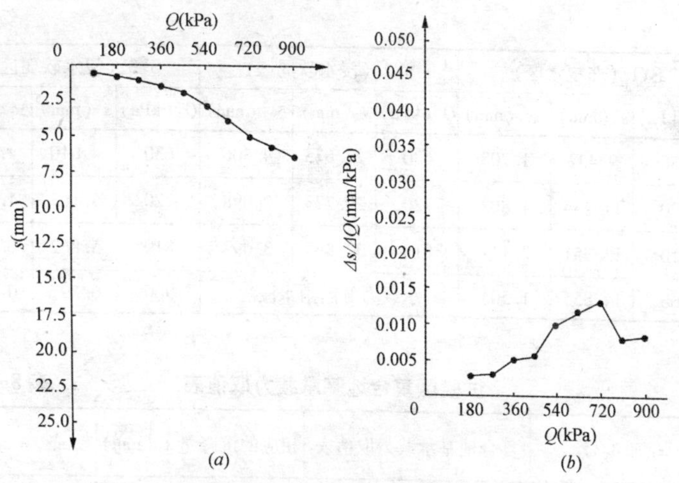

图 8-17　试验阶段复合地基静载荷试验结果（试验编号：SY3）

（a）Q-s 曲线；（b）Δs/ΔQ-Q 曲线

分析静载试验数据（见表 8-18 和表 8-19），当夯击能量为 $6666kN\cdot m/m^2$ 时，场地东部非浸水区复合地基承载力满足设计要求的 450kPa，而场地西部浸水软弱区复合地基承载力仅为 180kPa；当夯击能量调整后，西部浸水软弱的复合地基承载力可以达到 450kPa。

试验区复合地基静载试验数据汇总表　　　　**表 8-18**

SY1（非浸水区）			SY2（浸水软弱区）			SY3（浸水软弱区）		
Q（kPa）	s（mm）	Δs（mm）	Q（kPa）	s（mm）	Δs（mm）	Q（kPa）	s（mm）	Δs（mm）
90	1.971	1.971	90	6.147	6.147	90	0.676	0.676
180	3.312	1.341	180	10.364	4.217	180	0.921	0.245
270	4.100	0.788	270	13.262	2.898	270	1.175	0.254
360	5.105	1.005	360	16.846	3.584	360	1.619	0.444
450	6.309	1.204	450	19.832	2.986	450	2.103	0.484
540	7.724	1.415	540	23.639	3.537	540	2.975	0.872

续表

SY1（非浸水区）			SY2（浸水软弱区）			SY3（浸水软弱区）		
Q（kPa）	s（mm）	Δs（mm）	Q（kPa）	s（mm）	Δs（mm）	Q（kPa）	s（mm）	Δs（mm）
630	9.432	1.708	630	27.675	4.306	630	4.010	1.035
720	11.234	1.802	720	29.773	2.098	720	5.167	1.157
810	13.351	2.117	810	32.865	3.092	810	5.862	0.695
900	14.855	1.504	承载力低因雨水浸灌			900	6.597	0.735

试验区复合地基承载力取值表 **表8-19**

试验编号	复合地基承载力取值表	相应的沉降量 s（mm）	备　注
SY1（非浸水区）	450	6.31	
SY2（浸水软弱区）	180	10.36	孔内雨水浸灌
SY3（浸水软弱区）	450	2.10	

2）工程桩施工检测结果

桩间土挤密效果评价全部工程桩施工结束后25～40d对桩间土进行检测，各检测点相对位置及其编号见图8-12。

（1）挤密后桩间土土性的变化：通过挖井取桩间中心土试样进行室内土工试验，其结果数据汇总于表8-21、表8-22给出统计结果。

比较表8-22和表8-25，挤密后桩间土的物理力学性质指标较挤密前的天然土均有不同程度的改善，为了更直观地说明，选取土的干重度、孔隙比、湿陷系数和压缩系数4项指标，计算其变化幅度列于表8-23。可以看出：①层黄土各探井桩间土平均重度增大幅度为9%～17%，天然孔隙比、湿陷系数和压缩系数减小幅度分别为15%～27%、71%～97%和24%～69%，变化幅度较大，说明挤密程度较高。②层古土壤平均干重度较挤密前增大4%～9%，天然孔隙比、湿陷系数和压缩系数则比挤密前

土工试验结果报告（试验阶段） **表 8-20**

工程编号	取土深度(m)	土样名称	含水量(%)	湿重度(kN/m^3)	干重度(kN/m^3)	比重	饱和度(%)	孔隙比	液限(%)	塑限(%)	塑性指数
001-01	3.00	粉质黏土	19.8	18.4	15.3	2.72	70	0.774	30.5	18.6	12.0
001-02	4.00	粉质黏土	20.5	17.9	14.9	2.72	67	0.831	33.7	20.1	13.6
001-03	5.00	粉质黏土	22.9	17.8	14.5	2.72	71	0.874	31.0	18.8	12.2
001-04	6.00	粉质黏土	23.8	17.9	14.5	2.72	74	0.877	33.5	20.0	13.5
001-05	7.00	粉质黏土	21.0	18.9	15.6	2.72	77	0.739	32.7	19.6	13.1
001-06	8.00	粉质黏土	18.9	19.7	16.6	2.72	80	0.641	30.4	18.5	11.9
001-07	9.00	粉质黏土	19.8	18.8	15.7	2.72	73	0.735	32.5	19.5	13.0
001-08	10.00	粉质黏土	19.1	19.1	16.1	2.72	75	0.694	31.9	19.2	12.7
001-09	11.00	粉质黏土	19.7	18.8	15.7	2.72	73	0.734	32.4	19.5	12.9

工程编号	液性指数	各级荷重(kPa)下的孔隙比 e_i							湿陷系数	压缩系数 α_{1-2} (MPa^{-1})	压缩模量 E_{s1-2} (MPa)
		50	100	150	200	300	400	浸水			
001-01	0.10	0.762	0.757	0.751	0.747			0.745	0.001	0.10	17.7
001-02	0.03	0.816	0.810	0.805	0.801			0.800	0.001	0.09	20.3
001-03	0.33	0.850	0.843	0.838	0.834			0.832	0.001	0.09	20.8
001-04	0.28	0.868	0.855	0.862	0.859			0.853	0.001	0.06	31.3
001-05	0.10	0.731	0.728	0.723	0.720			0.719	0.001	0.08	21.7
001-06	0.03	0.629	0.623	0.618	0.612			0.612	0.001	0.11	14.9
001-07	0.03	0.723	0.716	0.710	0.706			0.701	0.002	0.10	17.4
001-08	<0	0.686	0.682	0.679	0.675			0.674	0.001	0.07	24.2
001-09	0.02	0.721	0.714	0.708	0.704			0.699	0.002	0.10	17.3

分别减小 8% ~17%、18% ~91% 和 15% ~38%，挤密效果也较明显。

根据各探井土样的自重湿陷性试验结果，各土样的自重湿陷系数平均小于 0.015，表明地基处理后场地自重湿陷性已全部消

土工试验结果报告(工程桩检测阶段)

表 8-21

工程编号	取土深度(m)	土样名称	含水量(%)	湿重度(kN/m^3)	干重度(kN/m^3)	比重	饱和度(%)	孔隙比	液限(%)	塑限(%)	塑性指数	液性指数	各级荷重(kPa)下的孔隙比 e_i							湿陷系数	压缩系数 α_{1-2} (MPa^{-1})	压缩模量 E_{s1-2} (MPa)
													50	100	150	200	300	400	浸水			
001-01	2.00	粉质黏土	20.4	17.8	14.7	2.73	66	0.851	35.4	20.9	14.4	<0	0.842	0.823	0.823	0.813			0.810	0.002	0.19	9.7
001-02	3.00	粉质黏土	20.5	17.6	14.6	2.73	64	0.875	35.0	20.8	14.3	<0	0.866	0.853	0.842	0.834			0.827	0.003	0.19	9.9
001-03	4.00	粉质黏土	23.3	17.4	14.1	2.72	68	0.927	33.1	19.8	13.3	0.26	0.916	0.905	0.893	0.882			0.879	0.002	0.23	8.4
001-04	5.00	粉质黏土	22.7	17.9	14.6	2.72	71	0.864	32.7	19.6	13.1	0.33	0.853	0.843	0.834	0.826			0.824	0.001	0.17	11.0
001-05	6.00	粉质黏土	25.4	18.1	14.4	2.73	78	0.892	34.9	20.7	14.2	0.33	0.882	0.874	0.864	0.856			0.855	0.001	0.18	10.5
001-06	7.00	粉质黏土	26.0	18.5	14.7	2.72	83	0.857	32.5	19.5	13.0	0.50	0.844	0.832	0.824	0.816			0.816	0.000	0.16	11.6
001-07	8.00	粉质黏土	20.7	18.9	15.6	2.72	76	0.739	31.6	19.1	12.5	0.13	0.721	0.644	0.640	0.635			0.634	0.001	0.09	19.3
001-08	9.00	粉质黏土	21.1	19.1	15.8	2.72	79	0.724	33.5	20.0	13.5	0.08	0.713	0.703	0.694	0.687			0.685	0.001	0.16	10.8
001-09	10.00	粉质黏土	20.0	17.8	14.9	2.72	65	0.829	31.6	19.1	12.5	0.07	0.812	0.808	0.804	0.801			0.799	0.002	0.07	26.1
002-01	2.00	粉质黏土	21.5	18.1	14.9	2.73	71	0.832	35.7	21.1	14.6	0.03	0.822	0.819	0.815	0.810			0.809	0.001	0.09	20.4
002-02	3.00	粉质黏土	20.8	18.3	15.2	2.72	71	0.793	32.0	19.3	12.7	0.12	0.777	0.763	0.758	0.751			0.749	0.001	0.12	14.9
002-03	4.00	粉质黏土	23.3	17.5	14.2	2.73	69	0.921	34.3	20.4	13.9	0.21	0.906	0.899	0.892	0.886			0.832	0.002	0.13	14.3
002-04	5.00	粉质黏土	24.5	18.2	14.6	2.73	77	0.865	34.5	20.5	14.0	0.29	0.859	0.854	0.849	0.840			0.843	0.000	0.11	17.0
002-05	6.00	粉质黏土	25.6	18.1	14.4	2.73	78	0.893	35.7	21.1	14.6	0.30	0.883	0.878	0.873	0.888			0.866	0.001	0.10	18.9
002-06	7.00	粉质黏土	24.9	18.5	14.8	2.73	81	0.842	34.4	20.5	13.9	0.32	0.834	0.828	0.823	0.819			0.819	0.000	0.09	20.5
002-07	8.00	粉质黏土	20.6	18.8	15.6	2.72	75	0.745	31.8	19.2	12.6	0.11	0.731	0.723	0.716	0.709			0.706	0.002	0.14	12.5
002-08	9.00	粉质黏土	20.8	18.3	15.2	2.72	71	0.795	31.6	19.1	12.5	0.14	0.783	0.779	0.775	0.771			0.769	0.001	0.08	22.4
002-09	10.00	粉质黏土	20.8	19.0	15.7	2.73	76	0.735	35.3	20.9	14.4	<0	0.722	0.716	0.711	0.706			0.705	0.001	0.10	17.4
003-01	2.00	粉质黏土	19.2	16.7	14.0	2.72	55	0.945	32.9	19.7	13.2	<0	0.936	0.927	0.917	0.904			0.858	0.024	0.23	8.5
003-02	3.00	粉质黏土	17.4	16.3	14.3	2.72	53	0.896	33.5	20.0	12.8	<0	0.831	0.870	0.862	0.854			0.823	0.014	0.16	11.8

续表

工程编号	取土深度(m)	土样名称	含水量(%)	湿重度(kN/m³)	干重度(kN/m³)	比重	饱和度(%)	孔隙比	液限(%)	塑限(%)	塑性指数	液性指数	各级荷重(kPa)下的孔隙比 e_i							湿陷系数	压缩系数 α_{1-2} (MPa^{-1})	压缩模量 E_{s1-2} (MPa)
													50	100	150	200	300	400	浸水			
003-03	4.00	粉质黏土	18.9	16.0	13.5	2.73	50	1.025	35.4	20.9	14.4	<0	1.009	1.002	0.994	0.987			0.984	0.011	0.15	13.5
003-04	5.00	粉质黏土	18.9	15.5	13.1	2.72	47	1.080	33.5	20.0	13.5	<0	1.070	1.065	1.059	1.051			0.994	0.023	0.14	14.9
003-05	6.00	粉质黏土	21.3	16.7	13.7	2.73	60	0.996	35.1	20.8	14.3	0.07	0.983	0.979	0.971	0.964			0.945	0.008	0.15	13.3
003-06	7.00	粉质黏土	22.2	17.3	14.2	2.73	68	0.925	34.3	20.4	13.9	0.13	0.914	0.906	0.898	0.891			0.885	0.003	0.15	12.8
003-07	8.00	粉质黏土	18.1	18.8	15.5	2.72	65	0.780	32.3	19.4	12.9	<0	0.753	0.743	0.742	0.707			0.701	0.008	0.09	13.6
003-08	9.00	粉质黏土	18.0	16.6	14.1	2.73	52	0.939	34.3	20.4	13.9	<0	0.926	0.920	0.914	0.910			0.873	0.019	0.10	19.4
003-09	10.00	粉质黏土	18.2	17.5	14.8	2.72	59	0.841	32.2	19.4	12.08	<0	0.820	0.820	0.818	0.816			0.805	0.006	0.04	46.0
004-01	2.00	粉质黏土	22.4	18.2	14.9	2.72	73	0.830	32.7	19.6	13.4	0.21	0.815	0.806	0.797	0.789			0.787	0.001	0.17	10.8
004-02	3.00	粉质黏土	22.7	18.6	15.2	2.72	78	0.793	32.5	19.5	13.0	0.25	0.783	0.776	0.771	0.765			0.764	0.001	0.11	16.3
004-03	4.00	粉质黏土	24.5	18.5	14.9	2.72	80	0.830	32.3	19.4	12.9	0.40	0.812	0.804	0.799	0.794			0.793	0.001	0.10	18.3
004-04	5.00	粉质黏土	25.2	18.8	15.1	2.73	84	0.814	35.0	20.8	14.3	0.31	0.803	0.796	0.792	0.785			0.7895	0.000	0.11	16.5
004-05	6.00	粉质黏土	26.1	18.4	14.6	2.73	82	0.868	35.5	21.0	14.5	0.35	0.850	0.844	0.839	0.832			0.832	0.001	0.12	15.6
004-06	7.00	粉质黏土	26.6	18.5	14.6	2.72	84	0.864	31.6	19.1	12.5	0.60	0.841	0.831	0.823	0.817			0.816	0.001	0.14	13.3
004-07	8.00	粉质黏土	20.3	18.3	15.2	2.72	70	0.788	31.8	19.2	12.6	0.09	0.767	0.759	0.752	0.746			0.738	0.0041	0.13	13.8
004-08	9.00	粉质黏土	20.4	18.4	15.3	2.72	71	0.781	32.7	19.6	13.1	0.06	0.765	0.757	0.752	0.746			0.741	0.003	0.11	16.2
004-09	10.00	粉质黏土	21.6	17.7	14.6	2.72	68	0.865	31.5	19.0	12.4	0.20	0.843	0.831	0.823	0.812			0.803	0.005	0.19	9.8

表 8-22

桩间土物理力学性质统计表

层号	土样数	指标值别	含水量 w（%）	重度 γ（kN/m^3）	干重度 γ_d（kN/m^3）	饱和度 S_r（%）	孔隙比 e	液限 w_L（%）	塑性指数 I_P	液性指数 I_L	湿陷系数 δ_s	压缩系数 α_{1-2}（MPa^{-1}）	压缩模量 E_{s1-2}（MPa）
		最大值	26.6	18.8	15.6	84	1.080	35.7	21.1	0.60	0.028	0.23	20.5
黄土①	24	最小值	17.4	15.5	13.1	47	0.793	31.6	19.1	<0	0.000	0.09	8.4
		平均值	22.7	17.8	14.5	70	0.887	33.9	20.2	0.20	0.004	0.14	13.9
		最大值	21.6	19.1	15.8	79	0.939	35.3	20.9	0.20	0.006	0.19	26.1
古土壤②	12	最小值	18.0	16.6	14.0	52	0.724	31.5	19.0	<0	0.001	0.04	9.8
		平均值	20.0	18.2	15.1	69	0.795	32.5	19.5	0.07	0.003	0.11	17.0

处理前后桩间土性指标的变化幅度统计表 **表 8-23**

指标 / 值别 / 类别	层号	探井号	干重度 γ_d		天然孔隙比 e		湿陷系数 f_s		压缩系数 α_{1-2}	
			平均值（$\times 10kN/m^3$）	增幅（%）	平均值（%）	增幅（%）	平均值	增幅（%）	平均值（MPa）	增幅（%）
处理后的桩间土	①	1	1.45	14	0.878	-24	0.002	-96	0.19	-24
		2	1.47	14	0.858	-23	0.001	-97	0.11	-69
		3	1.39	9	0.978	-15	0.015	-71	0.16	-36
		4	1.49	17	0.833	-27	0.001	-97	0.12	-52
	②	1	1.54	8	0.764	-17	0.001	-91	0.11	-15
		2	1.55	9	0.758	-17	0.001	-91	0.11	-15
		3	1.48	4	0.847	-8	0.009	-18	0.08	-38
		4	1.50	6	0.811	-12	0.006	-45	0.13	
处理前天然土	①	基坑西段	1.29		1.119		0.036		0.36	
		基坑东段	1.27		1.150		0.051		0.25	
	②		1.42		0.918		0.011		0.13	

除。室内浸水湿陷性试验结果也显示，桩间土的湿陷性已基本消除，除3号探井5.0m深度以上挤密效果稍差，致使桩间土中心部位个别土样湿陷系数略大于0.015外，其余均介于0.000～0.005。按《湿陷性黄土地区建筑规范》计算3号探井地基总湿陷量为9.7cm，但由于其湿陷性的土样呈点状非连续性分布，且频数较少，对于灰土桩复合地基而言尚不至于产生大的不良影响，因此处理后的地基可按非湿陷性黄土地基设计。

（2）桩间土的挤密程度：桩间土的挤密程度可用桩孔三角形形心点部位的最小挤密系数$\eta_{c,min}$来表示，$\eta_{c,min}$按下式计算：

$$\eta_{c,min} = \frac{\gamma_d}{\gamma_{d,max}}$$

式中　γ_d——成桩后3个桩孔之间形心点部位土的干重度（kN/m^3）；

$\gamma_{d,max}$——夯击试验确定的最大干重度（kN/m^3）。

根据与本场地相邻的1号、2号高层住宅楼灰土挤密桩处地基检测报告，①层土和②层土的最大干重度分别为16.6kN/m^{3}和17.3kN/m^3，由此计算各探井不同深度的最小挤密系数见表8-24所示。

按照《湿陷性黄土地区建筑规范》的规定：采用挤密法处理地基时对甲、乙类建筑，成孔后3个桩孔之间形心点部位土的最小挤密系数不宜小于0.88，本场地桩间土的最小挤密系数大多介于0.86～0.90之间，满足黄土规范的要求，3号探井3～6m深度桩间土的最小挤密系数约为0.81左右。最小挤密系数①层土平均值为0.87，②层土平均为0.88，已达到或接近该要求，可以认为本场地桩间土的总体挤密程度能够满足工程要求。

（3）桩间土承载力：图8-13和图8-14分别给出轻便动力触探试验和重型动力触探试验曲线。

按轻便动力触探试验曲线形态将试验深度内土层分为两层，各层锤击数平均值列于表8-25。

表 8-24

处理前后桩间土土性指标的变化幅度统计表

层号 \ 深度（m） \ 指标 \ 探井号		1号		2号		3号		4号		5号	
		γ_d	$\eta_{c,min}$	γ_d	$\eta_{c,min}$	γ_d	$\eta_{c,min}$	γ_d	$\eta_{c,min}$	γ_d	$\eta_{c,min}$
①	2.0	1.47	0.885	0.49	0.898	1.40	0.843	0.49	0.897	1.45	0.872
	3.0	1.46	0.879	1.52	0.915	1.43	0.861	1.52	0.916		
	4.0	1.41	0.849	0.42	0.855	1.35	0.813	1.49	0.898		
	5.0	1.46	0.880	1.46	0.880	1.31	0.789	1.51	0.910		
	6.0	1.44	0.867	0.44	0.867	1.37	0.825	1.46	0.880		
	7.0	1.47	0.885	0.48	0.891	1.42	0.855	1.46	0.880		
②	8.0	1.56	0.902	0.56	0.902	1.55	0.896	1.52	0.879	1.51	0.878
	9.0	1.58	0.913	0.52	0.879	1.41	0.815	1.53	1.884		
	10.0	1.49	0.861	0.57	0.908	1.48	0.855	1.46	0.844		

重型动力触探试验锤击数经杆长校正后按深度统计列于表8-26。

轻便动力触探试验 N_{10}（击）统计表及其标准承载力　表8-25

深度（m） \ 孔号 N_{10}（击）	1号	2号	3号	4号	5号	6号	7号	8号	9号	平均值	标准承载力 f_k（kPa）
0~1.2	42	48	54	38	38	36	44	44	46	43	330
1.2~4.0	43	67	65	67	67	66	70	75	77	66	506

重型动力触探试验 $N_{63.5}$（击）统计表　表8-26

孔号 \ 深度 $N_{63.5}$（击）	0~7.0	7.0~11.0	11.0~13.0	13.0~16.0
1号	5.8	8.0	6.9	4.0
2号	2.8	5.5	5.5	3.2
3号	5.4	8.5	8.9	8.2
4号	5.8	7.0	—	—
平均值（击）	4.9	7.2	7.1	5.1
标准承载力 f_k（kPa）	350	600	600	370

根据表8-25和表8-26综合确定地层土桩间土承载力标准值如表8-27所示。

桩间土承载力标准值表　表8-27

地　基　土	黄土①		古土壤②	黄土③	黄土④
深度（m）	0~1.2	1.2~7.0	7.0~11.0	11.0~13.0	13.0~16.0
承载力标准值 f_{sk}（kPa）	330	500	600	600	370

3）复合地基承载力评价检测阶段布置完成三组复合地基静载试验和一组单桩静载试验，试验数据汇总于表 8-28，各试验 $Q-s$ 曲线和 $\Delta s/\Delta Q-Q$ 曲线分别如图 8-18 ~ 图 8-21 所示。

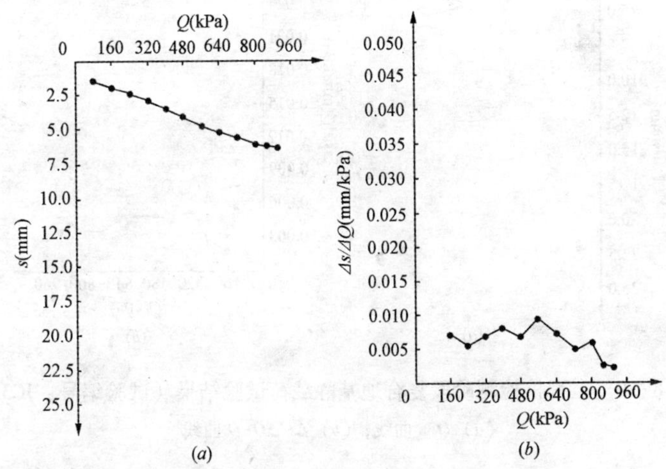

图 8-18　工程桩检测阶段复合地基静载荷试验结果（试验编号：JCl）

（a）Q-s 曲线；（b）$\Delta s/\Delta Q$-Q 曲线

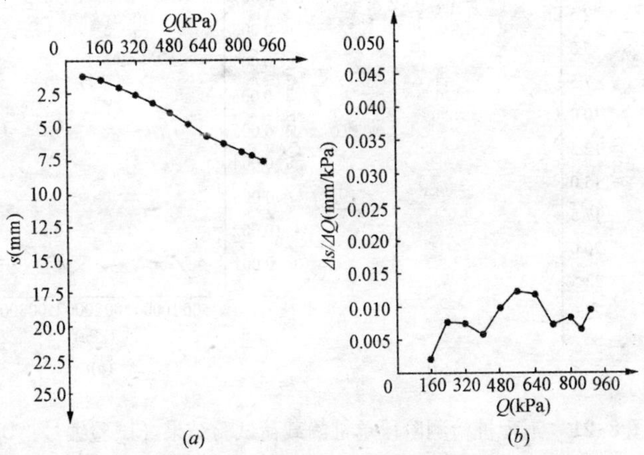

图 8-19　工程桩检测阶段复合地基静载荷试验结果（试验编号：JC2）

（a）Q-s 曲线；（b）$\Delta s/\Delta Q$-Q 曲线

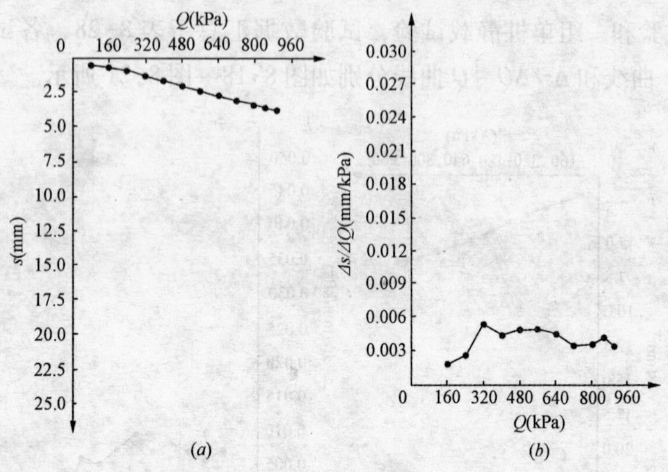

图 8-20　工程桩检测阶段复合地基静载荷试验结果（试验编号：JC3）

（*a*）*Q*-*s* 曲线；（*b*）Δ*s*/Δ*Q*-*Q* 曲线

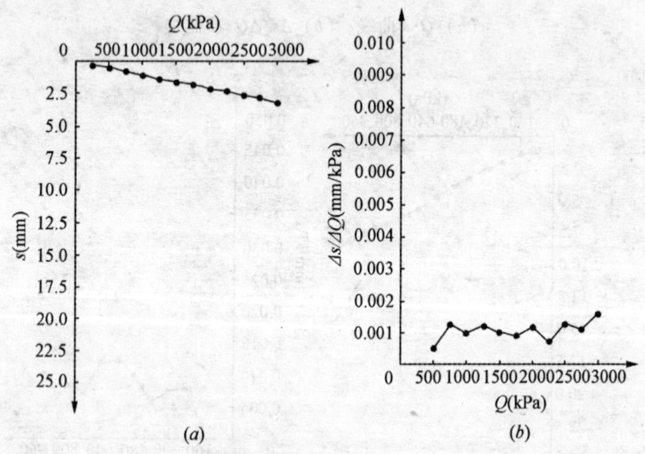

图 8-21　工程桩检测阶段单桩静载荷试验结果（试验编号：DZ）

（*a*）*Q*-*s* 曲线；（*b*）Δ*s*/Δ*Q*-*Q* 曲线

检测阶段静载试验当选数据汇总表 **表 8-28**

复合地基	JC1	Q（kPa）	80	160	240	320	400	480
		s（mm）	1.400	1.980	2.430	2.985	3.635	4.175
		Δs（mm）		0.580	0.450	0.555	0.650	0.540
	JC2	Q（kPa）	80	160	240	320	400	480
		s（mm）	1.130	1.490	2.100	2.690	3.340	4.125
		Δs（mm）		0.360	0.610	0.590	0.650	0.785
	JC3	Q（kPa）	80	160	240	320	400	480
		s（mm）	0.540	0.695	0.910	1.346	1.700	2.095
		Δs（mm）		0.155	0.215	0.436	0.354	0.395
单桩	DZ	Q（kPa）	250	500	750	1000	1250	1500
		s（mm）	0.380	0.495	0.850	1.055	1.355	1.605
		Δs（mm）		0.115	0.310	0.250	0.300	0.250
复合地基	JC1	Q（kPa）	560	640	720	800	850	900
		s（mm）	4.930	5.415	5.810	6.285	6.405	6.555
		Δs（mm）	0.755	0.485	0.395	0.475	0.120	0.150
	JC2	Q（kPa）	560	640	720	800	850	900
		s（mm）	5.105	6.050	6.620	7.275	7.595	8.065
		Δs（mm）	0.980	0.945	0.570	0.655	0.320	0.150
	JC3	Q（kPa）	560	640	720	800	850	900
		s（mm）	2.495	2.860	3.145	3.440	3.654	3.830
		Δs（mm）	0.400	0.365	0.285	0.294	0.214	0.176
单桩	DZ	Q（kPa）	1750	2000	2250	2500	2750	3000
		s（mm）	1.835	2.1258	2.305	2.620	2.900	3.290
		Δs（mm）	0.230	0.290	0.180	0.315	0.280	0.390

复合地基静载试验最大加载 900kPa，对应的承压板沉降介于 3.83 ~ 8.07mm 之间；单桩静载试验最大加载为 3000kPa，对应的承压板沉降为 3.29mm，结合试验曲线来看，曲线还在直线

段，静载试验均未做到极限状态，表明复合地基及单桩承载力很高，还有很大储备量。

各试验承载力取值按下列方法确定：（1）取 Q-s 曲线上直线段和相对沉降 $s=0.01d$（压板直径）的终点对应的荷载值；（2）取 $\Delta s/\Delta Q$-Q 曲线上第二个极大值点对应荷载的前一级荷载值，取值结果列于表 8-29。

由表 8-29 可以看出，复合地基承载力基本值平均为 480kPa，900kPa，对应的承压板平均沉降 $s=3.47$ram 和 6.1mm，根据原位测试结果，若桩间土承载力标准值 f_{sk} 采用 200kPa 和 330kPa（见表 8-27），桩体单位截面积承载力标准值 $f_{s,k}$ 采用 1000kPa 和 3000kPa（见表 8-29），按公式 $f_{sp,k}=m\cdot f_{p,k}+(1-m)f_{s,k}$ 计算复合地基承载力标准值厂 $f_{sp,k}=470$kPa、1410kPa（式中 m 为面积置换率，取平均值 1.35）。

载荷试验承载力基本值 f_0（kPa）取值表　　表 8-29

试验类型	复合地基			单桩
试验编号	JCl	JC2	JC3	DZ
按 Q-s 曲线直线段法（kPa）	560	480	640	1500
按 Q-s 曲线 $s=0.008d$	900	900	900	3000
按面 $\frac{\Delta s}{\Delta Q}-Q$ 曲线法	480	480	480	480
综合确定（kPa）	480	480	480	480
对应承压板沉降（mm）	480/4.18	480/4.12	480/2.10	1000/1.06
对应承压板沉降（mm）	900/6.6	900/8.1	900/3.8	3000/3.3

综合考虑静载试验结果和原位测试结果，建议本场地复合地基承载力标准值为 $f_k=480$kPa，该值满足设计 450kPa 的要求。

【工程实例四】新兴大厦软弱地基孔内深层强夯处理

高层建筑物，其软弱地基的处理是学术工程界一直关注的重要课题，都希望有一个不降水、就地取材、造价低、速度快、公害小，又能获得压缩变形小、承载力高、新技术、新桩种。孔内深层强夯技术在方法、机械、机理上为高层建（构）筑物软弱地基的处理开辟了一条新途径。对西安新兴大厦以最佳的技术效果，最低的投资和最好的社会效益，解决了高层建筑的软弱地基处理。

1. 工程概况

15 层新兴大厦和高层住宅建于饱和黄土的软弱层上，其承载力仅有 100kPa 左右。对于这类高层、软弱地基的处理，西安地区常用的办法为钢筋混凝土静压桩。该地基想以碎石桩进行处理，但因技术效果不佳和社会环境因素未能如愿，经多方研究决定选用孔内深层强夯建筑渣土桩。

采用孔内深层强夯法建筑渣土桩处理这类饱和黄土地基（地下水位 8m），取得了很好的技术效果。其复合地基承载力 f_k = 500kPa，单桩承载力 f_k = 1200kPa，桩间土 f_k = 420kPa，（s/d = 0.01）见图 8-22。地基刚度均匀，在地基处理范围内，地下水全部挤出。其素土桩在无侧限条件下抗压强度 f_k = 860kPa 左右，建筑渣土桩的抗压强度可用钢筋混凝土回弹仪测试。它的横截面如同树的年轮一般。与静压桩相比，采用孔内深层强夯法建筑渣土桩不但没有使用水泥，而且在住宅工程中将 6000 多立方米的无机固体垃圾“变废为宝”处理了地基。同时也消除了这些渣土对社会的污染，并节约渣土运输费约 12 万元。根据成本分析，仅高层住宅楼的地基处理费用，每平方米节约 1700 元左右（占地基面积）。该两栋高层工程经过十多年的使用沉降观测，其沉降量很微小。

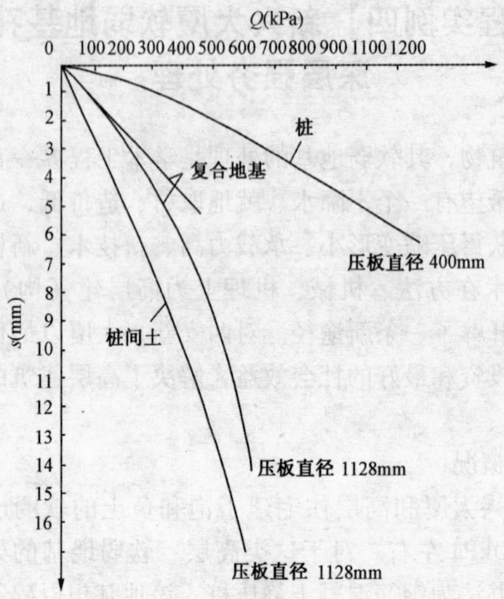

图 8-22 承载试验 Q-s 曲线图

2. 新兴大厦 B 区素土桩桩身检验结果

受西安长城岩土工程公司委托，西安建筑科技大学土工实验室对新兴大厦 B 区素土桩身进行检验，以测定桩身的干重度、含水量、无侧限抗压强度及抗剪强度指标。

本次试验共完成无侧限抗压强度 6 件，直接剪切试验一组(4 件)，干重度 3 件，含水量 3 件，试验于 1995 年 1 月 9 日完成。试验结果如表 8-30 和表 8-31 所示。

无侧限抗压强度试验结果　　表 8-30

土样编号	1	2	3	4	5	6
无侧限抗压强度（kPa）	712.5	600.6	862.5	637.5	723.5	696.0
干重度（kN/m³）	15.26	15.46	15.12	15.24	15.13	15.22

直接剪切试验结果　　表 8-31

土 样 编 号	样 1	样 2	样 3	样 4
干重度（kN/m^3）	15.61	15.70	15.29	15.38
正压力（kPa）	100	200	300	400
抗剪强度（kPa）	473.6	333.0	269.3	473.6

注：三件试样测得的含水量分别为：11.3%、11.8%和 12.8%，平均值为 12.0%。最后得 $C=220$kPa，$\varphi=33.5°$。

【工程实例五】西安田家湾国家粮库地基处理

西安市田家湾大型粮库是国家 1998 年西安重点建设工程。它是由十个大型高耸的圆筒仓和工作台塔所组成，见图 8-23。对于这类大型薄壁的钢筋混凝土结构筒库来说，其力学特征是荷重大、刚度小，因而它对地基基础的设计标准极为严格，不但要求地基承载力高、压缩变形小，并要具备遇水不湿陷、地基刚度均匀的特点。在这地处压缩变形大、承载力低、遇水湿陷的二级自重湿陷性的黄土上，再加上建设投资不足，施工工期紧，要在 30d 的时间内，完成 10000 多平方米的地基处理任务。其困难程度就可想而知了。经设计院选定以孔内深层强夯建筑渣土桩进行处理。

施工以五台专用施工设备，在 23d 的有限时间内，以最快的施工速度，不但完成了 $10000m^2$ 的地基处理任务（静载试验测试结果见图 8-24）而且将 1.8 万多立方米的建筑渣土变废为宝，处理了地基，消除了污染，同时也为国家节约了近 200 多万元的建设投资。并以优良的工程质量标准，达到了设计要求，使该大型粮库建在坚固牢靠的地基上。孔内深层强夯法能如此处理这类大型疑难工程的地基，取得如此好的技术、经济、社会效果，这充分证明了孔内深层强夯法具有高动能的创造性，尤其将 1.8 万 m^3 的无机渣土变废为宝，消除了污染，这更加充分地显示了孔

图 8-23 正在建设中的田家湾国家粮库

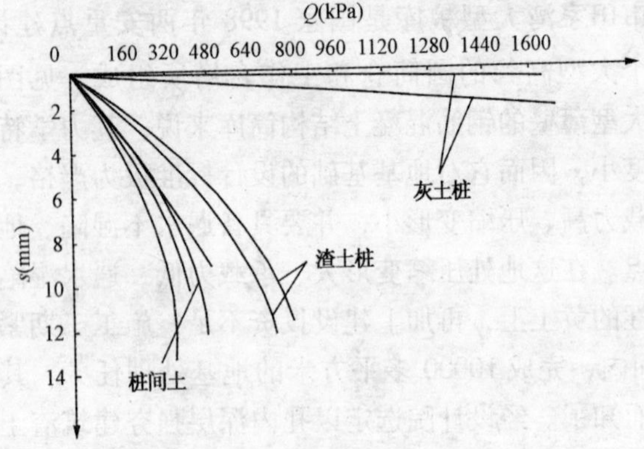

图 8-24 孔内深层强夯法静载试验测试结果

内深层强夯法在地基、环卫工程领域内具有先进的技术效果，同时也体现了它具有绿色工程的技术特征。

【工程实例六】孔内深层强夯在高层建筑地基处理中的应用

根据一项工程实例，对孔内深层强夯法地基处理方案在湿陷性黄土地区的应用进行了分析，给出了这种复合地基的施工方法以及注意事项。通过计算分析与实测结果的比较，验证了在湿陷性黄土地区采用孔内深层强夯法处理地基的可行性。

孔内深层强夯法，简称 DDC 法，是用螺旋钻机成孔，在孔中分层填入碎砖三合土、灰土、水泥土等填料，夯实成桩，反复锤击使桩径逐步扩大，与桩间土共同组成复合地基的方法；此复合地基主要可以改变湿陷性黄土的大孔结构，消除地基土的湿陷性和提高地基土的承载能力，适用于处理砂土、粉土、粉质黏土、填土、黄土等地基，但是对于地下水位以下的饱和软土层应慎用；其处理深度可达 15m。目前此方法主要用于多层建筑地基处理中，在高层地基处理中应用较少。但这项高层住宅楼地基处理首次采用孔内深层强夯法，取得了较好的效果。

1. 工程概况

某高层住宅楼工程为全剪力墙的结构，地下一层、地上十七层，总高度 50m。建筑面积 $14000m^2$，占地近 $900m^2$，基础为钢筋混凝土板筏式基础，采用天然地基。由工程地质勘察报告，拟建场地的场地土为自重湿陷性黄土，湿陷性等级为Ⅲ级，湿陷性黄土层厚度为 8.5～9.5m，地基承载力为 $f_{sk}=160kPa$。经上部结构的电算，已知该工程基底压力标准值为 $p=330kPa$. 因此天然地基土的承载力低于设计要求，必须进行地基处理。

2. 地基处理设计

(1) 地基处理方案选择

此工程属甲类建筑，根据《湿陷性黄土地区建筑规范》(GBJ 25—90)，在地基处理时应消除地基的全部湿陷量或穿透全部湿陷土层，消除地基的全部湿陷量的处理厚度应为基础以下的全部湿陷性土层。对此类地基，可以选择的地基处理方法有：钻孔灌注桩、静压桩、复合地基等。在选择地基处理方案时，考虑了建筑物的类别、建筑物所处的环境条件、材料来源、地基土层条件、湿陷性黄土的特性、施工条件等多种因素。再经过综合技术经济比较，最后选择复合地基处理方案。这样既可以消除地基土的湿陷性，同时又可以提高地基的承载力。

（2）地基处理设计

在设计时选用孔内深层强夯法处理地基，填料选用 3:7 灰土，桩成孔直径为 400mm，夯扩后桩径为 550mm，桩距为 900mm，按等边三角形满堂布置，桩有效长度为 11m。根据《建筑地基处理技术规范》（JGJ 79—2002）。复合地基的承载力标准值 $f_{sk}=mf_{pk}+(1-m)f_{sk}$

式中 f_{pk}——桩体单位截面积承载力标准值，$f_{pk}=900\text{kPa}$；

f_{sk}——处理后桩间土承载力标准值，$f_{sk}=160\text{kPa}$；

m——面积置换率，$m=d^2/d_e^2$；其中 d 表示桩的直径；

d_e——表示等效影响圆的直径；当采用等边三角形布置时取 $d_e=1.05S$；S 指桩的间距。

由图 8-25 知：$S=900\text{mm}$，$d=550\text{mm}$。因此 $d_e=1.05\times900=945\text{mm}$；$m=550^2/945^2=0.3887$。

经计算：$f_{spk}=0.3887\times900+(1-0.3887)\times160$

$=410.638\text{kPa}\approx411\text{kPa}$

因此处理后的复合地基承载力 $f_{spk}=411\text{kPa}$。满足设计要求。

3. 计算值与实测值比较

（1）地基承载力计算值与实测值比较

按照设计要求，在施工前进行现场试验。试验后检测得到复合地基承载力标准值达到 450kPa，满足上部结构设计要求。

地基处理后，在现场抽取部分桩进行检测。检测结果为：桩间土的最小挤密系数为 0.88～0.90，桩间土的承载力标准值是 330kPa。桩体承载力标准值是 1000kPa。则复合地基的承载力可计算得：$f_{spk}=557\text{kPa}$，可以满足上部结构设计要求。

（2）实测沉降量

对复合地基进行了 3 组静载荷试验，得到此复合地基静载试验荷载—沉降曲线即 p-s 曲线，见图 8-26。

该工程主体封顶后，实测最大沉降量为 14.5mm，小于规范规定的地基容许变形值 200mm，且沉降趋于稳定；同时试验测得消除了地基的全部湿陷量。

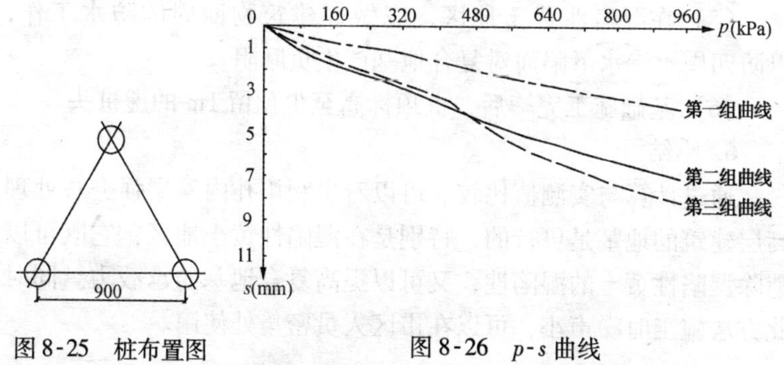

图 8-25　桩布置图　　　图 8-26　*p*-*s* 曲线

4. 施工方法

（1）基础施工前。应将桩顶标高以上松土全部铲除；

（2）平整场地。准确定出桩孔位置并进行编号；

（3）成孔顺序应由外向里间隔分排进行。防止错孔或漏孔；

（4）夯击时宜采用 20kN 重锤、大落距、多点次夯击；

（5）成孔达到要求深度后。应及时回填夯实。回填填料前，应将场地清理干净，分层回填填料并夯实，要求夯击次数不少于 8 次；填料含水量若超过最佳含水量的 ±3% 时。应将填料晾干或洒水湿润。

5. 注意事项

（1）利用这种方法处理地基前，应进行小面积试桩，检测地基土湿陷性消除情况和承载能力，为设计和施工提供相关数据。

（2）利用这种方法处理地基，应在基础底边以外留有一定排数的保护桩，在复合地基承载力标准值要求比较高时，宜比《建筑地基处理技术规范》（JGJ 79—2002）的要求高。

（3）复合地基不宜直接作为基础的持力层，应根据基底压力做一定厚度的整片砂石或灰土垫层，要求压实系数不得小于 0.97。

（4）采用此法处理地基后，应使地基桩间土的平均挤密系数不得小于 0.93，中心处的挤密系数不得小于 0.88。

(5) 在湿陷性黄土地区，应做好建筑物四周的防水工作，以防四周土渗水下陷而对复合地基产生负摩阻。

(6) 基础施工完毕后，桩顶标高至少预留1m的虚桩头。

6. 小结

通过计算与实测值比较。可以看出利用孔内深层强夯法处理高层建筑的地基是可行的，特别是在湿陷性黄土地区，它既可以消除湿陷性黄土的湿陷性，又可以提高复合地基的承载力。同时此方法施工时噪声小，可以在市区人员密集处使用。

【工程实例七】储油库地基的孔内深层强夯处理

1. 中国石油珠海物流仓储地基处理工程

(1) 本工程位于珠海市南水镇高栏港经济区南迳湾仓储区铁炉湾填海区，占地面积约470000m²。工程包括仓储区和配套设施区两部分。仓储区包括燃料油罐区、重油罐区、柴油罐区、汽油罐区、液体化工品罐区等；配套设施区包括应急发电站、变配电所、给水及消防加压泵站、综合办公楼、化验室、氮气站、锅炉房、汽车装配设施及污水处理场等。

场地表层普遍回填全风化强风化花岗岩碎石土及块石，填土厚度9.50~18.50m之间，属于新近回填土。地基设计采用孔内深层强夯进行处理，夯击面积40840m²。

(2) 场地地质条件为：素填土，黄褐及灰白色，主要由花岗岩碎石、块石、粗砾砂堆积而成，块石粒径20~100cm，结构较松散，均匀性差，钻进十分困难。层厚6.10~17.50m，平均11.79m；该层在本场区陆域整体分布，厚度较大。该层岩性组成很不均匀，新近回填，粒径差异较大，未经加固处理不宜作为天然地基持力层。

中砂，灰色、灰褐色，级配较好，分选较差，含少量黏性土，含大量贝壳碎片、碎屑，偶夹粗砂、砾砂，砂粒组成以石英、长石成分为主，呈饱和、松散~中密状态，局部含有腐烂植物。层厚2.20~9.90m，平均5.40m。在该层的上部分布有不连续的$②_{-1}$淤泥质粉砂。该层工程力学性质较好，分布较稳定，综合评定该层承载力特征值180kPa。

淤泥质粉砂：深灰、灰色，含淤泥及贝壳碎片，局部混少量细砂，含大量腐烂植物，粉砂以石英、长石成分为主，呈饱和、流动~松散状态。层厚0.50~6.80m，平均3.40m。该层工程力学性质差，分布不均匀，综合评定该层承载力特征值80kPa。

粉砂，灰色、黄褐色，分选较好，级配差，含少量细砂、中砂，局部含有大量粉粘粒，夹有腐烂植物，砂粒组成以石英、长石成分为主，呈饱和、松散~稍密状态。层厚2.80~17.40m，平均10.56m。

（3）设计要求处理后地基承载力特征值达到300kPa，压缩模量达到25MPa。施工分五遍进行。第一遍为18000kN·m点夯，夯点的间距为10.0m，呈正方形布置。夯点的收锤标准以最后两击的平均夯沉量小于20cm控制。第二遍为18000kN·m点夯，夯点的夯击次数及收锤标准同第一遍18000kN·m点夯相同；第三遍为8000kN·m加固夯夯点，夯点的收锤标准以最后两击的平均夯沉量小于20cm控制；最后分别采用能级为3000kN·m、1000kN·m夯击能的满夯各满夯2遍，每点夯两击，要求夯锤底面积彼此搭接1/4。

（4）工程于2009年1月16日开工，2009年2月28日竣工。夯后经综合检测，地基承载力、变形指标、有效处理深度均满足设计要求；处理后的地基承载力超过300kPa。

2. 中海油惠州炼油项目南厂区地基处理工程

（1）本工程位于广东惠州大亚湾经济技术开发区内，东邻中海壳牌石油化工有限公司，南邻澳霞大道，厂区内总面积为170万m^2，场地原始地貌为滨海，经回填形成陆域。实施孔内深层强夯的区域为南场区拟建料仓和柴油储罐地基，设计处理面积约6万m^2。

（2）本工程设计要求夯后地基承载力特征值达到250kPa，变形模量15MPa，有效加固处理深度不低于10m。设计分六遍进行夯击，其中两遍12000kN·m，两遍6000kN·m，两遍2000 kN·m，主夯点利用CGEl800孔内深层强夯机施工，工程造价900万元。本工程2007年2月2日开始施工，2007年4月7日竣工。

（3）夯后经综合检测，地基承载力、变形指标、有效处理深度均满足设计要求，与桩基相比，采用本工法的投资为桩基方案的50%左右，且缩短工期4个月，同时为沿海填海及海滨淤泥质土地基的处理提供了参考。

3. 大连南海原油库区地基处理工程

（1）本工程由6台10万大型原油储罐组成，设计要求有效地基处理深度15m，处理后地基承载力特征值300kPa，变形模量20MPa，工程于2006年3月12日开始试验，于2006年4月22日完成全部工程施工，工程实际施工工期40天。

（2）按本工法施工，共投入3台高能级孔内深层强夯机组，处理面积6万m^2，共分四遍施工，其中第一遍、第二遍为15000kN·m，第三遍为8000kN·m，第四遍满夯能级为3000kN·m，夯点间距为9m×9m，最大夯击数为25击。

（3）本工程采用动力触探检测手段，对高能级强夯处理前后土层密实度变化情况予以对比，结果显示，处理后地基土各项指标均满足设计要求，充水预压沉降满足规范要求，已投入正常运营，本项目获中国石油勘察设计协会优秀勘察设计三等奖。

从上述三项储油库地基的孔内深层强夯处理工程中可以看到处，处理后的地基均满足工程要求，并节省了工程造价和加快了施工进度，值得推广应用。

表8-32列出了深层强夯处理地基工程应用一览表。从表8-31中可见地基处理后承载力大幅度提高，地基的有效加固深度均大于10m，最深达到22~35m。

4. 大连西太平洋十万立方米油罐

该油罐建在大连开发区新港，强风化辉绿岩的山坡上，总高

深层强夯处理地基工程应用一览表　　表 8-32

序号	工程名称	施工时间	主夯能级（kN·m）	施工面积（m^2）	工程目的或地基土性	有效加固深度	承载力特性
1	山西潞城化肥厂工程	1983 年	6250	18 万	消除大深度黄土湿陷性	14m	$f_k \geqslant 280kPa$
2	河南三门峡火力发电厂	1992 年	8000，6500	9.3 万	消除深度 18m 的黄土湿陷性	15m	$f_k \geqslant 350kPa$
3	大连西太平洋石油化工罐区工程	1993 年	7200	1 万	处理山区非均匀块石和粉质黏土回填地基	12m	$f_k \geqslant 350kPa$ $E_0 \geqslant 25MPa$
4	山西河津电厂地基处理	1993 年	8000		消除 15～20m 厚黄土的湿陷性	15m	$f_k \geqslant 450kPa$
5	惠州马鞭洲油罐区原油码头及配套工程	1995 年	8000 + 8000	8 万	处理炸岛开山的大块石和碎石填海地基，填方深度 19m	24m	双层强夯 $f_k \geqslant 300kPa$
6	秦皇岛输油泵站罐区原油 10 万 m^3 贮罐工程	1995 年	8000	1 万	处理山区非均匀块石回填地基	10m	$f_k \geqslant 350kPa$ $E_0 \geqslant 25MPa$
7	北京燕山石化扩建工程	1995 年	6000	5 万	处理山区高填方非均匀大块石和碎石地基，三层强夯	2lm	$f_k \geqslant 400kPa$
8	惠州威宏仓储油库罐区工程	1996 年	8000	1.5 万	处理爆破开山抛石填海夹淤泥质土地基	12m	$f_k \geqslant 250kPa$
9	贵州瓮福磷肥重钙工程	1996 年	8000，6000	15.3 万	处理山区非均匀块石回填地基	17m	$f_k \geqslant 250kPa$

续表

序号	工程名称	施工时同	主夯能级（kN·m）	施工面积（m^2）	工程目的或地基土性	有效加固深度	承载力特性
10	岳阳石油化工总厂原料工程厂区地基强夯工程	1996 年	8000 + 8000	11 万	处理山区非均匀碎石和粉质黏土回填地基，填土厚 17.8m	17m	$f_k \geqslant 350$kPa
11	山西电力公司阳城电厂	1997 年	6250	5 万	大深度湿陷性黄土地基	11m	$f_k \geqslant 250$kPa
12	山西焦化集团焦炉易地改造工程	1997 年	8000	6 万	加固处理湿陷性黄土地基，强夯处理总面积 12 万 m^2	12m	$f_k \geqslant 350$kPa
13	洛阳石化总厂化纤工程	1998 年	8000，6030	4.6 万	消除黄土湿陷性的不均匀性	14.5m	$f_k \geqslant 250$kPa
14	大连西太平洋石油化工新增原油罐区工程	1999 年	8000	7 万	结构疏松的粉质黏土填土，半开挖半回填的不均匀地基	17m	$f_k \geqslant 320$kPa 局部双层强夯
15	山西太原呼延净水厂	1999 年	8000	8 万	加固处理湿陷性黄土地基	14m	$f_k \geqslant 400$kPa
16	广西防城港九、十泊位码头陆域工程	1999 年	8000	7 万	吹填海砂地基，厚度 5 ~ 10m，沉降量沉降差均要求小于 2cm	10m	$f_k \geqslant 260$kPa
17	青岛奥里油中转油库	2000 年	8000	3.2 万	处理杂填土含淤泥夹层地基	12m	$f_k \geqslant 350$kPa
18	青岛港八号码头堆场护岸修复工程	2000 年	8000	6.3 万	处理人工杂填土和滨海相淤泥质沉积土	16m	$f_k \geqslant 250$kPa
19	温州重交沥青原油罐区	2001 年	8000	2.6 万	处理开山碎石夹块石地基	13m	$f_k \geqslant 300$kPa

续表

序号	工程名称	施工时同	主夯能级（kN·m）	施工面积（m^2）	工程目的或地基土性	有效加固深度	承载力特性
20	青岛重交沥青原油库	2001 年	8000	3 万	处理大厚度人工填土地基	10m	$f_k \geqslant 300kPa$
21	兰州—成都—重庆输油管道工程重庆末站地基	2001 年	8000 +8000	7 万	半开挖、半回填的不均匀地基，填土厚度 15m	22m	双层强夯 $f_k \geqslant 250kPa$
22	青岛益佳阳鸿原油库	2002 年	8000	2.6 万	处理大厚度人工填土地基	12m	$f_k \geqslant 300kPa$
23	大连港矿石专用码头地基	2002 年	8000	21.45 万	半开挖、半回填的不均匀地基，爆破碎石填土厚度超过 30m	35m	三层强夯 $f_k \geqslant 300kPa$
24	惠州市大亚湾华德石化有限公司增建原油库及配套设施项目地基处理	2002 年	8000，6000	16.24 万	半开挖、半固填的不均匀地基，爆破填土厚度超过 12m，需加固深度 17m，变形要求严格	18m	$f_k \geqslant 250kPa$ $E_0 \geqslant 25MPa$

约20多米，基岩“深浅不一”、“软硬不均”、“飘石多见”，“局部有裂隙水”使土壤处于饱和状态，地基处理厚度约8~16m之间，廊坊管道局设计院原设计为“桩基”或“分层强夯”处理，但因桩的承载力不均和“强夯”会出现橡皮土，经专家几次讨论，确定以孔内深层强夯技术进行处理。

通过孔内深层强夯“碎石混土桩”处理后的地基，“桩”的承载力为1400kPa，“复合地基”承载力为600~700kPa，“桩间土”承载力为400~500kPa，复合地基“变形模量”$E=40\sim50$MPa。处理后的地基技术效果达到“地基刚度均匀”、“承载力高”、“压缩变形小”的设计要求。

经过沉降观测：以孔内深层强夯处理的地基，地基刚度均匀，沉降量很微约1~2cm，约为规范值的1/30。完全满足了这类“甲类工程设计”的要求。这一技术效果，显示了孔内深层强夯技术处理疑难地基的突出特征。

该成果的取得，受到了西太平洋石化有限公司、大连市市长等领导的好评，并受到学术，工程界的普遍重视。

【工程实例八】中国航天科技集团第四研究院工程

中国航天科技集团第四研究院工程原设计为孔内深层强夯素土桩33m长，孔内灌注混凝土桩60m。后改为孔内深层强夯灰土、孔内深层强夯素土挤密桩，在成孔$\phi=400$mm的条件下，夯扩桩径$\phi=700\sim1600$mm，桩长20m，通过DDC、《地基处理设备》、DCP专利技术的灰土桩、素土桩、混凝土桩处理，经检测孔内深层强夯灰土桩“复合地基”承载力$f_k\geqslant1500$kPa孔内深层强夯素土桩“复合地基”承载力$f_k\geqslant1500$kPa，桩的承载力比灌注混凝土桩承载力高5倍左右，桩间土湿陷系数$\delta_s=0.0000<0.0150$，小于国家规范规定值15倍，干重度$\gamma_d=1.6\sim1.8$，孔隙比$e=0.500\sim0.600$。仅孔内深层强夯灰土桩成果，如以每层

20kPa 计算，它可建造 70 多层高层建筑。实现了“二桩两用”的设计效果。它改变了原设计孔内深层强夯素土桩处理深度 33m 和灌注钢筋混凝土桩 60m 的设计方案，为本工程节约数百万元投资，它解决了国内外人们要解决而没有解决的难题。完成的桩外形见图 8-27。

图 8-27 孔内深层强夯完成的桩体外形图

参考文献

[1] 行业标准《建筑地基处理技术规范》(JGJ 79—2002). 北京：中国建筑工业出版社，2002 年.

[2] 国家标准《建筑地基基础设计规范》(GB 50007—2002). 北京：中国建筑工业出版社，2002 年.

[3] 国家标准《建筑地基基础设计规范》(GB 50007—2010)(报批稿)

[4] 行业标准《孔内深层强夯法技术规程》(CECS197：2006). 北京：中国计划出版社，2006 年.

[5] 徐至钧，赵锡宏主编.《地基处理技术与工程实例》. 北京：科学出版社，2008 年 3 月.

[6] 上海市标准. 地基处理技术规范(DBJ 08-40 -94). 上海：1994 年

[7] 叶书麟. 地基处理工程实例应用手册. 北京：中国建筑工业出版社，1998

[8] 宝钢马迹山港矿石堆场大型堆载试验总结报告(内部资料). 宝钢(集团)公司工程技术处，冶金建筑研究院，2000 年 4 月

[9] 叶书麟. 地基处理. 北京：中国建筑工业出版社，1988 年

[10] 郑俊杰，区剑华等."多元复合地基的理论与时间". 岩土工程学报，2002 (2)

[11] 叶观宝，叶书麟. 地基加固新技术. 北京：机械工业出版社，1999 年.

[12] 徐至钧. 强夯加固地基简介. 石油施工技术(天津). 1982 (5)

[13] 徐至钧. 强夯加固新填土基地在开阔地带的实践. 住宅科技(上海)，1984 (12)

[14] 徐至钧. 强夯加固浮顶油罐地基. 石油工程建设(天津)，1986 (1)

[15] 徐至钧. 六层住宅基础采用强夯碎石桩处理地基. 住宅科技(上海)，1992 (1).

[16] 徐至钧. 采用大夯击能强夯处理大块抛石地基. 石油工程建设(天

津)，1997（1）.

[17] 徐至钧．填海区采用强夯处理抛石地基建成大型储罐．石油化工勘察（保定)，1998年.

[18] 司炳文，唐业清．孔内深层强夯技术的机理与工程实践．地基基础工程，1998（4）.

[19] 龚晓南．复合地基理论及工程应用．北京：中国建筑工业出版社，2002年.

[20] 徐至钧．大型商业石油库的地基处理．石油库与加油站，2000（3）.

[21] 徐至钧．大型储油罐基础的优化设计．石油库与加油站，2002（6）.

[22] 徐至钧．孔内深层强夯法处理大型油罐地基．地基处理，2001（3）.

[23] 徐至钧．采用分层高夯击能强夯处理高填土地基．北京：地基基础工程，1999（3）.

[24] 徐至钧．强夯技术的新发展——孔内深层强夯的应用．石油工程建设（天津)，1999（5）.

[25] 徐至钧．孔内深层强夯法处理大型油罐地基．地基处理（杭州)，2001（3）.

[26] Tatsuka Okumura Deepmixing Method as a Chemical Soil Improvement, Procof the Sino Japan Joint Symposium on Improvement of Weak Ground, 1989.

[27] Geddes J. D.. Stresses in Foundation Soils Due to Vertical Subsurface Load, Geotechnique, V01. 16, 231, 1966.

[28] Cook R. W.. Price G. &. Tarr K.. Jacked Piles in London Clay, A St by of Load Trandfer and Srttement under Working C. bnditions, Geotec - hnique 29, No. 2, 1979 .

[29] Balaam, N. P. and Booker, J. R.. Analysis of Rigid Rafts Supported by Granular Piles, Int. Jonrnal of Numer Method in Geomeeh. No. 5, 1981.

[illegible]，1997（3）。

[illegible] 1998 年。

[illegible] 1994（4）。

[illegible] 2003 年。

[illegible] 2000（3）。

[illegible] 2002 年。

[illegible] 1990 年。

[illegible] 1994（5）。

[illegible] 2001（8）。

Tanaka [illegible] Dewatering Method as a [illegible] Soil Improvement [illegible] Symposium on Improvement of Weak [illegible] 1989.

Fellenius B. H. [illegible] Foundation Pile [illegible] in Vertical [illegible] Load [illegible] Vol. [illegible] 1966.

[illegible] Load [illegible] and Settlement under [illegible] 1979.

[illegible] Analysis of Rigid [illegible] Journal of [illegible] Method in [illegible] 1991.